高等教育规律论

李枭鹰 ◎ 著

THE LAWS OF
HIGHER EDUCATION

中国社会科学出版社

图书在版编目（CIP）数据

高等教育规律论／李枭鹰著. -- 北京：中国社会科学出版社，2024.7. -- ISBN 978-7-5227-3805-5

Ⅰ.G64

中国国家版本馆 CIP 数据核字第 2024XZ2311 号

出 版 人	赵剑英
责任编辑	张　林
特约编辑	张　虎
责任校对	夏慧萍
责任印制	戴　宽

出　　版	中国社会科学出版社
社　　址	北京鼓楼西大街甲 158 号
邮　　编	100720
网　　址	http://www.csspw.cn
发 行 部	010-84083685
门 市 部	010-84029450
经　　销	新华书店及其他书店

印　　刷	北京明恒达印务有限公司
装　　订	廊坊市广阳区广增装订厂
版　　次	2024 年 7 月第 1 版
印　　次	2024 年 7 月第 1 次印刷

开　　本	710×1000　1/16
印　　张	14.75
插　　页	2
字　　数	243 千字
定　　价	79.00 元

凡购买中国社会科学出版社图书，如有质量问题请与本社营销中心联系调换
电话：010-84083683
版权所有　侵权必究

目　录

序一　重新认识高等教育规律研究 …………………………………（1）

序二　高等教育规律的潜心求索者 ……………………………………（11）

前言　走近高等教育规律研究 ………………………………………（1）
　　一　仰望高等教育规律 ……………………………………………（1）
　　二　聆听高等教育规律 ……………………………………………（4）
　　三　躬耕高等教育规律 ……………………………………………（7）

上　篇

第一章　两种对立的社会规律观 ……………………………………（3）
　　一　非决定论否认社会规律的客观性 ……………………………（3）
　　二　决定论肯定社会规律的客观性 ………………………………（8）

第二章　三种决定论的自然规律观 …………………………………（16）
　　一　拉普拉斯决定论的确定性规律观 ……………………………（16）
　　二　统计决定论的统计性规律观 …………………………………（19）
　　三　系统决定论的非线性规律观 …………………………………（21）
　　四　对三种自然规律观的反思 ……………………………………（24）

第三章　高等教育规律的定性与定位 …………………………… (27)
　　一　高等教育规律的关系性 …………………………………… (27)
　　二　高等教育规律的非线性 …………………………………… (30)
　　三　高等教育规律的统计性 …………………………………… (32)
　　四　高等教育规律的选择性 …………………………………… (35)

第四章　高等教育规律的逻辑结构 …………………………… (38)
　　一　教育规律的逻辑划分及其争鸣 …………………………… (38)
　　二　高等教育规律的三元逻辑划分 …………………………… (41)
　　三　高等教育规律的结构图式 ………………………………… (46)

第五章　高等教育规律研究的元点与回归点 ………………… (53)
　　一　高等教育规律研究的元点 ………………………………… (53)
　　二　高等教育规律研究的回归点 ……………………………… (59)

中　篇

第六章　高等教育内外部关系规律的提出、对话和源流 …… (67)
　　一　高等教育内外部关系规律的"应时提出" ……………… (68)
　　二　高等教育内外部关系规律的"交流对话" ……………… (72)
　　三　高等教育内外部关系规律的"理论源流" ……………… (78)

第七章　高等教育内外部关系规律的追问与反思 …………… (83)
　　一　高等教育内外部关系规律的前提性追问 ………………… (83)
　　二　高等教育内外部关系规律的辩证性反思 ………………… (88)

第八章　高等教育内外部关系规律的间性思想 ……………… (99)
　　一　高等教育内外部关系规律的生态间性思想 ……………… (99)

二　高等教育内外部关系规律的系统间性思想 …………… （105）
　　三　高等教育内外部关系规律之间性思想的理论价值 …… （107）

第九章　高等教育内外部关系规律的前提性假设 ………… （111）
　　一　事物在关系中 …………………………………………… （111）
　　二　高等教育是一种关系性存在 …………………………… （114）
　　三　高等教育在关系中被认知 ……………………………… （119）

下　篇

第十章　高等教育强国的整体生成规律 …………………… （125）
　　一　生成整体论的方法论意蕴 ……………………………… （125）
　　二　高等教育强国的整体生成性 …………………………… （128）
　　三　高等教育强国的生成元 ………………………………… （131）
　　四　高等教育强国的生成机制 ……………………………… （134）

第十一章　大学办学的系统关联规律 ……………………… （140）
　　一　大学与人螺旋相依 ……………………………………… （140）
　　二　大学与社会互塑共长 …………………………………… （143）
　　三　大学与知识相互倚辅 …………………………………… （153）
　　四　大学与人、社会、知识互动发展 ……………………… （163）

第十二章　大学学科发展的生态生命规律 ………………… （165）
　　一　平衡与适应 ……………………………………………… （165）
　　二　开放与优化 ……………………………………………… （169）
　　三　多样与综合 ……………………………………………… （171）
　　四　交叉与渗透 ……………………………………………… （175）

第十三章　大学课程教学的知识相变规律 ………………………… (176)
　　一　知识量变 ……………………………………………………… (177)
　　二　知识序变 ……………………………………………………… (179)
　　三　知识质变 ……………………………………………………… (182)
　　四　量变、序变和质变的循环转换 …………………………… (186)

第十四章　大学学术发展的超循环运转规律 ……………………… (188)
　　一　为学在环回对话中发展 …………………………………… (188)
　　二　学术在周期性反刍中跃迁 ………………………………… (195)

后　　记 …………………………………………………………… (203)

序 一

重新认识高等教育规律研究

规律犹如本质，是一个经典的话题。任何一个学科的发展史，可谓是一部探寻相关领域诸事物的规律或本质的历史，一部探寻变动不居的现象背后那个永恒不变的规律或本质的历史。在这个意义上说，规律或本质还是一个永恒的话题，关于它们的认知和解读没有终点，永远在研究的路上。长期以来，我们之所以执念于探寻规律或本质，从根本上讲，就是为了在认识世界中掌握"一解释多"的钥匙，在改造世界中取得"事半功倍"的效果。毫无疑问，研究高等教育规律也不例外。

高等教育有规律，办高等教育要遵循规律。这是高等教育工作者都有的基本共识。但真要说清楚"什么是高等教育规律""高等教育规律是什么性质的规律""高等教育规律是否需要分类""高等教育规律存在怎样的逻辑结构""如何提出具有前瞻性的高等教育规律"等一系列问题，恐怕就不是一件容易的事了。正是有这样的困惑，我一直对研究高等教育规律保持着一种敬畏，始终没有胆量深耕这一领域。但随着年龄的增长，又开始有了兴趣。恰在此时，收到了李枭鹰的书稿《高等教育规律论》，他叫我为之写序。当粗略读了这部书稿，深感有必要重新认识高等教育规律研究。我认为，当下重新认识高等教育规律研究至少应该包括三个层次：一是重申高等教育规律研究，二是重审高等教育规律研究，三是重构高等教育规律研究。这三个层次是逻辑递进的，没有"重申"就认识不到重要性，没有"重审"就把握不住存在的主要矛盾，没有"重构"就解决不了构建中国高等教育学这个重大使命。

"重申高等教育规律研究"是说我们既然承认高等教育有规律，就要重视高等教育规律研究，而且既要站在前人的肩膀上也要根据时代的变化继续推进高等教育规律研究，不断发展和完善高等教育规律的理论体系。从实际情况来看，重申高等教育规律研究，一方面是因为高等教育规律研究早已存在，潘懋元老师在1980年就提出了教育内外部关系规律，但这些年来，我们对高等教育规律的研究基本上停留于对教育内外部关系规律的解释，抑或是，对高等教育规律的理解也几乎没有超出教育内外部关系规律的思维框架，缺乏对教育内外部关系规律的深耕、丰富和发展。对整个高等教育规律研究而言，我们在态度上和行动上都还有些怠慢或不够重视，致使高等教育规律研究逐渐失去了它在高等教育学或高等教育研究中应有的核心地位。另一方面，以往为数不多的高等教育规律研究，还存在这样或那样的局限和不足，至今我们也没有建立起比较系统的高等教育规律体系，而快速推进的各种高等教育改革和发展又急需高等教育规律来指导，这意味着研究高等教育规律刻不容缓。因为高等教育规律的晦暗不明，只会让高等教育改革发展无规律可从，最终陷入"脚踩西瓜皮，滑到哪儿踩到哪儿"的窘境。

"重审高等教育规律研究"意在强调要对已有的高等教育规律研究进行反思，找出已有研究的短板和漏洞，创新高等教育规律研究范式，着力于解决高等教育规律研究中的核心问题以及这些核心问题的主要方面，进一步发展和完善高等教育规律体系。今天，我们强调重审高等教育规律研究，一是因为高等教育的复杂性在急剧增加，面对充满各种不确定性的高等教育活动，我们过去提出的一些高等教育规律的解释力、改造力和前瞻性在逐渐减弱，甚至在一些具体的高等教育领域已经没有用武之地。二是高等教育新现象和新问题层出不穷，人们热衷于研究具体的高等教育问题，忙于寻找"头痛医头脚痛医脚"的偏方，遮蔽了探讨抽象的高等教育规律，致使高等教育研究成为一种缺乏务本的高等教育研究。三是人们研究高等教育规律大多是在以往经验基础上进行总结和提炼，由于这种经验论的研究范式本身存在着先天不足，得出的结论往往经不起理性的审视和实践检验。上述原因叠加在一起，迫使我们必须思考直指高等教育改革发展的理论命题：到底如何提高我们研究高等教育规律的前瞻性？从根本上讲，这是一个如何研究高等教育规律的问题。从方法论上讲，坚持理论源于实践没错，从实践经验中抽象出高等教育规律也没错，但仅仅如此恐怕还不够，我们还必须立足于高等教育规律的"前提性假设"，立足于高等教育规律研究的终极关怀，立足于高等教育规律的本质和特殊性，立足于影响高等教育改革发展的那些基本关系或对立统一范畴，立足于复杂性的高等教育现实。就高等教育现实而言，正如我们所看到的，时代在剧变，社会在剧变，身处其中的高等教育也在剧变，这些剧变无疑是我们重审各种高等教育现象、高等教育问题、高等教育关系和高等教育规律的前提，舍此就无异于手持"奥卡姆剃刀"，毫无理性地剔除那些深刻影响高等教育运行发展的关键性要素，我们又岂能发现和揭示具有前瞻性的高等教育规律？具体来说，当今世界正处在一个全球性大变革、大创新的时代，科技创新日新月异和人工智能迅猛发展，数字化变革或转型如同毛细血管已经渗透到高等教育的每一个领域，这些正在以前所未有的速度和力量改变着高等教育的方方面面，正在赋予高等教育以新结构、新功能和新属性，如果我们看不到或有意忽视了这些，那么洞察高等教育奥秘和揭示高等教育规律就是一种奢谈。我们到底如何抉择？既需要坚守，也需要超越；既需要继承，也需要发展；既需要以不变应万变，也需要以变应变、以变促变。这一切根基于高等教育是有规律的，只不过高等教育规律是一种"统计性规律"而已，当然，正是因为这种统计性，让上述的超越、发展以及以变应变、以变促变成为可能。

"重构高等教育规律研究"是指在反思和解构的基础上，立足于中国本土的高等教育实践，修正以往基于"舶来"而提出的高等教育规律，按照高等教育的本土实践逻辑去探寻、发现和揭示符合国情和文化的高等教育规律，进而丰富和完善中国高等教育规律体系。众所周知，我国的高等教育形态是"舶来"的，许多高等教育概念和理论也是"舶来"的，关于高等教育规律的探讨也有"舶来"的痕迹……这一系列的"舶来"潜含着一系列"本土化改造"的必要性。事实上，在加快推进中国式现代化的今天，人们已经认识到了这个问题，而且深感即使以往具有普世性的规律研究也正在逐渐失去其时代价值，由此而不得不开始思考"中国高等教育学"的体系建设。如果说中国高等教育学的体系建设必须立足中国的高等教育实践，那么整体性的"本土化改造"就是建立中国特色高等教育学体系的关键所在，就是我国高等教育学自主知识体系建构的立足点。高等教育学自主知识体系建构涉及话语体系、学术体系、学科体系和教材体系，无论是哪一种体系都内在地关联着概念、范畴、命题、思想、主张、学说、理论、原理、规律、方法、逻辑等知识性学科要素，而规律无疑是这些要素中最核心的要素。毫不夸张地说，那种没有高等教育规律支撑的高等教育学体系是没有根基或底气的高等教育学体系，更不用说是高等教育学自主知识体系了。综合起来讲，重构高等教育规律不仅是高等教育改革发展的理性诉求，也是高等教育学体系建设或自主知识体系建构的时代要求。

严格来说，高等教育学是一门关于"大学"的学问，或者说是源于对大学作为一种组织的讨论，故曾有过"高等学校教育学"的称谓。但在今天，作为个体的大学组织与作为国家体系的大学系统正在成为两个不同的研究领域，基于个体的大学组织发展理论显然无法涵盖高等教育总体规律和高等教育一般规律，而基于国家体系的大学组织发展理论又难以触及高等教育特殊规律，这意味着急需一种全新的"中国高等教育学"，着力于解决如何建立完整的、符合中国国情的高等教育规律体系。但是，不管是什么样的高等教育学，也不管这种高等教育学是强调研究大学还是聚焦于研究高等教育现象或问题，揭示高等教育规律始终是高等教育学的责任和使命，始终是高等教育学必须抵达的理想和彼岸。如果说高等教育学是高等教育学学科群的皇冠，那么高等教育规律则是高等教育学这项皇冠上那颗最为璀璨的明珠。高等教育发展和成熟需要高等教育学，但需要的不是感性的高等教育学，而是理性的高等教育学，尤其是那种揭示了高等教育规律的高等教育学，具备"规律体系"相对完整的高等教育学。用李枭鹰的话来说，这种高等教育学当如"柏拉图眼里的太阳，它高悬于高等教育的天空，给予高等教育以光明，照亮高等教育的本质世界，指引高等教育的前进方向，导引高等教育的发展道路，匡正高等教育的发展模式，可以为高等教育的认识与行动提供一种可靠的思维框架、理论依据、基本原则和评判标准"。而要建立这样的高等教育学，我们似乎没有捷径可走，唯有潜心研究、勤耕不辍。

我国高等教育学界一直在努力建构高等教育学的自主知识体系，一直在努力建立本土化的高等教育学，一直在努力建设现代性的高等教育学。据不完全统计，从潘懋元老师1984年主编出版的第一部《高等教育学》算起，国内的《高等教育学》著作或教材多达70余种，具有一定规模的"高等教育学学科建设丛书"至少也有两三种，在这些著作或教材当中，有些是经验性的体系，有些是工作性的体系，有些是理论性的体系，有些是兼具经验性、工作性和理论性的"混合性体系"，但总体上是以教师岗前培训或培养博士硕士教材为主，经验性和工作性色彩较浓，理论性或原理性明显不足，这种情况在某种程度上扩大并加深了人们对高等教育学学科的误解和偏见。

当下国内从事高等教育研究的学者大多属于"第二代"学人，我是其中之一，我们这一代学人受我国高等教育学体系的熏陶在时间上可谓最长。回过头来看，这一代人跳出原有的思维模式也最难，这一代人经常是在潘懋元老师的"教育内外部关系规律"、布鲁贝克的"认识论与政治论"、伯顿·克拉克的"三角模型"之间纠结，在纠结中深刻地感到我国高等教育学体系建设任重道远，这包括高等教育学话语体系、学术体系、学科体系和教材体系的建设。十多年前，我就想主编一部可以"超越"老师的《高等教育学》，用来指导中国高等教育改革发展，用今天的话说就是主编一部《中国高等教育学》。为了推进此事，2012 年，我曾经与几位师兄弟和学生一起召开过几次小型讨论会，但后来因各种原因一直未能付诸行动。近年来，这个愿望重新唤起且愈发强烈。当我看到李枭鹰这部书稿，发现他已经走在了前面，这是一件令人高兴的事。

自潘懋元老师提出教育内外部关系规律以来，40 多年一晃而过，而高等教育规律研究并没有取得大的进展和突破。相反，今天研究高等教育规律的势头不但冷清，而且还有凋零之势，以政策研究代替规律研究成为热点，在看似汗牛充栋的高等教育理论研究成果中，只是偶尔可以见到几颗散落在地的高等教育"规律谷粒"，教育内外部关系规律（或高等教育一般规律）如同一根"扁担"，两头挑着两个"空箩筐"，一个是高等教育总体规律，一个是高等教育特殊规律。正因为如此，有人借用昔日评价美国高等教育研究是"不结果的树"来评价今天我国的高等教育理论研究。

2023 年是我国高等教育学创建 40 周年，研究高等教育规律不足引发的"高等教育规律不足"或"不足高等教育规律"，让不惑之年的高等教育学看起来依然还那么稚嫩或不成熟。针对这种情况，整个高等教育学界都需要进行一场深刻反思，这种反思应该包括自我质疑和批判，尤其要对那些事关高等教育学发展的根本性理论问题进行质疑。诸如我们需要什么样的高等教育学，高等教育学到底走向哪里，高等教育研究究竟为谁服务，高等教育研究的本质主义或规律主义追求何以必要等，然后确立目标、厘清思路、形成对策、找到办法并奋力前行。

当今中国已是世界高等教育大国，正在加紧建设高等教育强国。中国的高等教育发展和改革需要中国特色的高等教育学，需要能够揭示发展规律的高等教育学。我国高等教育走过的路已经表明，原有的理论已无法指导今天的实践，而建设高等教育强国就离不开对规律的探讨，就高等教育研究强国建设而言，我们需要建立具有中国特色、符合国情的高等教育学话语体系、学术体系、学科体系和教材体系，推进高等教育学的科学化发展，而这一切的根本或核心就是建立科学而完备的高等教育规律体系。

高等教育实践需要高等教育学，更需要关于高等教育的"规律学"。作为中国当代的高等教育学学人，多数是在教育内外部关系规律的熏陶和滋养下成长和发展起来的，教育内外部关系规律在我们心中，我们也在教育内外部关系规律中。纵然如此，我国高等教育学界专门去丰富、发展和深化教育内外部关系规律的学者并不多，在这为数不多的学者当中，李枭鹰可算是一个"现象"，可以称他为教育内外部关系规律最忠诚的"追随者"。例如，他撰写过《论教育规律与似规律现象》《走出教育规律的认识困境——兼论潘懋元先生提出的教育内外部关系规律》《高等教育内外部关系规律的元研究》《教育内外部关系规律的提出、对话和源流》《教育内外部关系规律的间性思想及其理论价值》《高等教育关系是什么——关于潘懋元教育内外部关系规律的本体论探问》《教育内外部关系规律的前提性追问和辩证性反思》等系列论文，出版过系统论证教育内外部关系规律之科学性的《高等教育关系论》，听说他目前正在撰写《高等教育关系新论》。对于李枭鹰的忠诚和执着，作为他的导师，我是欣慰的、赞赏的和支持的，因为他在高等教育规律尤其是教育内外部关系规律研究方面做了许多"我想做但又没有做"的工作。

潘懋元老师认为"规律"是高等教育学的理论难题，我也觉得这是一块难啃的硬骨头，而且还是一块难以从中捞得什么"油水"或实惠的硬骨头，只有心怀信仰的人才能坚持做下去，李枭鹰就是此类年轻人之一。他是一位研究高等教育规律的"虔诚者"，也是一位"明知山有虎却偏向虎山行"的"不信邪者"。借写序之际，我看了本书的前言和后记，才知晓李枭鹰是带着潘懋元老师的期许和厚望来写这部《高等教育规律论》的，由此体悟到了老师对他的良苦用心和心心所念。对于他这部书稿，我有如下看法。

从本书形成的过程来看，《高等教育规律论》是李枭鹰多年锱铢积累的产物，他默默坚守高等教育规律研究已达15年以上，凝聚了他人难以理解的汗水和智慧，也让他放弃了许多东西。记得他的博士学位论文《高等教育选择问题研究》就有一章"高等教育选择的规律性"，用近三万字的篇幅对高等教育规律进行了系统阐述，本章也因为啃了高等教育规律这块硬骨头而成为这篇博士学位论文最大的"亮点"，我当时也毫不吝啬赞美之言对其给出了"这一章很精彩"的评语。回头来看，或许正是因为李枭鹰对高等教育规律研究的这份执着以及潘老师反复强调的"板凳敢坐十年冷，文章不写半句空"的学术精神，让潘老师相信并希望他能在《高等教育关系论》和教育内外部关系规律系列研究成果的基础上，再写出一部《高等教育规律论》。

从本书的内容来看，《高等教育规律论》是国内第一部系统研究高等教育规律的学术著作，丰富了高等教育规律研究的百花园。读完这部积淀十余年的《高等教育规律论》，我觉得该书为中国高等教育学自主知识体系构建提供了重要的理论支撑，为理解高等教育和改造高等教育提供了重要的认识论和方法论，并确证了高等教育内外部关系规律的本体论前提，回应了高等教育高质量发展的时代命题。本书立足于高等教育是总体性、一般性和特殊性的辩证统一，揭示了高等教育的运行发展要受到高等教育总体规律、高等教育一般规律和高等教育特殊规律的统领、规约和支配，描绘了由高等教育总体规律、高等教育一般规律和高等教育特殊规律构成的高等教育规律图景，走出了过去将高等教育规律分为高等教育一般规律和高等教育特殊规律的"二元逻辑划分"的认识论窠臼。

从本书的体系来看，《高等教育规律论》是按照高等教育规律的逻辑结构谋篇布局的，主要分为上、中、下三篇。"上篇"以关系思维为方法论，揭示了高等教育既在关系中"自成系统"，又在关系中与其他系统"互成系统"，还在关系中"生成演化"，并将其命名为"高等教育总体规律"，确立了高等教育内外部关系规律的方法论基础。"中篇"完善和延拓了高等教育内外部关系规律，尤其是立足于高等教育关系作为一种

"存在原因——存在范型——存在场域"的复合结构，确证了高等教育内外部关系规律的本体论前提。"下篇"以高等教育强国、大学制度和组织、大学学科发展、大学学术发展和课程教学为例，提出了整体生成规律、系统关联规律、生态生命规律、知识相变规律和超循环运转规律，回应了高等教育高质量发展的时代命题。

总体而言，这部《高等教育规律论》是有知识贡献的和学术增值的，但也正如李枭鹰在后记中所言，该著作还存在"不足高等教育规律"和"高等教育规律不足"的问题。尽管如此，该书瑕不掩瑜，我们也无须对此吹毛求疵，相反，应该多一些鞭策和鼓励，毕竟他的研究视角是独特的，他对高等教育规律的认识正在"逼近"自己的理论构想。

高等教育规律研究是一个永恒的话题。一方面，在于高等教育活动是永恒的，高等教育发展是永恒的。另一方面，在于高等教育规律是看不见摸不着的，高等教育规律似乎就在那里，但总是"犹抱琵琶半遮面"，千呼万唤还不出来。几年前，赵沁平院士组织中国学位与研究生教育学会编写了一部《教育规律读本：育人三十六则》，从中国古代先贤的有关典籍中遴选了36条关于教育规律的"箴言断语"，并对其进行了分类、阐释和解读。该书分教、学、道三篇，每篇列举了12条所谓的"规律"，我参加了这项工作。该书出版后，商务印书馆召开了一个新书发布会，并邀我作一个发言。说实话，这对我来说是一个不小的挑战。虽然我也天天跟着喊"教育有规律""要按高等教育规律办大学"，但我并没有专门研究教育规律或高等教育规律。对于教育规律或高等教育规律，我有自己的思考和看法，但在总体上还是困惑或疑问多一些。比如：高等教育规律存在吗？高等教育规律的本质是什么？高等教育规律具有哪些基本属性？高等教育规律与高等教育一样是分类分层的吗？高等教育规律与自然规律有什么样的本质区别？高等教育规律与高等教育理论、高等教育原理是什么关系？高等教育规律与高等教育原则是什么关系……或者说，我们常挂在嘴上的许多（高等）教育规律其实只是一种（高等）教育或教学原则？有哪些高等教育规律研究的范式，高等教育规律研究的规程与路径在哪里，靠理论思辨或经验总结能够发现或揭示高等教育规律吗？尤其是当下，人们开始讲"要跳出教育看教育"，难道我们过去探讨高等教育规律的路径和方法错了吗？凡此种种，不一而足，我也很难给出令人信服的答案。

对于上述理论问题，李枭鹰的《高等教育规律论》给出了部分回答，至于正确与否，我在此不做评论，留给读者们去评判吧。但在这里，我还是想就高等教育的研究范式或研究方法再说几句。近些年，高等教育研究领域掀起了一股实证热潮，似乎在宣告"没有实证的高等教育研究就不是好的高等教育研究"。据同侪们说，这种研究范式或研究方法对假设提出、研究设计、样本选择、模型建立、数据处理工具、数据分析、结果检验等都有严格要求，任何环节稍有差池就被视为不规范的研究或失败的研究。我不擅长实证研究，就个人体会而言，这类研究看起来确实非常严谨，但很多成果仔细考究起来总觉得缺点什么，要么是缺思想的深度，要么是缺视野的广度，要么是缺理论的张力，要么是缺应有的历史感和现实感。在三年新冠疫情期间，我带着课题组进行了高校大规模线上学习调查，建成了一个数据库，课题组成员在一年期间发表了30余篇论文。对此，我曾很是得意了一段时间，后来才逐渐意识到这些看似严谨的研究缺一样根本性的东西，那就是对命题"前提性条件"的追问，对命题"终极关怀"的探寻，对命题"理论根基"的发掘。我这样说并没有贬低或摒弃实证研究的意思，只是想为日渐式微的理论研究说几句公道话，同时还想说研究范式或研究方法也遵循生态规律，即"一枝独秀不是春，百花齐放春满园"或"各美其美，美美与共"，各种研究范式或研究方法在生态伦理上是平等的，缺了谁都会破坏整个学术生态。就高等教育研究而言，不存在采取某种研究范式或研究方法的研究就是好的研究，否则，就是坏的或不好的研究。

多年的高等教育研究使我开始坚信，不管对于什么样的学术研究，理论是其基础，厦门大学教育研究院具有重视理论研究的传统，这个优良传统需要传承下去。观察渗透着理论，高水平的实证研究一定根基于扎实而深厚的理论储备。大连理工大学张德祥教授曾认为，思想、逻辑、语言是人文社会科学研究成果的三要素，而思想是第一位的，那种没有思想的逻辑和语言不过是一种文字游戏罢了。对此，我深有同感。

事实上，到底采取什么研究范式或研究方法，是由研究对象或研究问题的性质决定的，而不应由研究者的好恶来决定，对于高等教育本质、高等教育属性、高等教育规律等形而上的问题或无形问题，实证研究是无能为力的。坦率地说，许多研究高等教育的命题，即使不做实证，其结论也是显而易见的。通过李枭鹰的研究轨迹，让我悟出了如何带博士生的道理。早期总要从每一届博士生中挑选一名理论功底较好的学生做理论研究，这些年下来，是他们让我对高等教育理论研究产生了特别的偏爱。能够在毕业之后坚守这一领域研究的学生并不多，李枭鹰是其中之一，他是一位思辨研究和理论研究的年轻学者，尤其痴迷于用比较晦涩的语言表达自己的想法。对此，我曾经颇为"不适"甚或有些"反感"，还多次"教育"李枭鹰"要把文章写得通俗易懂一些"，可他依然我行我素，乐此不疲。纵然如此，我还是逐渐地被他的执着感动，我觉得他的这种研究风格有一定的价值：不能没有，但也不宜太多。李枭鹰博士毕业之后，先是出版了《高等教育关系论》，然后是《高等教育哲学论》，再就是这部《高等教育规律论》，这是高等教育规律研究的"三部曲"，事实上他的博士论文《高等教育选择论》也与高等教育规律密切相关，这些年来，他几乎都是围绕着"规律"在写文章、做研究。无论是他的论文还是著作都有浓厚的"思辨色彩"，也无不弥漫着晦涩的"自造伟词"。前一段时间，他在《江苏高教》发了一篇题为"高等教育学学科体系建构的元范畴逻辑"的论文，该文充分呈现了他的思辨"特征"。看罢此文，我借机表达了自己的立场和态度，给出了如下评价："如果说未来的高等教育学建设是一个丛林，该文可以说是其中的一个'品种'"。

高等教育规律是一条没有尽头的路，探究高等教育规律需要"慢些走"，学会"把这里的景色看个够"，"走马观花看世界"只会错过最美的风景。探究高等教育规律是一种"没有什么人气"的旅行，但我国高等教育学的建设与发展确实需要更多这样的旅行者。鉴于此，我们需要重新认识高等教育规律研究，尤其需要重申、重审和重构高等教育规律研究。

是为序。

邬大光
2024 年 3 月 9 日
于厦门大学黄宜弘楼

序 二

高等教育规律的潜心求索者

近些年,读了李枭鹰的系列著作,今闻其新作《高等教育规律论》脱稿,并请我为其作序,除了愉悦与兴奋,就是震惊。随着年岁的增长,见识与经验的积累亦越来越多,能够凝聚出足够的能量引发心灵感慨的人、事、物却越来越少。也就是说,李枭鹰这回带给我的震撼,就像被石头击中水面生发的波纹,一圈连一圈,由近及远,久久不能平静。

李枭鹰是广西师范大学教育科学学院(现改名为"教育学部")2002级硕士研究生,也是我进阶博士之际最早的弟子之一。记得在给他们年级研究生讲授《高等教育学》课程时,曾对潘懋元先生"板凳敢坐十年冷,文章不写半句空"的名言作过三层认读。在我看来,学者也是可以分层次的:一是能够写学术文章,能担学者之职责,有别于挂学者头行非学术事务之类,为低层次"能履行本责的学者";二是能够静心坐下来做学问,十年如一日,从不间断,是中等层次"有敬业精神的学者";三是坚持底线,潜心做"冷学问",不被功利性学术诱惑,那是"具高深境界的学者"。

李枭鹰是一个对学术有执着追求的学者。2008年刚从厦门大学博士毕业回广西民族大学,即被任命为教育科学学院常务副院长(主持工作),不久后转为院长,2012年下半年调任学校教务处处长。在他的领导下,无论是教育科学学院还是学校教务处,均可用"风生水起,卓尔不凡"来概括和形容。应该说,取得这样的管理成就,除了他本人的卓越管理才能外,离不开当时广西民族大学党委书记钟海青教授的大力支持和有意栽培。在不少人看来,照此发展下去,不出十年,他就有机会成为广西高校的副职领导甚至是正职领导。然而,出乎意料的是,2013年4月,他毅然辞去了教务处处长职务，这一抉择让他的知人、朋友、亲人百思不得其解。现在回溯过往，症由呼之欲出。自2013年至2023年这10年时间里，他带着辞职后产生的巨大压力，十年如一日，稳坐在学术板凳上，用行动形塑了一个学者的精神力量。在中国高等教育理论界，敢坐板凳十年的学者不少，但像他那样身负多重压力还能稳坐十年板凳的学者还真不多见。因此，就不难想象，他之所以辞职，大概率是因为教务处处长的角色扮演离学术、学者渐行渐远，超越了一个学者所能承受的心理底线，从学者的角度看，辞职应该是一种"迷途知返"或者说"回头是岸"。

李枭鹰还是一个潜心做"冷学问"的学者。他涉足多个高等教育研究领域，也可谓著述等身，但代表性学术成果几乎都与高等教育规律这个冷门话题有关，诸如《高等教育选择论》《高等教育关系论》以及这部《高等教育规律论》。他的同侪们将这三部系列性著作誉为"高等教育关系论三部曲"，我倒觉得也可以将其称为"高等教育规律论三部曲"，因为它们虽然都是以关系思维为方法论，但却都是以揭示高等教育规律为终极关怀的。

《高等教育选择论》由李枭鹰的博士学位论文拓展而成，该著作以系统科学和辩证唯物主义为指导，以复杂性思维、多学科研究和历史比较法为方法论基础，运用选择学和高等教育学的理论与方法，对高等教育选择的若干核心议题进行了研究，重要篇章专门探讨了高等教育规律的属性与特征，论证了"高等教育规律是一种统计性规律"，率先提出"决定性与选择性相统一"的高等教育规律。

关于《高等教育关系论》，我在"一篇书评"[①] 中这样写道：全面准确地认读并领悟内外部关系规律及其科学性，有两条关联在一起的逻辑图谱：一是教育内外部关系规律的学理逻辑，另一条是教育内外部关系规律的实践逻辑。教育理论界认识教育内外部关系规律大多是从前者切入的，即围绕着教育内外部关系规律中的"内部与外部""规律""适应"等核心概念进行学理审读。李枭鹰的《高等教育关系论》依据理论与实践两个逻辑，运用辩证思维、关系思维、过程思维、整体思维和非线性思维，

---

① 唐德海：《科学理解教育内外部关系规律——兼评李枭鹰教授的〈高等教育关系论〉》，《大学教育科学》2019年第2期，第2页。

对教育内外部关系规律给出了一种与以往完全不同的解读。其一，展示了教育内外部关系规律认识的新的路线图谱。李枭鹰认为，从根本上讲，高等教育学是一门实践性或应用性学科，高等教育理论的主要价值和核心功能在于指导高等教育实践，"教育内外部关系规律提出以来，经受了无数教育实践的检验，释放出了巨大的教育理论价值"。因此，认读教育内外部关系规律，不能仅仅从学理的单一角度思考问题，必须把学理逻辑与实践逻辑结合起来整体考虑，才能做出全面而准确的分析与判断。其二，建构了教育内外部关系规律生发的新的逻辑起点。有学者指出，教育内外部关系规律是一种"适应论"，没有抓住高等教育活动的本质特征，仍然是从经济基础和上层建筑关系中推导出来的理论；如果继续把高等教育"适应论"当作一种不容置疑的"理论"或"规律"来看待，那么，一种本来可供选择的观念变成思想上的束缚，就会产生盲目地排斥高等教育发展的其他可能性。对此，李枭鹰认为，审读教育内外部关系规律，"内部与外部""规律""适应"等范畴十分重要，但"关系"作为高等教育学的"元范畴"，在审读中是不宜也是不容被忽视或遗漏的。若然相反，极有可能导致根源性的逻辑认识错误。因为，高等教育在关系中孕生、在关系中存续并在关系中演化，所以，高等教育当且仅当在关系中被认知。对高等教育规律的认知亦然。其三，表陈了教育内外部关系规律存在的新的合理性要件。关于教育内外部关系规律存在的合理性，学界有过不同的声音。如黄济先生认为把教育与社会的关系视为外部关系，把教育与个体身心发展规律的关系视为内部关系并不妥当；孙喜亭教授认为将教育规律划分为一般规律和特殊规律比内部规律和外部规律更为科学。李枭鹰提出，教育内外部关系规律暗合了"事物是一种关系性存在"：教育既是一种"自成系统"的存在，又是一种在相互关联中"互成系统"的存在。同时，教育内外部关系规律昭示了"教育是一种系统性存在"：教育系统除了要不断优化自身的结构之外，还必须与社会各子系统（如政治、经济、文化等）形成功能耦合关系。其四，揭示了教育内外部关系规律作用的新的因果关系。李枭鹰坚信，教育规律所揭示的因果关系不是一一对应的必然关系，认读教育规律必须摒弃线性、单向度的确定性规律观之思维框架，充分认识并理解教育规律的客观性和统计性，辩证地将决定性（规律的制约作用）和选择性（人的主观能动作用）统一到教育规律之中。总体来看,《高等教育关系论》怀揣从经验世界走进理性世界、从实践世界走进理论世界、从现象世界走进本质世界、从有形世界走进无形世界、从规范世界走进自由世界的责任感和使命感,以关系为元范畴、思维工具和认识论起点,立足于高等教育的关系属性,依据理论与实践两条逻辑,探讨了高等教育领域的一系列永恒命题,并重点回应了长期以来教育界对教育内外部关系规律的质疑和诘难,全面而系统地诠释了教育内外部关系规律的科学性,丰富和发展了教育内外部关系规律理论。

这部《高等教育规律论》围绕高等教育总体规律、高等教育一般规律和高等教育特殊规律谋篇布局,对高等教育规律进行了系统研究。该著作至少有五个方面的创新和创见。其一,提出要从"关系"的视域而不是从"内部与外部"或"适应"的角度来审度教育内外部关系规律,因为高等教育关系,是一种包含本体论意蕴、价值论意蕴、目的论意蕴、认识论意蕴、方法论意蕴、实践论意蕴的复杂关系。其二,以关系思维为方法论,阐发了高等教育总体规律:高等教育既在关系中"自成系统",又在关系中与其他系统"互成系统",还在关系中"生成演化"。其三,认为高等教育是总体性、一般性和特殊性的辩证统一体,因此高等教育的运行发展要受到高等教育总体规律、高等教育一般规律和高等教育特殊规律的统摄、规约和支配,由此而进,厘定了由高等教育总体规律、高等教育一般规律和高等教育特殊规律构成的高等教育规律之逻辑结构,间接地证实了高等教育规律划分为高等教育一般规律和高等教育特殊规律的局限性和不足。其四,对教育内外部关系规律进行了系统性研究,完善、延拓、丰富和深化了教育内外部关系规律,强调要站在高等教育关系作为一种"存在原因——存在范型——存在场域"三联结构体的高度,来认读、理解、论证、反思、透视教育内外部关系规律的本体论前提,认为要研讨教育内外部关系规律,必先探知高等教育关系作为"存在原因"的规律、作为"存在范型"的规律以及作为"存在场域"的规律。其五,从中国高等教育发展的实际出发,提出了高等教育强国的整体生成规律、大学办学的系统关联规律、大学学科发展的生态生命规律、大学课程教学的知识相变规律和大学学术发展的超循环运转规律。

综上所述,李枭鹰对高等教育规律的研究是持续和依次递进的,成就斐然。他能够取得这些成绩,离不开多方人士的教诲、培养和支持,尤其是他一直心心念念的三位老师：邬大光导师的培养，袁鼎生教授的影响，唐德海老师的引门。他始终坚持说，是我将其领进高等教育规律研究这片领域。我虽然不敢认领这个功劳，但有弟子如此，师乎何求！

  是为序。

唐德海
2024 年 3 月 6 日于北京

前　言

走近高等教育规律研究

说走近"高等教育规律研究"而非"高等教育规律",是因为只是走近了"高等教育规律研究"。说"走近"而非"走进",是因为压根还没有"走进"高等教育规律研究。毫无疑问,只是"走近"高等教育规律研究是远远不够的,我们还得"走进"高等教育规律研究,"走出"高等教育规律研究,"高于"高等教育规律研究,做到"入乎其内,出乎其外,超乎其上"。今天,我们只说"走近",还主要是说"本人"走近高等教育规律研究的来龙去脉和生发过程,讲清"本人"走近高等教育规律研究的背后潜藏的那些故事,特别是那些与教育内外部关系规律密不可分的故事,借以缅怀敬爱的潘懋元先生[①],我们心中"永远的大先生"。

一　仰望高等教育规律

寻求统摄性的总体规律,探索普适性的一般规律,找寻局域性的特殊规律,构建集总体规律、一般规律和特殊规律于一体的规律体系,是人类进入文明社会以来的不懈追求,也是人类求知天性和本质力量的一种释放和证明。万事万物各有其规律,不同的领域存在不同类型或层次的规律,不同的学科为了揭示不同领域的规律而诞生、存在和发展,同时也因为揭

[①] 中国共产党优秀党员,我国著名教育家,中国高等教育学学科开拓者与奠基人,全国教书育人楷模,全国优秀教师,厦门大学原副校长、教育研究院名誉院长、文科资深教授潘懋元先生于2022年12月6日8时50分安详辞世,享年103岁。

示了相应领域的各种规律而获得合法存在的理由和资本。

探寻、发现和建立相应领域的规律体系是一个学科的责任，也是一个学科的目标，还是一个学科成熟的标志。高等教育学是一门致力于探寻、发现和建立高等教育规律体系的学问。这意味着高等教育规律在高等教育学中占有无可争议的尊贵地位，可谓高等教育学理论体系建构的"拱顶石"。1980年，潘懋元先生提出"教育内外部关系规律"。回顾高等教育学学科建设的四十多年，我们可以这样说：教育内外部关系规律是潘懋元高等教育理论与思想的主轴，是高等教育研究厦大学派的生成元，是中国高等教育学的源理论，是中国高等教育学理论的标志，是中国高等教育学理论体系构建的基石。鉴于教育内外部关系规律的理论意义与实践价值，走进教育内外部关系规律，进而建立完整的高等教育规律体系，是我们每一个高等教育研究者的内在要求和理性诉求。我一直想"走进"教育内外部关系规律，也想"传承"高等教育学理论的学术基因，更想"建立"高等教育规律体系。然而，我一直"徘徊"在教育内外部关系规律的边缘，只是在"走近"教育内外部关系规律，也因而只是走近"高等教育规律研究"。

或许是过于偏爱公式化的知识、规律性的知识、必然性的知识，我一直是一名典型的"偏科生"。这种偏科成了我后来着力于探寻、发现和建立高等教育规律体系的某种动力。坦率地说，在相当长的一段时间内，我对人文社会科学毫无兴趣，自然也就毫无灵感。作为一名高中理科生，我在高考结束填志愿时，只是在第一批录取志愿的末尾填了一个教育管理专业。就这样，我与教育学结下了"不解之缘"，即本科、硕士、博士以及数十年的工作都在与教育学打交道，也被迫尝试着去寻找教育管理领域那些公式化的知识、规律性的知识、必然性的知识，后来慢慢发现在人文社会科学领域也存在"弹性的必然性知识"，即我们常说的人文社会科学规律或统计性规律知识。

偏好公式化的、规律性的、必然性的知识，可谓人的天性。唯物主义认为，我们不应该按照主观的"人的尺度"去看世界，而应该按照客观的"宇宙的尺度"去看世界。按照"宇宙的尺度"去看世界，世界是有秩序的、有规律的、有逻辑结构的，我们称之为"统一性"。这种统一性超出了我们的感官经验，但我们不能否定它的客观存在，也否定不了它的客观存在，用赫拉克利特的话说，世界存在一种"看不见的和谐"，它"比看得见的和谐更好"[1]。这种看不见的和谐，是一种统摄、支配和规约世界运行发展的"逻各斯"，即一种类似于我们今天常说的"规律"。追求变动不居的现象背后的永恒不变的本质或规律，是西方传统形而上学的终极关怀，也是一切自然科学的终极关怀。事实上，理性的人类一直不愿也没有放弃对世界统一性的探究，这种统一性包括世界的本质、规律和同一性，即西方传统形而上学或自然科学执着探寻的那种变动不居的现象背后的永恒不变的东西。可以说，一部西方传统哲学史或自然科学史，就是一部探寻变动不居的现象背后那个永恒不变的本质的历史。

高等教育规律是变动不居的高等教育现象背后的永恒不变的东西，即本质的或本质之间的高等教育关系。探寻、发现、揭示高等教育规律以及建立高等教育规律体系，是为了认识高等教育、解释高等教育和改造高等教育。当然，探究高等教育规律首先是基于这样一种前提或假设，即高等教育是一个有规律、有秩序、有统一根据的符合理性的世界。不管这是不是客观事实，我们必须承认这种前提或假设，否则，高等教育规律探究就缺乏生发的信仰基础、心理认同的基础，即便这种探究发生了，也只能是言不由衷的，抑或非心甘情愿的。历史地看，不同的哲学家或哲学流派对规律的客观性，是存在这样或那样的分歧的。比如，后现代哲学推崇不确定性、或然性、模糊性、碎片性、多元性和差异性，拒绝总体性、同一性、确定性、必然性、本质主义、普遍主义、基础主义和逻各斯中心主义以及宏大叙事风格和传统理性所构建的秩序。按照后现代哲学的观点，杂多或杂乱的高等教育表象或现象背后，并不存在一个本质的高等教育规定或永恒不变的高等教育本质规定性，充满不确定的高等教育不会按照某种必然性或确定性运行发展。与此相反，辩证唯物主义和历史唯物主义则承认规律的客观性。按照辩证唯物主义和历史唯物主义的观点，高等教育存在不以人的意志为转移的客观规律，高等教育的运行发展要受到这种客观规律的统摄、规约和支配。

辩证唯物主义和历史唯物主义是科学的，经得起理性的雄辩和实践的检验，我们坚持辩证唯物主义和历史唯物主义关于规律的观点和看法。就

---

[1] ［德］恩斯特·卡西尔：《人论》，甘阳译，上海译文出版社1985年版，第282页。

高等教育而言，我们承认高等教育规律的客观性，而且坚信规律性或原理性的高等教育知识更值得传授，也更易于流传千古。当然，这种信念还源于自然科学的启迪，即各种自然科学主要由规律性或原理性知识构成，包括各种公理、定理、定律、推论等，而我们学习和掌握的也主要是这些规律性或原理性知识。当然，这并不意味我们是纯粹的规律主义者，抑或公式化、数字化和规则化主义者，即试图通过科学的或理性的思维，将这个混沌的世界塑造为一个可以被测量、可以被计算的纯粹的有序世界，任何事物和现象都将被纳入这套科学的系统之中。就高等教育学而言，我们迄今尚未建立起严格而完备的高等教育规律体系以及以此为脊梁或支柱的高等教育学理论体系，面临着"高等教育规律不足"和"不足高等教育规律"的双重困境，以致高等教育学经常遭受这样或那样的质疑和诟病，其合法性危机始终没有获得彻底解除。作为高等教育研究者，我们每一个人都有责任和义务在高等教育规律研究方面做一些力所能及的工作。

二 聆听高等教育规律

理论是在历史中逻辑化形成的"后天事实"，因而理论既是历史的也是逻辑的，表征为历史与逻辑的统一。我对高等教育规律的研究及其认识也大体如此。从接触高等教育规律到研究高等教育规律，再到对高等教育规律形成些许认识，既是一个与教育内外部关系规律结缘的过程，也是一个走近高等教育规律研究的过程，还是一个不断逼近高等教育规律的过程。

这个过程开始于我大学本科，经由硕士和博士，然后延伸到后续的学术生涯。1993年我考取华中师范大学教育管理专业本科生，按照人才培养方案，我们全年级同学第一学期学习了由扈中平教授主讲的"教育学"。正是通过这门课程的学习，我头脑中第一次有了"教育内外部关系规律"的概念和观念。2002年我考取广西师范大学教育经济与管理专业硕士生，师从唐德海教授。唐德海教授博士毕业于厦门大学高等教育学专业，其博士论文由潘懋元先生和王伟廉教授联合指导。唐德海教授是一位教育内外部关系规律的捍卫者和发扬者。在我读硕士期间，唐德海教授只要有机会就会给我们讲述自己在厦门大学读书的故事，我们也因此多次聆听到教育内外部关系规律及其相关的学术争鸣和学术故事。2004年10月，经唐德海教授极力推荐，并获邬大光教授同意，我于2005年考取厦门大学高等教育学专业博士生。在读博第一学期，我们聆听了潘懋元先生主讲的"高等教育学专题"，这是高等教育学专业所有博士生的必修课。潘先生采取专题式教学，其中有一个专题就是"教育内外部关系规律及其应用"。潘先生在主讲这个专题时，多次提到"希望你们当中将来有人愿意去专门研究高等教育规律"，并反复强调他自己只是"提出"了教育内外部关系规律，并没有对高等教育规律进行系统性研究，希望有人对高等教育规律研究感兴趣，甚至可以将其作为博士学位论文选题。记得当年，潘先生在课堂上还讲到高等教育学理论研究有三个较大的难题：一是高等教育规律，二是高等教育原则，三是高等教育研究方法论。而在这三个大的难题中，对高等教育规律进行研究的难度可能最大。当然，潘先生的意思不是说"研究高等教育规律只是少数人的专利"，恰恰相反，正是因为研究高等教育规律比较难，需要更多的人到这块领地上耕耘。2008年9月，我博士研究生毕业后，得潘先生偏爱，有幸整理了他主讲的"高等教育学专题"和"中国高等教育问题专题"的讲课录，其中"教育内外部关系规律及其应用"这个专题的录音最长，整理成文字有一万五千多字。这种特别的求学经历，让我有机会多次聆听和反复学习教育内外部关系规律，也让我对教育内外部关系规律有了一种与众不同的认识和情感。

真正推动我研究教育内外部关系规律或走近高等教育规律研究主要是以下两件事：一是唐德海教授领我撰写《论教育规律与似规律现象》一文。2005年下半年，亦即我到厦门大学上学的第一个学期，唐德海教授给我列了"教育规律与似规律现象""教育目的的前置与生成"和"教育研究的本质主义与反本质思潮"三个论文题目，希望我逐一去写一写，我首选了第一个题目。现在想来，如果没有唐德海教授开出的论文题目，或者我首选的不是"教育规律与似规律现象"这个题目，今天的情形或许就完全不同了。从此意义上来说，教师对学生的学术影响经常是节点性的、不经意的，某一个偶发性事件或许会产生持久性的"链式反应"，其将影响、塑造与改变学生一生的研究方向。《论教育规律与似规律现象》一文成稿于2006年上半年，当时我将其呈送陈武元教授以求指导，他读完此文觉得挺不错，然后就推荐给了我的导师邬大光教授。当时，邬大光教授是利用午休时间读完此文的。当天下午，邬大光教授便将我叫到办公室鼓励了一番，肯定了此文的学术贡献和学术价值。后来，邬大光教授又在一次沙龙上评价了此文所阐发的教育规律的"统计属性"，同时讲述了马丁·特罗高等教育大众化理论的"统计学意义"，并强调高等教育大众化理论只是一种"预警理论"而非"目标理论"。《论教育规律与似规律现象》一文发表于《华东师范大学学报（教育科学版）》2007年第2期，之后又获中国人民大学复印报刊资料《教育学》2007年第9期全文转载以及《新华文摘》2007年第19期论点摘编，并于2008年获得广西壮族自治区社会科学优秀成果奖（论文类）二等奖。该文认为，"教育是一种复杂性社会实践活动，是有序与无序、确定性与不确定性的有机统一，教育中没有严格的必然性，只存在弹性的必然性，教育规律本质上应为统计性规律。"[①] 二是为了撰写博士学位论文《高等教育选择问题研究》中的"高等教育选择的规律性"，我不得不去系统了解一些关于规律、教育规律和高等教育规律的常识。也正是因为这种特殊的需要，我对教育内外部关系规律进行了较深入的研究和挖掘，形成了三千多字关于教育内外部关系规律的简评，提出了如下三个基本观点：第一，教育内外部关系规律不仅揭示了教育因果关系的客观性和决定性，同时也揭示了教育因果关系的统计性和选择性，辩证地将决定性和选择性统一到了教育规律之中；第二，教育的内外部关系规律揭示了教育因果关系的非线性和多向度性，走出了线性、单向度的确定性规律观的思维框架，抓住了教育规律的本质特征；第三，教育的内外部关系规律揭示了教育系统除了要不断优化自身的结构之外，还必须与社会各子系统（如政治、经济、文化等）形成功能耦合关系。[②] 2009年，我的博士学位论文《高等教育选择问题研究》获得中国高等教育学会第五届"高等教育学"优秀博士学位论文提名奖，尽管这与"预期的目标"（厦门大学第四期"优秀博士学位论文培育工程"的对象）相距甚远，但邬大光教授对论文中"高等教育选择的规律性"这一章颇为认可，并给出了"这一章很精彩"的评语。总而言之，

---

① 唐德海、李枭鹰：《论教育规律与似规律现象》，《华东师范大学学报》（教育科学版）2007年第2期，第8—13页。

② 李枭鹰：《高等教育选择论》，中国社会科学出版社2011年版，第192—194页。

上述这两件事对我走近高等教育规律研究具有决定性的影响，至少引导我走进了高等教育规律研究的领地。人生就是如此神秘，好像总有一种如同规律一样的神奇力量，左右着我们的人生之路到底何去何从，我走上高等教育规律研究之路大概就是如此。

三 躬耕高等教育规律

在厦门大学求学的三年，是我最幸福快乐的三年，也是我快速成长的三年。博士研究生毕业后，我按时回到广西民族大学工作，并很快担任教育科学学院常务副院长，主持行政全面工作，这让我获得很多成长与发展的机会。与此同时，我也开始深陷烦琐的行政事务之中，学术研究的时间变得有些支离破碎，只能偶尔挤点时间就高等教育规律做些不连续的研究。好在我以学校科研启动项目"潘懋元高等教育思想研究"为契机，以教育内外部关系规律为核心研究对象，撰写了《走出教育规律的认识困境——兼论潘懋元先生提出的教育内外部关系规律》（《中国高教研究》2009年第3期）等文章，这在一定程度上让我保持了对高等教育规律进行研究的连续性。2013年北京大学的展立新博士和陈学飞教授联袂发表了论文《理性的视角：走出高等教育"适应论"的历史误区》（《北京大学教育评论》2013年第1期），对教育内外部关系规律的科学性提出了自己的反思、质疑和批判，引发了国内关于教育内外部关系规律的又一次"交流对话"。2013年12月，应唐德海教授之邀，我们一起去厦门看望潘先生，潘先生与我们谈到了《理性的视角：走出高等教育"适应论"的历史误区》这篇论文，希望我从系统科学的视角写一篇商榷性文章，因为教育内外部关系规律是以系统论为理论依据之一，而我主要以系统科学为研究方法论。回到工作单位后，我运用系统科学的关系思维，写了一篇题为《论高等教育的关系属性》（《教育研究》2014年第9期）的论文。该文认为，高等教育是一个关系集合体，高等教育在关系中孕育、诞生、存在和发展，在关系中才能被定义、刻画、描绘和认知；高等教育规律本质上是一种特殊的关系规律，具有统计性、非线性、多向度性和双向互动性，表征为一种"弹性而非刚性的必然"。

2015年7月，我调到张德祥教授领导的大连理工大学高等教育研究院工作,在这个自由、民主、博爱、进取的学术平台开启了新的学术征程。围绕高等教育规律或教育内外部关系规律,我陆续发表了《高等教育内外部关系规律的元研究》(《中国高教研究》2016 年第 11 期)、《教育内外部关系规律的提出、对话和源流》[《厦门大学学报(哲学社会科学版)》2020 年 5 期]、《教育内外部关系规律的间性思想及其理论价值》(《江苏高教》2021 年第 1 期)、《高等教育关系是什么——关于潘懋元教育内外部关系规律的本体论探问》(《江苏高教》2022 年第 8 期)、《教育内外部关系规律的前提性追问和辩证性反思》(《中国高等教育评论》2022 年第 16 卷)等系列论文。其中,《高等教育内外部关系规律的元研究》一文认为,高等教育内外部关系规律的提法是科学的,它暗合了高等教育既是一种"自成系统"的存在,又是一种在相互关联中"互成系统"的存在;高等教育内外部关系规律昭示着关系是考察高等教育系统的认识论起点、中介和终点。《教育内外部关系规律的提出、对话和源流》一文,阐明了教育内外部关系规律的提出背景、运用法则和适用范围,廓清了教育内外部关系规律交流对话的议题、焦点、立场和观点,辨明了教育内外部关系规律的理论源流。《教育内外部关系规律的间性思想及其理论价值》一文认为,从生态学和系统科学的视角看,教育内外部关系规律呈现了教育内部各子系统以及教育与社会各子系统之间的生态平等性、辩证共生性、共和共运性和全面协同性,蕴含着丰富的生态间性和系统间性思想,挖掘、阐明和弘扬这些间性思想有益于释放教育内外部关系规律的理论潜能,延拓主体间性教育理论的疆域,催生多样化、系列化和一般化的间性教育理论以及中国特色教育理论体系。《高等教育关系是什么——关于潘懋元教育内外部关系规律的本体论探问》一文认为,高等教育关系既是一种"存在原因",也是一种"存在范型",还是一种"存在场域";研究高等教育内外部关系规律,必须探寻高等教育关系作为"存在原因"的规律、作为"存在范型"的规律以及作为"存在场域"的规律。《教育内外部关系规律的前提性追问和辩证性反思》一文探讨了教育内外部关系规律的"前提性追问"(即教育规律是否存在,教育规律是否可以创造、改造和改变),以及教育内外部关系规律的"辩证性反思"(即如何理解教育内外部关系规律的四重表述,教育内外部关系规律的提法是否科学,教育内外部关系规律的理论依据是否可靠,关于教育内外部关系规律的交流对话应该聚焦于什么)。为了不误读或曲解教育内外部关系规律,上述这些论文经过潘先生审阅并得到首肯后才投稿发表。

鉴于"规律就是关系……本质的或本质之间关系",鉴于一部"高等教育规律论"可谓一部"高等教育关系论",除了上述系列论文之外,我还撰写出版了著作《高等教育关系论》(中国社会科学出版社 2017 年出版),即一部广义的"高等教育规律论"。《高等教育关系论》出版之后,我在第一时间将书寄到厦门大学,并请陈武元教授代为呈送潘先生。潘先生看完此书后,与陈武元教授进行了长时间的电话交流,并在电话中给予了我莫大的鼓励和鞭策(陈武元教授代为转达)。后来的几年,每次我去拜见潘先生,他总要提起此书,并说"你的《高等教育关系论》是对教育内外部关系规律的丰富、发展和深化"。《高等教育关系论》也得到了国内一些学者的鼓励和媒介的推荐。张德祥教授如是说:"关系思维具有特殊的高等教育研究方法论意义,而李枭鹰的《高等教育关系论》提供了这种方法论。"唐德海教授发表的《科学理解教育内外部关系规律——兼评李枭鹰教授的〈高等教育关系论〉》指出:"李枭鹰教授的新作《高等教育关系论》依据理论与实践两个逻辑,运用辩证思维、关系思维、过程思维、整体思维和非线性思维,对教育内外部关系规律给出了一种与以往完全不同的解读,展示了教育内外部关系规律认识的新的路线图谱,建构了教育内外部关系规律生发的新的逻辑起点,表陈了教育内外部关系规律存在的新的合理性要件,揭示了教育内外部关系规律作用的新的因果关系。"欧阳常青教授发表的《在关系中审视高等教育——兼论李枭鹰教授的〈高等教育关系论〉》认为:"《高等教育关系论》是一部探索关系范畴的哲学著作,是一部探索高等教育的实践著作,是一部高等教育的开创性著作。"《现代教育论丛》2018 年第 6 期对《高等教育关系论》进行了专门推介,认为本书怀揣从经验世界走进理性世界、从实践世界走进理论世界、从现象世界走进本质世界、从有形世界走进无形世界、从规范世界走进自由世界的责任感和使命感,以关系为元范畴和思维工具,立足于高等教育的关系属性,运用辩证思维、关系思维、过程思维、整体思维和非线性思维,依据理论与实践两条逻辑,探讨了高等教育领域的一系列永恒命题,并重点回应了长期以来教育界对教育内外部关系规律的质疑和诘难，全面而系统地诠释了教育内外部关系规律的科学性，丰富和发展了教育内外部关系规律理论。

以上这些人生经历和学术研究，为我走近高等教育规律尤其是教育内外部关系规律奠定了较好的基础，也时不时让我产生一种再写一部《高等教育规律论》的冲动。限于天赋，我一直未敢行动，但潘先生的两次电话和一个希望，让我决心大胆去尝试一下。2021年1月，《教育内外部关系规律的间性思想及其理论价值》一文刊发出来以后，有一天我突然意识到要讲清教育内外部关系规律必须先讲清（高等）教育关系是什么，然后就潜下心来写了一篇题为《高等教育关系的三重本体论意蕴——兼论教育内外部关系规律的元视点》的论文，于2021年9月16日用特快专递寄给潘先生审阅，并恳请先生领着我一起发表。潘先生看完此文后，于2021年9月18日傍晚给我打来电话，再三表达了他对这篇文章的认可，并再三叮嘱我"不用挂他的名字，但可以将他的名字放在副标题上"。我经过再三考虑，发表时将题目调整为《高等教育关系是什么——关于潘懋元教育内外部关系规律的本体论探问》，刊发在《江苏高教》2022年第8期。2021年9月20日下午（中秋节的前一天），潘先生再次给我打来电话，一方面问我为什么要写这篇文章，另一方面再三叮嘱我这篇论文发表后，一定要告诉他发在哪里，他一定要去看的。也就在这次电话里，潘先生还希望我在《高等教育关系论》的基础上再写一部《高等教育规律论》，我当时明知这是一项难度很大的任务，但还是毫不犹豫地认领了，因为我知道这一希望的厚重和分量。打那以后，我头脑中总是转动着与高等教育规律有关的事情，时刻留心捕捉每一个与高等教育规律有关的信息，但数月过去却毫无头绪和灵感，深感高等教育规律就在那里，却又藏得那么深，那么晦暗不明。直到2022年元旦以后，我开始有所顿悟和突破，竭尽全力完成了《高等教育规律的定性与定位》《高等教育规律的逻辑结构》《高等教育规律研究的元点与回归点》等章节的初稿，同时对以往发表过的关于教育内外部关系规律以及与高等教育规律密切相关的论文进行了梳理、重组、拓展和升华，数月之后形成了《高等教育规律论》的雏形。2022年7月底，突闻潘先生身体不适住院了，我开始全身心地投入《高等教育规律论》的写作、修改和完善中，希望《高等教育规律论》的速成可以加速先生身体之康复。

潘先生于 2022 年 12 月 6 日 8 时 50 分安详辞世，享年 103 岁，这部《高等教育规律论》成了一份未交的作业。近一年多来，我对这部《高等教育规律论》进行了数次修改，删除了很多最初写的文字，重写了很多新的文字，反复写写删删，但始终觉得该著作拿不出手，今天坚持将其出版，主要是为了向在天国教书的潘先生补交一份作业。

上 篇

作为特殊的社会规律，高等教育规律具有关系性、非线性、统计性、选择性等基本属性。高等教育是总体性、一般性和特殊性的辩证统一，高等教育的运行发展要受到高等教育总体规律、高等教育一般规律和高等教育特殊规律的统摄、规约和支配。高等教育总体规律、高等教育一般规律和高等教育特殊规律螺旋相依，三者既自成系统又互成系统，共同构成高等教育规律的逻辑结构。高等教育总体规律、高等教育一般规律和高等教育特殊规律之间存在嵌套、互生和互规等生态关系。高等教育规律研究的元点在自然、人和社会的深处，高等教育元规律是高等规律研究的回归点。

第一章

两种对立的社会规律观

规律是一种不以人的意志为转移的客观存在,任何事物的运行发展皆有其自身独有的规律。这个我们耳熟能详的论断听起来似乎有点"独断论"的色彩,但现代科学早已证明了规律的客观性和必然性。纵然如此,人们对社会历史规律的客观性依然还存在这样或那样的异议或分歧,有的人肯定社会历史规律的客观性,有的人却否定社会历史规律的客观性。不同观点的持有者或捍卫者,似乎都能指出对方的不足,却又难以说服对方。这或许是因为规律看不见也摸不着,我们无法用实证的方式证明规律的客观性,直接告诉人们规律就在那里。事实上,肉眼看不见的未必不存在,而肉眼看得见的也未必是真实的。

高等教育规律属于社会历史规律,要阐明高等教育规律的客观性和必然性问题,就有必要从社会历史规律的客观性和必然性谈起。那么,社会历史过程是否存在不以人的意志为转移的客观规律?关于这个问题,学界存在非决定论和决定论两种截然对立的思想和观点。

一 非决定论否认社会规律的客观性

非决定论是一种否定社会历史过程具有客观规律性和必然性的学说。按照非决定论的观点,社会历史是由人的活动所构成,而人的活动一般是在人的主观意志驱动下自觉进行的,渗透着人的主观性和能动性,亦即人的人为干预性,因而具有随人的意志为转移的不确定性;社会历史事件也具有突发性、偶然性和一次性的特点,它即使有原因,社会历史的因果性只能属于偶然性的序列,并不构成社会历史的必然性和普遍性;社会历史的发展是不可预测的，社会历史过程表现为一种充满不确定性、或然性的复杂过程。

历史不可重演。法国生物学家雅克·莫诺甚至认为，客观世界受到纯粹偶然性的支配，只有偶然性才是生物界中每一次革新和所有创造的源泉，毫不避讳地称自己的哲学是没有因果关系的宇宙哲学，强调"宇宙里可能出现的一切事件中间，任何一个可能出现的具体事件的预先决定它出现的几率，总是接近等于零的"①。

非决定论有不少代表人物，像狄尔泰、文德尔班、李凯尔特、韦伯、波普、萨特等，均否认社会规律的客观性和社会历史的必然性，只承认自然领域才存在一般的东西，只承认自然规律的客观性和自然发展的必然性。狄尔泰从生命哲学出发，指出了历史科学与自然科学的区别：历史科学是一种精神科学，其基本要素是直接的内心体验，人通过这种体验直接意识到自己在世界中的存在；自然科学要说明或描述自然界，而精神科学或历史科学则是要理解精神生活；那种奢望概括整个历史过程及其规律的历史哲学或社会学，只不过是"一片形而上学的迷雾"②。

新康德主义弗赖堡学派的创始人文德尔班指出："有一些科学是关于规律的科学，而另一些科学则是关于事件的科学。前一类科学解说永远存在的事物，而后一种科学则解说仅仅发生一次的事物。如果允许创造新术语的话，科学思维在第一种情况下是规律的，而在第二种情况下则是个别的。按照一般公认的术语来看，可以就同样的意义来解说自然科学学科与历史学科之间的矛盾。"③ 新康德主义另一名代表人物李凯尔特，进一步将科学分为历史科学和关于规律的科学，声称"历史科学和关于规律的科学是两个互相排斥的概念，因此他断然否认历史规律存在的可能，认为历史规律是个有矛盾的形容法，历史发展的概念和规律的概念是相互排斥的"④。言

---

① [法]雅克·莫诺：《偶然性和必然性——略论现代生物学的自然哲学》，上海外国自然科学哲学著作编译组译，上海人民出版社1977年版，第107页。
② [苏]N.C.科恩主编：《十九世纪至二十世纪初资产阶级社会学史》，梁逸译，上海译文出版社1982年版，第157页。
③ [波]沙夫：《历史规律的客观性——马克思主义史学方法论的若干问题》，郑开其、叶元龙、祝百英、柳光青译，生活·读书·新知三联书店1963年版，第72页。
④ 庞元正：《决定论的历史命运——现代科学与辩证决定论的建构》，中共中央党校出版社1996年版，第6页。

下之意，规律概念是自然科学所特有的，它所包括的仅仅是那种可以永远看作是无数次重复出现的东西，而在社会历史领域，一切都是个别的和不重复的。

与新康德主义者遥相呼应，新黑格尔主义者克罗齐大力宣扬一种否定历史规律的绝对历史主义，指责黑格尔容忍历史规律的存在。克罗齐对历史决定论进行了无情地批驳，认为决定论是一种自然主义的观点，所采用的方法是"先收聚事实，然后按照因果关系把它们联系起来"①。历史研究的出路在于放弃决定论，超越自然及其原因，"主张一种与历来采取的方法相反的方法——就是说，放弃原因的范畴而取另一种范畴，那另一种范畴只能是目的范畴，这是一种外在的和超验的目的，是与原因相应的、相似的反面。寻求超验的目的就是'历史哲学'"②。历史是思想的产物，一切历史都应该归结为思想史。历史就像诗一样，就像道德意识一样，并不存在什么规律。全部历史，甚至是最接近我们的现代欧洲本身的历史，也都是一团漆黑。

卡尔·波普不仅是当代声名显赫的科学哲学家，而且也是一个自狄尔泰、李凯尔特、克罗齐、斯宾格勒以来否定历史决定论的集大成者。他运用一种"反推"的方式，从否定社会预测的可能性入手，批驳和否定社会历史规律和社会历史发展的必然性，批判历史决定论是一种拙劣的方法，并暗示人们"承认历史必然性是历史决定论者'贫困'的根源，摆脱这个'贫困'的唯一途径，就是用历史非决定论取代历史决定论"③。众所周知，肯定历史规律，预测历史未来进程的可能性，是历史决定论最为直接的和必然的结论。如果这种可能性被否定，那么决定论便无疑是虚假的。波普抓住这种逻辑的传递关系，对决定论进行了强有力地反驳，认为重复性是规律的必然表现，自然现象有重复性，人们能够从中猜到自然界的规律；社会历史则不然，历史现象不可能在精确相似的条件下重复，

---

① ［意］贝奈戴托·克罗齐：《历史学的理论和实际》，［英］道格拉斯·安斯利英译，傅任敢译，商务印书馆1982年版，第46页。

② ［意］贝奈戴托·克罗齐：《历史学的理论和实际》，［英］道格拉斯·安斯利英译，傅任敢译，商务印书馆1982年版，第49页。

③ 王兆良：《历史规律的困惑与确认——波普历史非决定论评析》，《社会科学》1993年第11期，第28—32页。

任何社会历史过程都是独一无二的过程。因此,"如果我们永远只限于观察一个独一无二的过程,那我们就不能指望对普遍性的假说进行验证。"①波普认为把自然科学方法与社会科学方法对立起来,是一种典型的"反自然主义"的倾向。自然科学的解释和历史解释的关系问题,类似于纯科学和应用科学的解释问题,社会科学应具有和自然科学统一的科学研究方法。他认为,当代自然科学的非决定论主要是由量子力学的测不准原理支撑起来的,自然科学的非决定论为社会科学中的非决定论提供了强有力的支持。按照这样的逻辑,他从自然科学的非决定论出发,提出了社会科学的非决定论历史观,并对所谓的"历史决定论"大肆鞭笞。在波普的眼里,历史决定论的核心是"把社会科学的任务看作揭示社会进化的规律,以便预言社会的未来"②。但历史规律必须具备普遍有效性,适用于人类社会的一切历史时期,而不只适用于某些时期,因而历史规律的逻辑表述就必须是"全称命题"。但社会的进化只是一个单独的历史过程,而对进化过程的描述只是一个单称的历史命题,而不是一个普遍规律。基于这样的逻辑与推理,波普断然否定社会发展规律的存在,否定历史发展有任何必然性可言,声称"未来决定于我们自己,而我们并不决定于任何历史的必然性"③。当然,波普的论据没有太大的说服力,推理过程也不能让所有的人信服。按照莱布尼茨所说的"世界上没有两片完全相同的树叶",既然自然界都找不到两个以上绝对相同的事物,为什么不直接宣布自然界也没有规律可循,而偏偏否认社会历史规律的客观性呢?当然,这里面还存在一个怎么理解社会历史规律属性的问题,即社会历史规律到底是一种刚性的"确定性规律"还是一种弹性的"统计性规律"。

存在主义哲学家萨特是决定论的坚决反对者,他另辟蹊径在社会历史领域把决定论与自由意志对立起来,以自由意志否定决定论所持的观点。萨特从"存在先于本质"的命题出发,以其自由哲学批判历史决定论,

---

① [英]卡尔·波普:《历史决定论的贫困》,杜汝楫、邱仁宗译,华夏出版社1987年版,第86页。

② [英]卡尔·波普:《历史决定论的贫困》,杜汝楫、邱仁宗译,华夏出版社1987年版,第83页。

③ [波]沙夫:《历史规律的客观性——马克思主义史学方法论的若干问题》,郑开其、叶元龙、祝百英、柳光青译,生活·读书·新知三联书店1963年版,第107页。

并在《存在主义是一种人本主义》中如是说："假如存在确实是先于本质，那么，就无法用一个定型的现成的人性来说明人的行动，换言之，不容有决定论。人是自由的，人就是自由。"如果承认必然性和因果性，人的自由就要受到限制，就会被必然性所奴役，人就不能称其为人。在萨特的理论框架里，"一种限制只能加于世界上的实在力量之上，人们限制一种物体的物理作用是通过作用于限定该作用的因素之一来实现的。而自由不是一种力量……它不受因果关系的制约，它属于另一个领域。"① 在萨特眼里，自由是选择的自由，是不受任何条件决定的；选择是一种不受任何限制的自由选择，是一种不受任何规律支配和制约的自由选择。

综上所述，非决定论的共同特征可以从三个维度来描绘：一是从人的主观性特征出发，摒弃历史过程中的自然因素，排除普遍的、客观的、必然的因果律；二是从自由、选择活动的不确定性出发，推导出历史过程的非决定性；三是把自然与社会历史绝对对立起来，坚信价值和自由的绝对实在性。英国学者席勒的概括可以作为非决定论的一个注脚："如果人的自由是实在的，这个世界便是非决定的。这点很容易说明。因为如果我们实在具有在各种道路之间选择的能力，事物的进程将必然按照我们做这件事或那件事而有所不同。不论我们将其余的世界设想成是完全决定的还是设想成它自己具有某种自发的选择力量，这结论是一样的。如果在一群不变的前提中引进一个可变的因素，其结果将必然有所不同。如果在一群自身即是可变的前提中引进这样一个因素，最终的结果实际上可能仍是同样的，不过只有这些其他的因素竭尽全力理智地来抵制和挫败这个因素才行。这样事件的居间过程就将有所不同，因为它将被当作了改变以迎合这第一个可变因素。因此在其中不论哪一种情况下，都将有可供选择的多种历史进程，并且有一种实在的非决定性存在于一个包含着自由动因的宇宙之中。"② 英国作家阿瑟·凯斯特勒几乎给决定论判了死刑，他毫不避讳地说："我们已经听到了诺贝尔物理学奖获得者的全部合唱，告诉我们物质死去了，因果性死去了，决定论死去了。如果真是如此，就让我们伴着

---

① 柳鸣九：《萨特研究》，中国社会科学出版社1981年版，第38页。
② ［英］F. C. S. 席勒：《人本主义研究》，麻乔志等译，上海人民出版社1966年版，第96页。

电子音乐的挽歌体面地埋葬它们。现在是我们从二十世纪的后机械科学中吸取教训和摆脱十九世纪唯物论加在我们哲学观点上的束缚的时候了。"①

非决定论是20世纪以来影响颇大的国际性哲学思潮，它有着复杂的历史、科学、社会等方面的背景，但"从根本上说，非决定论泛起是经典科学向现代科学转变所引起的逆向伴生现象，是机械决定论衰落所引发的理论混乱的必然产物……更为深层次的原因，是资产阶级攻击马克思主义的意识形态上的需要"②。在非决定论的统摄、支配和影响下，不少学者既不承认社会历史规律的客观性，也不承认教育规律的客观性，如著名的比较教育学者英国伦敦大学教授埃德蒙·金认为，社会科学的规律性（包括教育规律）只不过是符合一定时间空间的一般化和假说，不存在支配社会和教育行为的经济学和社会学的规律。后现代主义更是旗帜鲜明地表现出反本质、反规律、反普遍化、反总体化、反同一性、反确定性，肯定多元性、多样性、不确定性、或然性、差异性、非中心的倾向。比如，利奥塔就如此认为，"后现代知识的法则不是专家式的一致性，而是属于创造者的悖谬推理或矛盾论"③。在后现代主义思想的影响下，一些学者否认教育中存在普遍的规律，强调"教学论的概念的含义一般都不可能是普遍的、自明的，企图以此概念为基础去追寻整个教学理论的普遍性显然是不现实的"④。

二 决定论肯定社会规律的客观性

决定论是一种"肯定事物以及事物之间具有客观的、普遍的因果性、必然性和规律性的学说"⑤。决定论认为，社会历史领域存在普遍的因果

---

① ［比］伊·普里戈金、［法］伊·斯唐热：《从混沌到有序：人与自然的新对话》，曾庆宏、沈小峰译，上海译文出版社2005年版，第37页。

② 庞元正：《非决定论泛起的社会文化背景》，《哲学研究》1992年第2期，第10—18页。

③ ［法］让-弗朗索瓦·利奥塔：《后现代状况——关于知识的报告》，岛子译，湖南美术出版社1996年版，第30—31页。

④ 郭晓明：《论教学论的实践转向》，《南京师大学报》（社会科学版）2002年第2期，第70—76页。

⑤ 庞元正：《决定论的历史命运——现代科学与辩证决定论的建构》，中共中央党校出版社1996年版，第16页。

关系，社会历史活动的每一结果、效果以及实际发生的社会历史事件都有其原因；社会历史的因果关系属于社会必然性的序列，并构成预测社会历史发展的前提和基础；社会历史活动总要受到一定条件的限制，其结果往往与人的主观愿望相悖；社会历史在其漫长的发展过程中呈现出一定的轨迹、趋势和统一性。概言之，社会历史的发展具有普遍的必然性，遵循一定的客观规律，是一个具有决定性的过程。

决定论经历了不同的发展阶段，具有不同的历史形态和表现形式。在哲学史上，出现过两种形式的决定论：一种是机械的历史决定论，它承认社会历史过程具有客观必然性和规律性，但由于缺少辩证思想，对规律的理解过于刻板、机械和教条，认为一切规律都是"严格的必然性"或"刚性的必然性"；另一种是辩证的历史决定论，它不仅承认社会历史过程具有规律性，同时也认为社会规律通常是作为历史发展的一般趋势表现出来的"弹性的必然性"或"柔性的必然性"。[1] 我们坚持辩证的历史决定论，承认人类社会历史的发展存在客观规律和客观必然性，坚信"不管进化过程可能显得多么杂乱无章，但是它服从在物理系统、生物系统、生态系统和社会系统中都有同样有效的一些普遍规律"[2]。同时，我们也赞成"决定论是人类探索知识的认识论基础"的观点，因为在不确定的宇宙世界里，如果"人们无法认识物质事物及其变化，那将是一团毫无意义的混沌状态，什么都无法辨认和区分，什么都无法预期和预测。在这样的一种环境里，人会变得束手无策，仿佛在说一种无人能懂的语言。人们无法做出计划，更不用说付诸行动了。人之所以成为现在这个样子，就是因为他生活在一个有规律的世界里，而且他有思考能力来想象因果关系"[3]。

（一）机械历史决定论的困境

受近代自然科学领域机械决定论的影响，机械历史决定论带有浓厚的严格决定性和宿命论色彩。按照近代自然科学的知识法则，客观世界在本

---

[1] 邢贲思主编：《哲学前沿问题述要》，人民出版社1993年版，第147页。
[2] ［美］E. 拉兹洛：《进化——广义综合理论》，闵家胤译，社会科学文献出版社1988年版，第8页。
[3] ［英］阿诺德·汤因比：《历史研究（修订插图本）》，刘北成、郭小凌译，上海人民出版社2002年版，第425页。

质上是严格有序的,无序只是表面现象,万事万物都处于一个封闭的系统之中,并呈现一种单向的线性因果联系,一个事物的产生与变化既是前一个事物产生与变化的结果,同时也为下一个事物的产生与变化提供一个原因,因果链是线段式的,而不是环状式的。秩序和规律充斥于整个宇宙系统之中,系统的演进因其严格的线性因果关系,完全可以为人们所认识和预测,科学能够而且必定能够通过对世界运动规律的把握而征服和控制世界,而人类理性的功能也正在于探求对象世界的有序性,揭示和把握客观世界的运行发展规律。

法国天文学家、数学家拉普拉斯是机械决定论的最典型代表,他在1812年撰写的《概率解析理论》的序言中如是说:"我们必须把目前的宇宙状态看作是它以前状态的结果以及以后发展的原因。如果有一种智慧能了解某一瞬间支配着自然界的所有的力,了解组成自然的所有存在状况,以及具有解析这些所给条件的巨大能力的话,那么它就能用一个数学公式概括出宇宙万物的运动,从最大的天体到最小的原子,都毫不例外,而且对于未来就像对于过去那样,都能一目了然。从人类精神在天文学所达到的完美形式中,已经可以窥视到这一智慧的朦胧面目。"[1] 将拉普拉斯的论断放到当时的科学背景中加以分析,不难看到机械决定论所蕴含的几个基本前提:"①动力学规律是客观世界基本的和唯一规律形式;②宇宙的任何事物的状态都是前一瞬间状态的必然结果,宇宙的发展排斥偶然性而具有严格的必然性;③只要初始条件可知,宇宙的未来可以精确预测,原因和结果是单值对应的;④宇宙是大量力学系统的叠加,即遵循线性因果关系;⑤运动学规律在时间上反演可逆。"[2] 这些前提中包含了对事物因果性、必然性和规律性的承认和肯定,在许多方面体现了决定论的合理因素,但对因果性的理解是单值的、线性的,对必然性的理解是以牺牲偶然性为代价的,将必然性与偶然性看成是彼此不相容的对立范畴,而且对规律性的理解建立在单一的动力学规律之上,将一切规律视为刚性的"确定性规律"。

受机械决定论的统摄、支配和影响,许多人坚信:世间事物的每一细

---

[1] [日]广重彻:《物理学史》,李醒民译,求实出版社1988年版,第146页。

[2] 庞元正:《决定论的历史命运——现代科学与辩证决定论的建构》,中共中央党校出版社1996年版,第29页。

节，不管是物理的、生物的还是人类的，都是完全决定了的，如果我们知道了宇宙的所有规律，我们就能精确预言任何事物的任何运动，包括所有的人类行为。同时还认为，社会历史规律是（相对于历史活动本身）预先存在的，因而是永恒不变的，规律就是绝对的必然性、严格的必然性、刚性的必然性。由于社会历史规律是先定的、绝对的、严格的、刚性的，因而对人的活动具有严格的决定性，不容丝毫的变更或违背，规律的威严神圣不可侵犯。换言之，在机械决定论或确定性规律观的视野中，社会历史过程是一个纯粹客观的过程，人的主观能动性或主体选择从根本上被排除在社会历史必然性序列的因果链条之外，即人的主观能动性或主体选择被认为是外在于社会历史规律的因素，人的活动和社会历史的进程完全由某种外在于人的力量（包括客观的精神力量）所支配，人的主体性在社会历史发展过程中没有立足之地和用武之地。

在进化论盛行的时代，把包括进化规律在内的自然规律引入社会历史领域是社会科学研究的一种时髦。近代历史决定论的流行，"可以被视为进化论时尚的一部分，这种哲学之所以有如此影响，主要是由于人们提出了关于地球上各种动植物历史的光辉的科学假说，并且它曾经与恰巧成为现存宗教信仰一部分的那种古老的形而上学理论发生了一场激烈冲突之故。"[1] 赫胥黎是英国生物学家，是达尔文主义的维护者和宣传者，他认为"科学或迟或早将发现有机物种的进化规律，它是巨大的因果链条的不变秩序，而古今一切有机物种都是其中的环节。……谁怀疑这一点，谁就必定是一个拙劣的哲学家"[2]。赫胥黎非常推崇机械决定论，但令人颇为费解的是，他一方面承认世界的客观存在和自然现象具有规律性，另一方面又认为宇宙不过是许多持续并存的现象，物质的本质是不可知的。

机械的历史决定论不仅遭到了非决定论者的反对，同时也遭到了一些系统哲学家和马克思主义哲学家的批驳。美国的系统哲学家拉兹洛认为，

---

[1] ［英］卡尔·波普:《历史决定论的贫困》，杜汝楫、邱仁宗译，华夏出版社1987年版，第83页。

[2] ［英］卡尔·波普:《历史决定论的贫困》，杜汝楫、邱仁宗译，华夏出版社1987年版，第85页。

"在绝大多数历史学家看来,科学规律是决定论的和机械论的,基本上就是牛顿物理学的规律。历史学家们反对把这种规律应用于历史事件和过程是理所当然的。不过很遗憾,只有屈指可数的历史学家认识到,进化的规律不是机械论的和决定论的。"① 拉兹洛主张放弃"机械决定论",保留一种"宏观决定论",即认为"在历史领域内,事件的总趋势是决定了的,但是体现趋势的微观过程则不然。微观非决定性和宏观决定性完全可能兼而有之。如果情况真是这样,我们便能预见大的趋势,但不能预见个体事件的发生。"② 不过,拉兹洛的决定论思想是不彻底的、摇摆不定的。他曾直言不讳地声称:"作为现代科学家,我不知道世界上有多少决定性,只知道非决定性。"③ 因此,"我们现在的任务不是要找到一条决定论的道路,按这条路走下去就能达到我们的目标。"④ 除了拉兹洛以外,苏联和东欧的一些马克思主义哲学家,也曾对社会科学领域中的非决定论思想进行过批判,并提出了不少辩证的历史决定论思想,但"基本上是零散的、不系统的,甚至还掺杂了某些机械决定论的东西,因而其对非决定论的挑战未能做出有分量的回答"⑤。

(二) 辩证历史决定论的论点

辩证历史决定论是马克思和恩格斯创立的,继而被列宁、毛泽东等所继承和发展。恩格斯在《在马克思墓前的讲话》中这样说:"正像达尔文发现有机界的发展规律一样,马克思发现了人类历史的发展规律,即历来为繁芜丛杂的意识形态所掩盖着的一个简单事实:人们首先必须吃、喝、住、穿,然后才从事政治、科学、艺术、宗教,等等;所以,直接的物质

---

① [美] E. 拉兹洛:《进化——广义综合理论》,闵家胤译,社会科学文献出版社1988年版,第90页。
② [美] E. 拉兹洛:《世界系统面临的分叉和对策》,闵家胤译,社会科学文献出版社1989年版,第61页。
③ [美] E. 拉兹洛:《系统哲学讲演集》,闵家胤等译,中国社会科学出版社1991年版,第247页。
④ [美] E. 拉兹洛:《系统哲学讲演集》,闵家胤等译,中国社会科学出版社1991年版,第243页。
⑤ 庞元正:《决定论的历史命运——现代科学与辩证决定论的建构》,中共中央党校出版社1996年版,第9页。

的生活资料的生产，从而一个民族或一个时代的一定的经济发展阶段，便构成基础，人们的国家制度、法的观点、艺术以至宗教观念，就是从这个基础上发展起来的，因而，也必须由这个基础来解释，而不是像过去那样做得相反。不仅如此。马克思还发现了现代资本主义生产方式和它所产生的资产阶级社会的特殊的运动规律。"①

与机械历史决定论不同，辩证历史决定论不仅坚持社会历史规律的客观性和普遍性，同时肯定人的主体性活动在社会历史发展中的能动作用，即认为社会历史过程具有规律性，但这种规律不是一种"严格的必然性"或"刚性的必然性"，而是一种"弹性的必然性"或"柔性的必然性"，因为人的主观能动性或主体选择在其中起作用，也就是说，社会历史过程是一个合目的性与合规律性相统一的过程。辩证历史决定论还认为，社会历史发展中的必然性和偶然性是对立互补的、彼此相容的和辩证统一的，"各种偶然性使历史发展呈现为一条曲线，偶然因素愈多，曲线就愈是曲折。但是，偶然性之中存在着必然性，这就是曲线的中轴线，它是一条贯穿于全部发展进程并唯一使我们能够理解这个进程的红线。"②

教育属于社会历史的范畴，辩证历史决定论者承认教育规律的客观性和普遍性，像"苏联的休金娜、法国著名教育理论家米亚阿拉雷、英国伦敦大学教育研究所的霍尔姆斯、原德意志联邦共和国的施奈德教授，美国哥伦比亚和纽约市立大学的埃克斯坦等人，他们并不否认教育规律的存在，他们把教育当成一个处于普遍联系之中的现象来看待，而不仅仅是把它看成是一个自我表现的过程"③。我国学者普遍坚持历史决定论的观点，承认教育存在不以人的意志为转移的客观规律，相信教育具有可以认知的秩序和客观规律，而教育的运行发展要受到这种秩序或规律的统摄、规约和支配。因此，加强教育规律研究十分必要，"教育过程是教学相长的过程，是人和人相互影响、相互塑造的过程，这给认识教育规律带来了很大的困难，使得对教育规律的认识相对落后于很多其他学科。但这并不是放弃甚至否认教育规律研究的理由，恰恰相反，这更加说明了加强教育规律

---

① 《马克思恩格斯选集》（第3卷），人民出版社1972年版，第574页。
② 邢贲思主编：《哲学前沿问题述要》，人民出版社1993年版，第167页。
③ 扈中平：《现代教育理论》，高等教育出版社2000年版，第107页。

研究的必要性。"①

（三）社会历史发展的决定性与选择性

非决定论和机械决定论都经不起理性的雄辩，因为"完全决定论者和完全自由主义者的观点必须根据自由的绝对标准来衡量。自由意味着某一主体对于任何形式的相互决定性都是独立的，而决定论意味着不存在任何自主决定的能力。具有这种绝对意义的两种观点都是不正确的。自由同决定性一样，取决于程度而不取决于绝对……"② 系统科学认为，自由与内外在相互决定因素的多寡有关，系统内在的相互决定因素越多就愈加自由，而外在的相互决定要素越多就越不自由。从外在的相互决定要素看，假如两个或多个元素之间的通信越多，彼此之间的相互传递的信息愈多，那么它们相互决定的程度也就越大，也就越不自由。比如说，假如世界上只有两个人，而他们之间的相互通信既是充分精确的又是全面的，那么这两个人就完全处于相互控制之中，或者说彼此相互完全地控制着对方，两人都没有自由。由于人被赋予了复杂的内在神经系统，因此人是世界上最自由的主体或系统。尽管如此，人是有限理性的动物，或者说人的理性是有限的，只能获得"程度上的自由"，而不可能获得"绝对的自由"。

社会是单个人的联合体，是无数的个体通过相互作用结成的联合体。社会是人的社会，人是社会的人。在社会中或面对社会，个体既是自主的又是依赖的，而且是越依赖就越自主、越自主就越依赖。任何人都处于复杂的社会关系网络之中，虽然单个的人处于有机体等级层次的顶峰或顶端，但无疑它又处在社会等级层次的最底层或最下端，通常作为社会整体的一部分而存在，而不是以一个孤岛的形式而存在。从这个意义上说，人是一个"半岛似的概念"③，而非一个"岛屿似的概念"。既然单个人作

---

① 袁振国：《教育规律与教育规律研究》，《华东师范大学学报》（教育科学版）2020年第9期，第1—15页。

② ［美］欧文·拉兹洛：《系统哲学引论：一种当代思想的新范式》，钱兆华等译，商务印书馆1998年版，第294—297页。

③ ［法］埃德加·莫兰：《迷失的范式：人性研究》，陈一壮译，北京大学出版社1999年版，第171页。

为社会整体的一部分不是绝对自由的,那么由单个人参与的教育系统乃至整个人类社会,也必然既不是完全决定的,也不是完全自由的,而是决定与自由的辩证统一。这就意味着教育是决定性与选择性的统一,既不是完全决定论的,也不是完全选择论的。

第二章

三种决定论的自然规律观

人类对规律的探索始于自然科学或自然领域，然后自然科学的研究成果经由各种路径，逐步拓展和影响到包括教育在内的社会各个领域。因此，若想审视教育规律及其属性问题，洞悉教育规律的奥秘，就不能不从其源头即自然规律观的演进说起。然而，现有的理论研究罕见将自然规律与社会规律结合起来思考，要么直接用自然规律代替社会规律或笼统地说规律，要么认为自然规律与社会规律是两种完全不同性质的规律。

自然规律与社会规律既存在差异也存有共性，这是不争的事实。因此，从考察自然规律的认识轨迹入手，通过分析自然规律与社会规律的联系与区别，进而把握社会规律的特殊性，不失为一种好的探究路径。在自然科学领域，自以牛顿力学为标志的近代科学诞生以来，人们对规律的认识经历了从确定性规律（或动力学规律）到统计性规律（或统计学规律）再到非线性规律（或系统规律）的动态发展过程。这个认识过程是一个螺旋上升的过程，是一个否定之否定的递进过程。

一 拉普拉斯决定论的确定性规律观

拉普拉斯决定论（亦称机械决定论）是第一种决定论形式，也是17、18世纪科学家惯用的一种思想方法或思维范式。当时，人们描述自然现象，坚持分离和划归原则，习惯于将繁事化简、大事化小，寻找普遍性和统一性。如描述一个物体的运动，先把物体的大小、形状、结构等特征都忽略掉，只把它看成一个"质点"，物体的全部质量集中在"质心"，物体运行发展的轨迹呈现为"线状"。当有一个外力作用于物体上时，人们可以根据牛顿方程 F = ma（其中 F 为作用于物体上的外力，m 为物体的质量，a 为物体的加速度）准确预测物体的运动状况，亦即"只要我们知道了物体运动的初始状态和边界条件，利用牛顿定律及其方程，我们便可单值地确定物体任何时刻的运动状态"①。

　　法国科学家拉普拉斯是严格的决定论者，他认为如果人们一旦找到一个无所不包的宇宙方程，而且也知道宇宙的一切初始条件和边界条件，那么就会一劳永逸地揭示出宇宙万事万物的规律。这就是历史上所说的"拉普拉斯决定论"或"宇宙宿命论"。在拉普拉斯决定论的视野里，因果关系被理解为单值的、严格对应的和预定的，严格的必然性联系被视为自然规律的唯一形式，而且因果序列中的每一个环节都是被上一个环节预先地、单值地、线性地决定。在现实世界中，这种方法对于个体事物，或对于那些简单事物即单一的因果关系的事物，对于那些可以把复杂的因果关系忽略掉，只留下一种因果关系的简化事物，无疑都是正确的。但对复杂的自然现象来说，这种方法就会失去其有效性。在复杂的自然现象中，如在分子运动中，存在着大量的偶然性、随机性，用单纯的因果关系不能对其进行解释，人们只能给出分子个体行为的可能性或概率。如果把现实条件充分考虑进去，那么纯粹的必然性就不存在了。玻姆对拉普拉斯决定论持否定态度，认为"无论人们怎样表述自然规律，结果总将不可避免地依赖于一些实质上独立的偶然因素，这些偶然因素存在于所研究的范围之外，因而相对于研究范围之内的运动来说，要受到机遇涨落。因此，适用于任一特定范围之内的因果律，即使是用来对只发生于这一范围之内的事情作理想的预测，也是不够的。"②"如果拉普拉斯的超人和我们一样，他的知识也是通过一系列对宇宙各个部分的研究而获得的，而不是由（比方说）天启或是埋在他的心灵深处的先验直觉而获得的，那么，他就绝对不可能预言宇宙的全部未来情况，甚至也不可能像趋于一个极限一样地去接近这个预言，不论他是一个多么能干的计算家。"③

---

　　① 赵红州：《大科学观》，人民出版社 1988 年版，第 113 页。
　　② [美] D. 玻姆：《现代物理学中的因果性与机遇》，秦克诚、洪定国译，商务印书馆 1965 年版，第 183 页。
　　③ [美] D. 玻姆：《现代物理学中的因果性与机遇》，秦克诚、洪定国译，商务印书馆 1965 年版，第 184 页。

拉普拉斯决定论是以单一因果关系为基础的，认为事物的因果关系是严格确定的，原因和结果是一一对应的，人们可以根据物体的初始状态准确地判定物体的整个运动，预知这个物体每个定时点上的位置和运动速度，即运动状态。或者说，只要知道事物的某种原因，就可以准确无误地预知或解释其结果。推导的逻辑就是：某种事物 B 的出现，依赖于某种事物 A 的出现。如小球之所以运动，是因为力作用在小球上；月球上之所以没有生命，是因为月球上缺乏含氧的大气；水之所以结冰，是因为温度降低；等等。如果把这种简单的因果关系抽象为数学逻辑，那便是单值的函数关系 $y=f(x)$。只要我们给予一个确定的自变量 $x=a$，便可得到一个确定的函数值 $f(a)$；如果令 $x=b$，那么则可得到另一个确定的函数值 $f(b)$。对于由有限多个因素构成的复杂因果关系，原则上都可以简化成单一的因果关系的某种组合，从而得到确定的有限多个方程组。

不难看出，拉普拉斯决定论视野中的规律是一种确定性规律，所表达的因果关系是单值的、单向的。对此，系统科学家贝塔兰菲曾形象地说："在牛顿力学中一个太阳吸引一个行星，受精卵的一个基因产生如此这般的遗传性质，一种细菌产生这样那样的疾病，精神元素也用联想定律像珠链那样串了起来。"[1] 确定性规律所描绘的世界图景是：万事万物都处于一个封闭的系统之中，并呈现出一种因果式、单向的线性联系，一个事物的产生与变化既是前一个事物产生与变化的结果，同时也是为下一个事物的产生与变化提供一个原因。秩序和规律充斥于整个系统之中，系统的演进因其"严格的必然性"或"一一对应的因果关系"可以为人们所准确认识和预测，科学能够而且必定能够通过对世界运动规律的把握而征服和控制世界。事实上，世界上的万事万物从来也没有绝对的单一因果关系，我们在实验室里看到的单一因果关系是"将所考虑的系统孤立起来，对可变因素加以限制，改变条件，直至结果很明显地依赖于单一的因素"[2]，实乃一种典型的理想状态下的"实验结果"。

---

[1] ［奥］L. 贝塔兰菲：《一般系统论：基础·发展·应用》，秋同、袁嘉新译，社会科学文献出版社 1987 年版，第 37 页。

[2] ［德］M. 玻恩：《关于因果和机遇的自然哲学》，侯德彭译，商务印书馆 1964 年版，第 11 页。

二 统计决定论的统计性规律观

拉普拉斯决定论是第一种决定论形式，但不是唯一的决定论形式。随着统计物理学的建立，统计决定论作为第二种形式的决定论应运而生。与拉普拉斯决定论不同，统计决定论所考察的对象不是"个体的因果关系"，而是"群体的因果关系"。统计决定论把因果关系当作一个集合来考察，"就这个集合的个体和个别行为来说，它的出现和运动方向是随机的、无规律性的，但就这个集合的整体或总和来说，它们的出现和运动方向则是确定的、必然的和有规律性的。"① 统计决定论还认为，并非自然界的一切事物，都遵循严格的单一因果关系或有限多个单一因果关系，都可以用微分方程严格而确定地描述。自然界有的事物如群体事物中的个体行为不能用决定论方法描述，只能以概率加以描述。换言之，自然界本无纯粹的、完全理想的单一因果关系，总会有无穷多的偶然因素，破坏确定的因果关系，使得群体事物中的个体行为带有不确定性，因而"概率描述"与"决定论描述"同等重要。

尽管统计决定论认为"因果观点"不能说明所有的自然现象，而要辅之以"概率观点"的手段，但是它并不否认规律的客观性，仍然承认自然现象是有规律可循的，只不过这种规律不是"严格的必然性"，而是"弹性的必然性"，即所谓的"统计性规律"。统计决定论的理论基础有经典统计理论和量子统计理论之分，"前者统计系综中的个体遵守力学规律，后者统计系综中的个体则遵守不同于力学规律的另一种规律"②。这里所言的力学规律是指确定性规律，另一种规律是指统计性规律；系综（全称为统计系综）是指在一定的宏观条件下，大量性质和结构完全相同的处于各种运动状态的各自独立的系统的集合。

统计性规律在事物和现象的总体中发生作用。事物和现象的总体是指"这些大量的事物和现象在时间和空间上共同存在，或者只是在时间上重复，依次相互更替，并由一定的标志联合起来，从而形成某种完整的、相

---

① 郝立新：《历史选择论》，中国人民大学出版社1992年版，第117页。
② 赵红州：《大科学观》，人民出版社1988年版，第20页。

互联系的整体"①。与确定性规律不同，统计性规律不直接地表现在某一总体的每一个个别的现象中，而只表现在这个总体的运动中。也就是说，统计性规律是大量现象的规律，是平均数的规律，它不能完全决定个别事物和现象的命运，它容许个别事物和现象离开总体发展方向或总体趋势而存在。物理学家玻尔曾指出："在真正的量子过程中，我们就遇到了一些和机械自然观完全不合的并且不能适用形象化的决定论描述的规律性。""关于这些个体量子过程的出现，我们只能作出统计的说明。"② 通过实验观察，玻姆也曾类似地指出，一个粒子从这个系统传递到那个系统的过程中，具有一种"非理性特征"③，是不可预知的。

统计性规律反映了现代自然科学的新成果，更新了人们对规律的认识。第一，统计性规律完全更新了人们对规律与必然性关系的理解和描述。在确定性规律中，不考虑也不容纳偶然性和随机性。在统计性规律中，必然性实乃由大量偶然性事件所体现出的必然性，可谓一种偶然性与必然性的统一。第二，统计性规律更新了人们对规律的可重复性的理解和描述。在确定性规律中，可重复性意味着只要具备某种条件，就可以在自然界中重复出现某些完全相同的事物。在统计性规律中，相同的客体即使处在一定的条件下，甚至同一状态中，测量它们的力学量也不一定能够得到相同的结果（如能量、动量、角动量）。在这里，可重复性表现为统计性重复，即重复整体的概率频率。这种重复不是某一事件的完全重复再现，而是规律所反映的关系的特征本身的重复。第三，统计性规律更新了人们对于规律可预言性的理解。在确定性规律中，变量在较早时刻与稍后时刻之间的关系是完全确定了的，因而只要知道了事物的初始条件，就可以精确地预见事物未来的状态。在统计性规律中，预测的性质发生了根本性的改变，它只能由给定的过去的有关条件预言未来事件的概率，即预言事件可能性实现的概率。④ 根据庞元正的理解，确定性规律实际上是统计性规律的一种理想化或简化形式。从理论上讲，一般随机性事件发生的概

---

① 洪宝书：《教育本质与规律》，成都科技大学出版社1992年版，第191页。
② 邢贲思主编：《哲学前沿问题述要》，人民出版社1993年版，第121页。
③ ［美］D. 玻姆：《现代物理学中的因果性与机遇》，秦克诚、洪定国译，商务印书馆1965年版，第108页。
④ 邢贲思主编：《哲学前沿问题述要》，人民出版社1993年版，第122—124页。

率处在 0 与 1 之间，根本不可能发生的事件的几率为 0，严格按照必然性发生的事件的几率为 1，确定性规律是"几率定律的一级近似"①，即几率为 1 的统计性规律的极限状态。在统计性规律中，偶然性和必然性都被定义在从 0 到 1 的可能性空间之中，确定性规律只是可能性空间中的"一条轨道"，而统计性规律则是由"一组轨道"所组成的系统。也就是说，统计性规律并不排斥确定性规律，相反包含着确定性规律的合理内核。

统计决定论作为统计性规律的理论来源，用概率来解释世界，拓宽了人们对复杂的自然现象进行整体研究的思维和途径。就此而言，统计决定论是对机械决定论的超越和发展，从确定性规律过渡到统计性规律是人们认识世界的理性选择。但这并不意味着一定要将确定性规律抛弃，或用统计性规律完全取代确定性规律。尽管确定性规律在解释世界方面存在较大的局限性，但如果考察的对象是简单的个体事物的因果关系，那它无疑是科学的和适用的。辩证地看，拉普拉斯决定论与统计决定论是相辅相成的，那种企图把后者纳入前者或将前者纳入后者的思维都是片面的和不可取的，因为"偶然的东西是必然的，而必然的东西又是偶然的"②。

三　系统决定论的非线性规律观

系统决定论是第三种决定论形式，它所考察的既不是个体事物的因果关系，也不是群体事物的因果关系，而是系统事物的因果关系。个体事物、群体事物和系统事物是三种既有区别又有联系的事物存在形式，彼此有着自己独具的标志和特性。

（一）系统事物与个体事物的区别与联系

第一，个体事物是一个理想化了的无结构的"几何点"，系统事物是一个具有复杂结构的"有机整体"。个体事物不包括任何别的个体事物，系统事物则包括一群个体事物，即既包括个体事物，又包括群体事物。个

---

① ［美］D. 玻姆：《现代物理学中的因果性与机遇》，秦克诚、洪定国译，商务印书馆 1965 年版（译者序）。

② 恩格斯：《自然辩证法》，人民出版社 1971 年版，第 195 页。

体事物在一般的情况下,都不会转化成非个体事物,系统事物则可能随着时间的推演,有时变成个体事物,有时变成群体事物。

第二,个体事物的运动主要是靠外力的作用来实现,系统事物的运动则主要靠内部结构所造成的内部动力来推动。个体事物的运动在外力消失后,它便停止自己的运动,保持相对静止的状态,而系统事物的运动在外力消失后,则照样可以靠内部动力实现自身的运动。个体事物的运动方式是简单的,一般情况下只参与某一特定方式的运动(如力学质点的平移);系统事物的运动方式是多样的、复杂的,有时是位置的移动,有时是结构的变动。个体事物的运动在时间轴上是可逆的,没有自己的历史,只有自己的存在,因而也就无所谓"进化"和"演化";系统事物的运动在时间轴上是不可逆的,它有自己的历史,因而也就存在所谓的"进化"和"演化"问题。个体事物无论如何运动都不会产生"新质",系统事物只要在结构上发生运动,新的结构必然产生新的功能,即产生事物的"新质"。

第三,个体事物的力学运动遵守拉普拉斯决定论方程,它的运动状态可以由方程的初始条件和边界条件一劳永逸地确定下来。一个系统的力学行为,也可以由一个确定的非线性方程组来描述,由于系统终态的确定性,因而系统行为带有一定意义上的拉普拉斯决定论的性质。[①]

系统事物与个体事物虽然不同,但彼此之间也具有一定的相似性。比如说,一个系统的整体性越强,它就越像一个"无结构"的个体。因此,无论是什么样的系统,哪怕是极其复杂的巨系统,在一定条件下皆可以以一个要素或子系统的身份参加到更加巨大的系统的运动过程中去。也就是说,系统事物在忽略其内部细节或子系统的结构时,可以看成近似的个体事物;而个体事物在考虑其细节或解析其结构时,又可以看成近似的系统事物。不过,系统事物与个体事物之间的相似性是次要的,而它们之间的差异才是主流。因此,正确把握二者之间的差异,不仅是我们认识系统事物和个体事物的切入点,也是我们揭开系统事物和个体事物之神秘面纱的关键所在。

---

① 赵红州:《大科学观》,人民出版社1988年版,第105—108页。

（二）系统事物与群体事物的区别与联系

为了深刻理解群体事物、描写离散的群体分布和运动，系统科学引进了"系综"的概念。正如前文所述，系综表示一群彼此独立、相互离散的随机事件或个体的集合，或者是"大量的性质相同的，彼此独立的力学体系所构成的群体（或集合）"。系综乃想象中的事物群体，"系综中的任何一个事件点同另一个事件点都没有任何联系"。一句话，群体事物是一个没有结构层次的离散集体，它的个体与个体之间没有任何联系，其终态是无序的静态平衡。假如系综中的各个体事物之间在同一时刻彼此发生了联系，或相互之间不再是"线性无关"，那么它就已变成我们所讨论的"系统"。与系综的想象性相对，系统是真实空间中彼此相互联系的元素构成的、具有特定功能的有机整体。任何系统本身又是它所属的更大系统的子系统，具有整体性、要素的相干性、结构的层次性、结构功能的专一性和系统演化的目的性等特性。如果从本体论意义上说，系综是一群互不来往、互不作用的一个离散的"想象群体"，而系统则是一群互相依赖、互相作用的"现实有机整体"。①

系统事物是高级的个体事物，个体事物则是低级的系统事物，而群体事物则为个体事物过渡到系统事物的"居间事物"。如果说，从个体到群体是一次"否定"的话，那么从群体到系统则是一次"否定的否定"。作为对个体事物的"否定之否定"或作为对群体事物的"否定"，系统事物既具有个别事物的"机械确定性"，也具有群体事物的"统计随机性"，而且还具有个体事物和群体事物均不具有的由要素相关性造成的系统新质的"模糊性"。系统内部各要素之间以及系统与外界环境之间的非线性相互作用，不断调整着系统的结构和功能。当外界环境作用于特定系统的某一个或几个要素时，该要素不仅自身发生变化，而且同时作用于其他要素，其他要素又反作用于该要素，进而引起系统的"涨落"，并表现出某种相应的变化。

---

① 赵红州：《大科学观》，人民出版社1988年版，第56—57页。

(三) 个体事物、群体事物和系统事物的综合对比

个体事物遵循个体的规则，群体事物遵循系综的规则，系统事物则遵循系统的规则（详见"三种事物的综合比较"）。单就系统而言，由于系统的新质是由要素之间的相干性关系的总和来确定的，所以系统事物遵从的既不是纯粹的"确定性规律"，也不是单纯的"统计性规律"，而是包容确定性规律和统计性规律的"非线性规律"。亦即说，只要人们所研究的是一群具有相干性联系的事物或系统，那么用"线性方程或线性方程组"是不可能描绘和解释由于相干性联系所形成的系统新质的，只能用"非线性方程组"来加以说明。

三种事物的综合对比[①]

对象 特征	个体事物	群体事物	系统事物
作用关系	无相互作用	随机性作用	相干性相互作用
个体运动方程特征	线性、确定性	线性、不确定性	非线性、不确定性
认识论模式	科学性＝真实性	科学性＝真实性＋概然性	科学性＝真实性＋概然性＋模糊性
运动规律	确定性规律	统计性规律	非线性规律

四 对三种自然规律观的反思

通过以上比较分析，我们不难看出：从确定性规律到统计性规律再到非线性规律，是一种螺旋式上升，是一种"否定之否定"。统计性规律和非线性规律都渗透着"或然性"，较确定性规律更适合于解释社会领域的因果关系，但这两种"或然性规律"也只是揭示了社会规律的部分特征，也只说明了社会因果关系或可能性空间的多值性，没有阐明社会历史领域为什么能够出现多种可能性及其有关的因果联系。也就是说，在自然科学

[①] 此表根据赵红州《大科学观》中的"三种决定论的比较"绘制而成（参见赵红州《大科学观》，人民出版社1988年版，第111页）。

揭示的统计性规律和非线性规律中,我们只看到偶然性与必然性的并存,而不能发现自由与必然的关系、决定性与选择性的关系。因此,当我们用统计性规律或非线性规律解释社会领域的因果关系时,必须考虑社会系统的特殊性,因为任何一种学说或法则即使是完备的,但假如"它的建立者乃至它的拥护者,把它的适用性,延伸到它的时空限界以外,如所谓'放之四海而皆准,百世以俟圣人而不惑',那就根本忽视了社会科学的历史特征,忽视了社会现象的历史演变极则"[1]。拉兹洛也有类似的说法:"社会是在它特有的社会层次上遵循这些规则,而不是在社会成员的生物层次上遵循这些规则。"[2]

社会系统具有必然性与偶然性、确定性与非确定性、有序性与无序性交混的特性。由于人类有目的的活动的介入,使得社会领域的因果关系带有明显的"选择性",社会规律也因此而表现为"选择性因果律"。所以,当我们运用统计决定论的因果观与系统决定论的因果观来解释包括高等教育在内的社会领域的因果关系时,不仅要看到社会因果关系的"决定性",也要看到社会因果关系的"统计性",还必须看到社会因果关系的"选择性"和"多向度性"。在社会科学领域,有些学者已洞察到社会规律的统计性,但对社会规律的选择性还认识不够。历史地看,英国著名的实证主义社会学家斯图亚特·穆勒首先发现了人类行为规律的统计性,这也是他对社会学做出的最重要贡献。穆勒的推理逻辑十分简单:"由于人类行为是人性的一般规律与其自身个性的合力作用的结果,解释那些行为的关键是要找到一种可将一般规律与特殊的偶然的因素相分离的方法,统计学提供了这样一种方法,当我们充分考虑了多数现象后,就能将偶然的背离——予以排除。统计规律并不能使我们预言特定情境中的特定个人行为,但它可揭示某些倾向,这些倾向必定在巨大规模上呈现出来,只有当确定了群体的属性和集体行为后,才可能较有把握地断言个人的行为。因此社会科学'原则上是与群体的而非坚硬的个体的行为有关,与共同体

---

[1] 王亚南:《社会科学新论》,经济科学出版社1946年版,第9页。
[2] [美]欧文·拉兹洛:《人类的内在限度:对当今价值文化和政治的异端的反思》,黄觉、闵家胤译,社会科学文献出版社2004年版,第152页。

的而非单个人的命运有关'。"① 一句话，人对复杂性事物的运动发展趋势的认识和把握往往是宏观的和整体性的，"规律的概念是人对于世界过程的统一和联系、相互依赖和总体性的认识的一个阶段"②。

---

① 于海:《西方社会思想史》，复旦大学出版社2003年版，第201页。
② 《列宁全集》（第55卷），人民出版社1990年版，第126页。

第三章

高等教育规律的定性与定位

长期以来,受确定性规律观的统摄、规约和支配,人们毫不犹豫地将客观性、普遍性、必然性和可重复性视为高等教育规律不可置疑和不可或缺的属性。这种认知和观念既造成了高等教育规律被过度"神圣化",也抬高了高等教育规律的"准入门槛",致使高等教育规律成了一个令人望而生畏或难以进入的研究领域。从以往的经验看,这对我们研究、认识和理解高等教育规律以及建立高等教育规律体系极为不利。鉴于此,我们非常有必要讲清高等教育规律的定性与定位,为研究、认识和理解高等教育规律以及建立高等教育规律体系,清除某些根源性屏障。

高等教育规律是世界诸规律中的一种特殊的规律类型,它既具有规律的共性,也具有自身的个性。总体来看,高等教育规律兼具关系性、统计性、非线性和选择性。其中,关系性是高等教育规律的本质属性,非线性、统计性和选择性是高等教育规律的特殊属性。

一 高等教育规律的关系性

世界是一种生成的、动态的、发展的、立体网络态的关系性存在,因而要受到各种关系的制约或支配。进一步说,世界万事万物因关系而诞生,作为一种关系而存在,还身处各种关系之中或为各种关系所包围。正因为如此,无论是认识世界、解释世界还是改造世界,我们的思想与行动要么是"关于"关系的,要么是"通过"关系的,要么是"为了"关系的。在各种关系中,有些关系是本质的关系,有些关系是本质之间的关系,这些关系被列宁称之为"规律",即"规律就是关系……本质的关系或本质之间的关系"①。由此引申，关系性就是规律的本质属性。

关系无处不在、无时不在，规律也无处不在、无时不在。直接套用列宁关于规律的定义，我们可以将高等教育规律解释为"本质的高等教育关系或本质之间的高等教育关系"。毫无疑问，这是高等教育规律的"质的规定性"或"内在规定性"。也就是说，"高等教育规律的世界"一定是"高等教育关系的世界"，不是"高等教育关系的世界"一定不是"高等教育规律的世界"，这一如"碳酸的世界"一定是"H_2CO_3的世界"，不是"H_2CO_3的世界"一定不是"碳酸的世界"。事实上，只要是"规律的世界"就一定是"关系的世界"。

高等教育规律是高等教育关系，但并非所有的高等教育关系都具有高等教育规律的质的规定性或内在规定性，只有那些本质的高等教育关系或本质之间的高等教育关系才是高等教育规律，也才有资格进入"高等教育规律大家族"。对照潘懋元先生关于教育内外部关系规律的类型划分，"高等教育内部关系规律"实乃"本质的高等教育关系"，"高等教育外部关系规律"实乃"本质之间的高等教育关系"，"高等教育内外部关系规律之间的关系规律"实乃"高等教育关系的复合函数"，亦即特殊的"本质之间的高等教育关系"。这与高等教育既在关系中"自成系统"，又在关系中与其他系统"互成系统"，还在关系中"生成演化"②，具有内在的一致性。其中，高等教育在关系中"自成系统"，意味着高等教育必然存在内部关系规律（或本质的高等教育关系）；高等教育在关系中与其他系统"互成系统"，意味着高等教育必然存在外部关系规律（或本质之间的高等教育关系）；高等教育在关系中"生成演化"，意味着高等教育内外部关系规律之间还存在"关系规律"，这种关系规律属于"本质之间的关系"，即两种规律之间的内在关系。本质的高等教育关系或本质之间的高等教育关系连同它们规约和呈现的高等教育规律，既作为一种原因或自变量而存在，也是作为一种结果或因变量而存在。这是高等教育关系的"两重性逻辑"，也是高等教育规律的"两重性逻辑"。

---

① 列宁：《哲学笔记》，人民出版社1974年，第161页。
② 李枭鹰：《高等教育内外部关系规律的元研究》，《中国高教研究》2016年第11期，第12—17页。

鉴于高等教育规律的关系性，我们应该从各种高等教育关系中去探寻各种高等教育规律。一直以来，除了潘懋元先生提出的（高等）教育内外部关系规律以外，罕见高等教育学界将其他"带有规律性的高等教育阐述"标明或命名为"高等教育规律"。毋庸讳言，这是一件颇为遗憾的事情。潘懋元先生早在1984年出版的《高等教育学讲座》中如是说："整本'教育学'除了一些具体问题的叙述、解释之外，应该说基本上都是教育规律的阐述，是各个层次规律的论证及规律的运用。不过没有像政治经济学那样标明资本主义经济、社会主义经济都有哪几条规律而已。"[①]放眼各种高等教育学著作或教材，情况又何尝不是如此？这种情况或现象值得我们反思，更需要我们反思。综合来看，这种情况或现象至少反映了主观和客观两个方面的事实：一是高等教育学界还普遍缺乏主动谋求理论化、原理化和规律化学术成果的意识；二是真正意义上的理论化、原理化和规律化的高等教育学术成果确实不足。前者在根源上是一个"理论升华"的问题，即不少学术成果只满足于事实判断或具体问题的叙述和解释；后者在根源上是一个"理论求是"的问题，即不少学术成果是"功利驱动"而非"求真驱动"的产物。对于后者，季羡林先生提出过振聋发聩的批评："到了今天，我们被动写文章的例子并不少见。我们写的废话，说的谎话，吹的大话，也是到处可见的。我觉得，有好多文章大可不必写，有好些书大可不必印。如果少印刷这样的文章，出版这样的书，则必然少砍伐些森林，少制造一些纸张；对保护环境，保持生态平衡，会有很大的好处的；对人类生存的前途也是会减少危害的。"袁鼎生教授则以比较委婉的方式规劝学者要有自立创新的观念，他认为"有了自立创新的观念，特别是有了元创的观念，才会自觉地去求未显之'是'与系统之'是'，避免学术研究无说无论、无家无派的情况；避免撰文不立论、著书不立说的情况；避免不立新论与新说、不立己论与己说、不立元论与元说的情况；避免翻炒旧论与旧说、热衷传论与传说、致力代论与代说的情况"[②]。

从本质上说，理论化、原理化和规律化是内在一致的或同质同构的，

[①] 潘懋元：《潘懋元文集》（卷一·高等教育学讲座），广东高等教育出版社2020年版，第29页。

[②] 袁鼎生、袁开源：《范式整生论》，科学出版社2021年版，第3页。

因为规律、原理和理论是相互解释和相互定义的。根据《辞海》关于理论、原理、规律的释义,原理是通过规律来解释和定义的,理论是通过原理来解释和定义的。具体而言,理论是"概念、原理的体系"①,即理论在根本上是"原理体系"或"体系化的原理";原理是"具有普遍意义的基本规律",即"科学的某一领域或部门中具有普遍意义的基本规律"②。照此而论,各种高等教育理论或原理,或多或少具有一定的高等教育规律性,或可说是某种形式的高等教育规律表达。既然如此,我们应该放宽高等教育规律的准入门槛,对高等教育规律进行一种"理性松绑",不能简单地或严格地按照客观性、普遍性、必然性和可重复性等确定性规律的属性,设置高等教育规律的准入门槛,以免将那些揭示了"本质的高等教育关系或本质之间的高等教育关系"的理论或原理排斥在高等教育规律的大门之外。稍加细究而不难洞见,"学学半""教学相长""做中学""教育即生活""教育即生长""教育即经验的改造""学校即社会""师生在关系中相互定义""高等教育在系统关联中整体生成"等之类的表述,在一定程度上揭示了某些本质的或本质之间的(高等)教育关系,完全属于(高等)教育规律的范畴,但我们没有给予它们(高等)教育规律的礼遇。

高等教育实践者深知高等教育规律的向导意义,高等教育学建设者深知高等教育规律的核心价值。高等教育需要高等教育规律,高等教育学也需要高等教育规律。鉴于高等教育是一种关系性存在,我们必须努力去揭示本质的高等教育关系或本质之间的高等教育关系,因为这既是在揭秘高等教育,也是在揭示高等教育规律,还是在建设高等教育学。

二 高等教育规律的非线性

高等教育规律是一种非线性规律,这根源于高等教育是动态发展的非线性系统。高等教育不是一尊不动的雕像,而是一条川流不息的河流。高等教育从诞生到今天,已经发生巨大变化。从复杂程度来看,早期的高等

---

① 《辞海》(普及本上中下),上海辞书出版社2010年版,第2338页。
② 《辞海》(普及本上中下),上海辞书出版社2010年版,第4882页。

教育相对比较简单，其组成与结构关系并不那么复杂，并且在整体上是游离于社会之外的，与社会没有太多的交集，高等教育走进经济社会中心是高等教育发展到一定阶段的产物。今天的高等教育本身已经相当复杂，而且也不再是一个脱离社会的独立的变量或与社会绝缘的一个孤岛，我们绝对不能再赋予高等教育以岛屿的概念，不能再赋予大学以象牙塔的概念。

今天的高等教育系统由诸多子系统构成，且各子系统始终处在一种非线性相互作用的关系网络之中，尤其是那些发达的高等教育系统，在结构上表征出"类中有层，层中有类，类中有类，层中有层"，而且不同类型或层次的高等教育"各司其职、各安其位、明确分工、协同合作"，不同特色或优势的高等学校形成了"各美其美、美人之美、美美与共"的生态格局。从系统与环境的视角看，高等教育还嵌镶在复杂的社会系统之中，与社会的其他子系统诸如经济系统、政治系统、文化系统以及各种社会因素如人口、资源、地理、生态、民族、宗教等之间存在密切的关系，其运行发展要受到经济、政治、文化等的非线性制约。由于高等教育系统的外部环境非常复杂，内部各组成部分之间又存在既相互竞争又相互合作的复杂关系，这使得高等教育系统成为一种极为复杂的有机体。这种复杂的有机体在运行发展中对输入的初始条件具有高度的敏感性，外部环境的微小变化或系统内部的些微动荡皆有可能导致整个高等教育系统发生重大变革或重组，这决定了高等教育系统的输出不可能具有严格的必然性、预期性和预测性。概而言之，由于高等教育系统自身及其外部环境都非常复杂，仅仅通过对高等教育某个子系统或者与之相关联的某个社会子系统的了解，不可能对整个高等教育系统作出完整的、综合的和系统的解释，高等教育的运动发展也因此而变得难以控制和预测。

如果再加上高等教育中最活跃的、自觉能动的人这个因素，高等教育的运行发展将更加难以控制和预测。高等教育系统的"主体组元"或"核心组元"，无论是教师、学生还是管理者都是异常复杂的存在，因为人是物理学的、生物学的、心理学的、社会学的、政治学的、文化学的……人作为一种复杂性的存在，一旦进入高等教育过程，那种稳定与有序的运作状态就会被打破，出现一种动荡的"涨落"起伏状态。[①] 总之，

---

① 么加利：《走向复杂——教育视角的转换》，西南师范大学出版社2002年版，第157页。

高等教育系统要受到"各种外界因素和内部非确定因素的影响,其涨落的时间、规模和程序都无法准确预测和估计"①。

复杂的高等教育现实决定了我们难以对其进行客观的、准确的描述,但这并不意味着高等教育是一个纯粹混沌的、不可认知的、人类主体在其面前无能为力或无所作为的世界。高等教育具有不确定性和无序性,但它并非完全无序的和绝对不确定的,在高等教育系统中依然存在各种本质的高等教育关系和本质之间的高等教育关系,只不过这种高等教育关系是非线性的和统计性的而已。

三 高等教育规律的统计性

统计性亦即概率性或趋势性。作为一种统计性规律,高等教育规律呈现的是高等教育朝着某一方向、目标或趋势运行发展到底存在多大的可能性或概率。比如抛硬币,正反面朝上的可能性各占50%,这种50%所呈现的概率或趋势就是一种"统计性规律"。高等教育规律的统计性反映了高等教育既不是绝对的决定论,也不是绝对的选择论,而是决定论与选择论的辩证统一。

统计性规律表示事件发生的概率或可能性在0和1之间,呈现的是弹性的必然性;确定性规律表示事件发生的概率或可能性为0或1,呈现的是刚性的必然性。一般而言,自然规律主要是"确定性规律",社会规律主要是"统计性规律"②。高等教育是一个兼具确定性与不确定性的非线性系统,这是高等教育规律的统计性的根源。

(一) 高等教育兼具确定性与不确定性

高等教育是确定性与不确定性的辩证统一,单纯的确定性或不确定性都难以概括、描绘和呈现高等教育的本真面目。受机械决定论的影响,人们曾经执着于探寻高等教育的确定性,一心谋求高等教育运行发

---

① 孙东川、李向荣:《从系统论看我国法制建设的复杂性》,《软科学》2001年第3期,第2—5页。

② 邢贲思主编:《哲学前沿问题述要》,人民出版社1993年版,第122—124页。

展中严格的必然性和一一对应的因果关系,于是人为地将高等教育的确定性与不确定性割裂开来,然后义无反顾地舍弃不确定性而留取确定性。事实上,高等教育的确定性与不确定性是螺旋相依的有机整体,二者的关系如同搅拌后的蛋黄和蛋清,"你中有我,我中有你"。在高等教育系统中,既没有脱离了确定性的不确定性,也没有摆脱了不确定性的确定性。

高等教育的确定性与高等教育的不确定性,对于我们解释高等教育和改造高等教育具有非常重要的意义。其中,高等教育的确定性意味着高等教育因果关系的客观存在,意味着高等教育的运行发展有规律可循;高等教育的不确定性意味着高等教育的因果关系存在多种可能,意味着人类主体在高等教育的运行发展中大有可为。换言之,我们既不能只看到或承认高等教育的确定性,也不能只看到或承认高等教育的不确定性,以免"陷入纯必然和纯偶然的决定论中"[①]。与此同时,我们还要看到在高等教育中,确定性和不确定性并非一成不变,二者在矛盾运动中相互转化。在这种矛盾运动和相互转化中,人类主体的选择起着非常重要的作用,而确定性与不确定性也对人类主体的选择产生重要影响,即不确定性是人类主体选择的动因,确定性是人类主体选择的归宿。

探究高等教育规律必须辩证地看待高等教育的确定性和不确定性,在承认和坚持高等教育的确定性的同时,要避免过分追求高等教育运行发展的模式化;承认和坚持高等教育的不确定性的同时,要避免否定高等教育运行发展中因果律的真理性。具体而言,探寻、发现和揭示高等教育规律的目的,不是为所有的高等教育活动找到一个亘古不变的实施方案或操作程序,而是通过对高等教育现实或高等教育现象的考察和总结,对未来高等教育发展的可能性作出相对合理的预测,为高等教育决策提供原则性指导和咨询。

高等教育兼具确定性和不确定性,而且确定性与不确定性永远处在矛盾运动之中。看不到确定性与不确定性的共生性与转化性,人为地将确定性与不确定性割裂开来,或将高等教育视为纯确定性的或完全不确定性

[①] 曹树真:《浅论教育的确定性与不确定性》,《教育理论与实践》2004年第11期,第6—8页。

的，就会陷入机械决定论或非决定论的泥淖，就会陷入先天预成论或自由选择论的窠臼，这些都是对高等教育及其规律的最大误读。

（二）高等教育是复杂的非线性系统

高等教育是一种非线性系统，这种非线性既存在于高等教育系统之内，也存在于高等教育系统与外部环境之间。首先，高等教育各要素之间、不同类型的高等教育之间、不同层次的高等教育之间、高等教育各部分之间、高等教育的部分与整体之间存在动态的、发展的和联系的非线性相互作用。高等教育从一种状态过渡到另一种状态的运行轨迹，从来不是一条直线，而是一条充满分叉或拐点的曲线，甚至还存在断裂，表征为一种非连续函数及其所描绘的图像。其次，高等教育与外部环境之间的相互作用也是非线性的，一方发生变化并不必然地引起对方发生相应的正相关或负相关的变化。高等教育系统内外的这种双重非线性相互作用或非线性关系的客观存在，决定了高等教育不存在稳定的运行发展轨迹，我们也就很难精确预测高等教育的运行发展轨迹，只能大致地预测高等教育运行发展的方向或趋势。一言以蔽之，"高等教育是介于完全结构化与混沌之间的复杂系统，具有确定性与随机性、有序性与无序性交混的性质"[①]，我们只能对高等教育的运行发展进行宏观预测，即预测高等教育运行发展的大致趋势。这是统计性规律的要义之一，也是对高等教育规律的统计性的诠释。

高等教育规律是统计性规律，事实上社会规律都是统计性规律。经济基础决定上层建筑，上层建筑反作用于经济基础，就是一条统计性规律。这里的"决定"或"反作用"是统计性的、概率性的和趋势性的，而不是绝对的、必然的和精确的。从世界范围看，在经济发达的国家或地区，高等教育也可能比较发达，但这种比较发达不是绝对的、必然的和精确的，而是统计学意义上的，其中"可能比较发达"只是一种统计性或概率性或趋势性的表达。

---

① 李枭鹰：《复杂性视域中的高等教育预测观》，《黑龙江高教研究》2009年第2期，第7—9页。

四 高等教育规律的选择性

社会规律是非线性规律和统计性规律,这种统计性和非线性决定了社会规律既是决定论的,也是选择论的。社会规律的非线性和统计性要求我们,"除了要坚持辩证决定论的新的规律观之外,还必须对人在历史过程中是否具有自觉能动性、选择性以及怎样认识这种能动性、选择性作出回答。"[①] 社会历史是否具有规律性或具有怎样的规律性,与人在社会历史发展中有无选择性,是同一社会历史过程不可或缺的两个方面。这正是哲学的"选择论问题"。

选择论有两大截然对立的理论流派,一种是唯心的选择论,另一种是唯物的选择论。其中,唯心的选择论否定社会规律,鼓吹任意选择;唯物的选择论将社会规律与人的能动选择统一起来,认为社会规律允许并制约着人的能动选择,而人的能动选择又是社会规律起作用的条件,即人遵循社会规律,创造各种条件,改造人类社会,让社会发展符合人类的目的。

马克思主义赞成将社会规律与人的选择、辩证历史决定论与唯物的选择论统一起来,尽管马克思主义创始人未对选择问题展开充分论述,但历史决定论和主体选择论在马克思和恩格斯那里是统一的,他们既把社会历史看成是一种有客观规律可循的"自然历史过程",又把社会历史看成是一个体现人的自觉意识和能动创造的"人类实践过程"。列宁曾深刻地指出,辩证决定论思想承认人类行为的必然性,推翻了所谓"意志自由"的荒唐神话,但也丝毫不扼杀人的理性、人的良心以及对人的行为的评价,反而强调只有根据辩证历史决定论和唯物主体选择论相统一的观点,才能对社会历史发展过程作出正确的评价,不至于把所有的一切推到自由意志的身上。辩证决定论思想或历史必然性思想,也丝毫不损害个人在历史发展中的能动作用,承认全部历史是由无数的个人行动构成的历史,即一部社会发展史是一部人类认识和改造社会的历史。

认识和理解高等教育规律,我们首先要"坚持辩证历史决定论与唯

[①] 王伟廉主编:《高等教育学》,福建教育出版社2001年版,第38页。

物主体选择论相统一"①的观点,即坚持决定论,反对非决定论,承认高等教育规律的客观性;坚持辩证的历史决定论的观点,反对机械决定论的观点,反对将高等教育规律视为一种刚性的必然性,而应将高等教育规律理解为通常只能作出统计说明的、具有弹性的必然性;坚持唯物的主体选择论,反对唯心的主体选择论,承认人的自觉能动性和选择性在高等教育发展中的作用,但又绝不夸大人尤其是个人的选择作用,坚决反对无视高等教育规律的任意选择或自由选择;既承认高等教育规律从根本上制约人的选择,也承认人的选择能改变高等教育规律起作用的条件、过程和结果。

高等教育规律的选择性根源于高等教育的确定性与不确定性的矛盾运动,这种矛盾运动又决定了高等教育的运行发展存在多种但数目有限的可能性,这些可能性的集合构成高等教育发展变化的可能域。既然高等教育发展的可能性表现为一个可能域,那么在前在原因的作用下,历经一段特定时间之后所产生的结果就可能是多个,最终到底是哪一个结果得以实现,要由高等教育的内外部条件联袂决定,即在特定的时空背景下,高等教育究竟如何运行发展,是高等教育系统自身与社会环境双向选择的结果。高等教育发展可能域的存在,揭示了人的选择的可能性和必要性,而控制就是对高等教育发展可能性集合中那种符合高等教育规律和高等教育目的之状态的选择。

深受传统形而上学和机械决定论的影响,人们探索高等教育规律时,习惯于寻找高等教育的确定性和有序性,把对高等教育规律的探求等同于对高等教育之确定性和有序性的寻找,义无反顾地挖掘高等教育中"严格的必然性"或"单值的因果关系"或"一一对应的因果关系",而忽略或剔除高等教育中某些看似不起作用或起重要作用却难以把握的因素,将复杂的高等教育因果关系简单化、线性化、静态化和封闭化,坚信只要"找到一个事实,就证明了一个真理"②。对此,早已有学者这样警示我们了,"当自然科学已经圈定了机械决定论的疆界时,社会科学领域却到处

---

① 王伟廉:《教育规律问题读书札记》,《中国高教研究》2000 年第 4 期,第 20—23 页。
② 唐德海、李枭鹰:《复杂性视域中的教育选择》,《高等教育研究》2006 年第 10 期,第 7—11 页。

游荡着机械决定论的幽灵。人们囿于生活的狭隘经验,惯于沿习'单一因果关系'的思路,用一个原因,去说明一个结果;用一个事实,去证明一个真理……一句话:真实性就是科学性。"[1] 面对复杂的高等教育现实,我们必须走出这种简单思维的樊篱,树立复杂性思维范式,既要看到高等教育的确定性和有序性,也要看到高等教育的不确定性和无序性,既要看到高等教育运行发展的规律性,也要看到高等教育运行发展的选择性。如此,我们才能真正看到高等教育和高等教育规律的特殊性,才能真正归还高等教育主体以必要的选择权,才能真正走进高等教育规律的本质世界和步入本真意义的高等教育殿堂。

---

[1] 赵红州:《大科学观》,人民出版社1988年版,第23页。

第 四 章

高等教育规律的逻辑结构

逻辑结构是不同对象之间或同一对象内部各要素之间的关联关系。世界万事万物存在自身的结构,这种结构不是预成的,而是经由漫长的演化发展形成的,且永远处于演化发展之中。共时地看,世界万事万物的结构形成之后,一旦为人的思维所把握,便成为一种逻辑结构,实现思维与存在的同一。从认识论上说,高等教育存在自身的逻辑结构,高等教育规律也存在自身的逻辑结构,而且这二者之间存在内在的一致性,因为高等教育规律是"高等教育"的规律。

高等教育规律的逻辑结构涉及高等教育规律的逻辑分类和逻辑分层。那么,高等教育规律到底如何分类和分层?这是一个高等教育学领域很少讨论的问题。然而,在加紧推进高等教育学自主知识体系建构的今天,我们不能回避这个问题,因为高等教育规律是高等教育学知识体系最坚硬的部分。

一 教育规律的逻辑划分及其争鸣

20世纪八九十年代,教育规律的划分是教育理论研究关注的重要问题。对此,学界形成了见仁见智的教育规律划分观。学者张秀梅将这些划分概括为两大类:"一类是对教育规律各类别的区分没有一定的或者说严格的逻辑顺序,缺乏一定的或者说统一的划分标准,可称之为非逻辑分类;另一类是依据一定的标准对教育规律的类别所作的划分,可称之为逻辑分类。"① 事实上，教育规律的逻辑划分包括逻辑分类和逻辑分层两种情况，我们不能将以往教育规律的逻辑分类和逻辑分层统统概括为教育规律的"逻辑分类"。

潘懋元先生提出的教育内外部关系规律是我国教育规律研究最具代表性的理论。潘懋元先生认为，在诸多的教育规律中，有两条规律最为基本：一条是教育外部关系规律，可以表述为"教育受一定社会的经济、政治、文化所制约，并为一定社会的经济、政治、文化的发展服务"；另一条是教育内部关系规律，可以表述为"社会主义教育，必须培养全面发展的人，或者说社会主义教育必须通过德育、智育、体育、美育，培养全面发展的人"。教育内部关系规律的运用要受教育外部关系规律的制约，教育外部关系规律必须通过教育内部关系规律来实现。② 谢景隆③、陶鼎辉④、彭永泉⑤等学者持类似观点，也认为教育规律有内部规律与外部规律之分，只是在表述上稍微存在差异。从总体上看，这些表述都是从教育与人的关系来描述教育的内部规律、从教育与社会的关系来描述教育的外部规律。教育内外部关系规律自提出以来，一方面被奉为经典，另一方面也遭遇一些质疑。譬如，有学者表示内部、外部的提法不甚科学，因为教育内外部关系规律的内部与外部是相对于系统而言的，这样就容易混淆本质的内部（内在）、外部（外在）和系统的内部、外部⑥；还有学者认为，教育规律的内外部之分是以范围为划分标准的尝试，但按此方式划分会产生难以调和的矛盾，即划分范围本身就会出现交叉与重叠⑦，从而有非逻辑分类之嫌；另有学者声称，教育的内部、外部规律并不是教育自身的基本规律，社会发展规律与儿童身心发展规律是教育的两个

---

① 瞿葆奎主编：《教育基本理论之研究》，福建教育出版社1998年版，第240页。
② 潘懋元：《教育的基本规律及其相互关系》，《高等教育研究》1988年第3期，第1—7页。
③ 谢景隆主编：《普通教育学》，陕西人民教育出版社1989年版，第64—65页。
④ 陶鼎辉：《坚持辩证唯物论，探析教育本质及教育规律》，《成都大学学报》（社会科学版）1989年第4期，第16—21页。
⑤ 彭永泉：《正确处理市场经济规律与教育规律的关系——谈师范教育体制改革》，《山东师大学报》（社会科学版）1994年第5期，第68—71页。
⑥ 郝文武：《也谈教育规律的分类》，《高等师范教育研究》1993年第6期，第49—54页。
⑦ 马兆掌：《教育规律的逻辑分类》，《教育研究》1990年第10期，第16—20页。

基本规律不假，但二者都属于外部规律，严格来说是教育需要遵循的外部的基本规律，政治规律、生产规律、儿童发展规律等都无法取代教育规律。①

根据规律所起作用的范围不同，黄济先生将教育规律分为普遍规律和特殊规律。普遍规律是指在一类事物中所共有的和决定这类事物的一切主要方面和主要过程的共同规律，特殊规律则是指这类事物中某一方面或某一过程的独特规律。普遍规律与特殊规律的区分是相对的，在一种场合为普遍规律，在另一种场合则为特殊规律。教育的普遍规律是指一切社会教育所共有的规律，教育的特殊规律通常可以在两种意义上理解：一是为某个社会所独有的基本教育规律，二是属于教育的不同方面所特有的教育规律，如在德育、智育、体育等不同方面。② 按照相似的思维，孙喜亭先生将教育规律划分为一般规律和特殊规律，为一切教育活动所共有的规律是一般规律，为特定的教育事实所特有的规律是特殊规律。一般规律总是表现为特殊规律，总是存在于特殊规律之中；而特殊规律包含着一般规律，却比一般更为丰富。③ 关于普遍（一般）规律与特殊规律的划分，也有学者提出反对意见，认为这种划分存在"笼统和容易引发歧义"④ 等问题。

以上是教育规律最常见的两种逻辑划分。除此之外，还有一些其他的逻辑分类或逻辑分层。譬如，马兆掌根据规律存在的作用和形式，提出教育的静态规律与动态规律之分，即"静态自在式的教育规律"和"动态操作式的教育规律"，前者又细分为"关联自在式"的规律和"机制自在式"的规律，后者又细分为"调控式""管理式""传导式""学习式"的规律。⑤ 何宝安借鉴马克思对资本主义经济规律的划分方法，把教育规律分为绝对规律和一般规律。前者即"培养社会主义的社会化的人"，不可再分；后者存在于教育世界的特定领域、方面和过程，又具体分为本体

---

① 王道俊，郭文安：《试论教育的主体性——兼谈教育、社会与人》，《华东师范大学学报》（教育科学版）1990 年第 4 期，第 33—40 页。
② 黄济：《教育规律试探》，四川教育 1981 年第 8 期，第 42—44 页。
③ 孙喜亭主编：《教育学问题研究概述》，天津教育出版社 1989 年版，第 25—30 页。
④ 郝文武：《也谈教育规律的分类》，《高等师范教育研究》1993 年第 6 期，第 49—54 页。
⑤ 马兆掌：《教育规律的逻辑分类》，《教育研究》1990 年第 10 期，第 16—20 页。

规律和边缘规律。教育的本体规律存在于从理念上划分出来的教育系统本体，教育的边缘规律存在于教育系统和其他系统的结合部。①

从本质上说，教育规律的内外部之分实为教育规律的"分类"，教育规律的普遍（一般）与特殊之分实乃教育规律的"分层"。教育内外部关系规律是教育在普遍规律、一般规律或基本规律上的横向铺开，不排除在该层次规律内存在其他的分类可能；同理，在教育的特殊规律中也必然存在分类。普遍（一般）规律与特殊规律是教育规律的纵向伸展，不排除二者之外还存在其他层次或分层方式。无论是从类型还是层次上看，既有关于教育规律的探寻，只是教育规律版图的一部分。21世纪以来，教育学界很少讨论教育规律的划分问题，但这并不意味着这个问题已经解决，恰恰相反，它至今还是一个"悬而未决"的问题，类层交织的教育规律大网有待进一步编织。

二　高等教育规律的三元逻辑划分

世界万事万物是总体性、一般性和特殊性的辩证统一体，这意味着万事万物的孕育、诞生、存在、运动、变化和发展要受到总体规律、一般规律和特殊规律的统摄、规约和支配。也就是说，对规律进行三元逻辑划分是恰切的。

高等教育是总体性、一般性和特殊性的辩证统一体，这不仅意味着高等教育的运行与发展要受到高等教育总体规律、一般规律和特殊规律的统摄、规约和支配，也意味着建立以高等教育总体规律、一般规律和特殊规律为基本框架的高等教育规律体系存在必要性、可能性和合理性。

高等教育规律与高等教育在逻辑结构上的一致性，为我们认识高等教育及其规律提供了可能性。也就是说，如果高等教育规律的逻辑结构与高等教育的逻辑结构不一致，即使我们认识高等教育也未必能够认识高等教育规律。进一步说，如果语言的逻辑结构、高等教育的逻辑结构、高等教育规律的逻辑结构不一致，即使我们认识高等教育和高等教育规律，也未

---

① 何宝安：《关于教育规律的分类学研究》，《南京师大学报》（社会科学版）1994 年第 4 期，第 60—65 页。

必能够表达或述说高等教育和高等教育规律。

（一）高等教育总体规律

规律以关系的方式或形态而存在，因为"规律就是关系……本质的关系或本质之间的关系"①。这是规律的本质规定性或内在规定性。关系本身又具有三重本体论意蕴：一是作为"存在原因"的关系，即世界万事万物因关系而诞生；二是作为"存在范型"的关系，即世界万事万物作为关系而存在；三是作为"存在场域"的关系，即世界万事万物存在于关系之中。

世界诸关系是立体的、网络态的，因而世界诸规律也是立体的、网络态的。世界诸规律相互作用而合生世界总体规律，呈现世界总体发展趋势。反过来看，世界总体规律分生世界诸规律，同时统摄、规约和支配世界诸规律。辩证而综合地看，世界总体规律与世界诸规律双螺旋运转，作为一只"看不见的手"，统摄、规约和支配世界万事万物的生成、运行和发展。

总体规律是普遍存在的，我们不能以主观上能否认识总体规律来判定其存在与否。它往往是逻辑层面的，源自经验又超脱经验，主要靠理性来把握。这类似于黑格尔所说的，"逻辑的体系是阴影的王国，是单纯本质性的世界，摆脱了一切感性的具体性"②。众所周知，"否定之否定规律不仅是唯物辩证法的一条基本规律，而且还是辩证法中具有总体性的规律。这条规律内在包含着辩证法的其他基本规律和基本范畴"③。言下之意，否定之否定规律是一条总体规律。放眼开来，从宇观世界到微观世界，每一个领域都存在自身的总体规律，宇宙有宇宙的总体规律，总星系有总星系的总体规律，银河系有银河系的总体规律，太阳系有太阳系的总体规律，地球有地球的总体规律，自然有自然的总体规律，社会有社会的总体规律，社会各领域有社会各领域的总体规律，思维有思维的总体规律……

---

① 列宁：《哲学笔记》，人民出版社1974年版，第161页。
② ［德］黑格尔：《逻辑学》（上卷），杨一之译，商务印书馆2004年版，第42页。
③ 刁隆信：《论否定之否定规律是辩证法的总体性的规律》，《西南民族学院学报》（哲学社会科学版）1990年第6期，第1—5页。

不同领域的总体规律，呈现和刻画各自领域的总体趋势，统摄、规约和支配各自领域一切事物的运行发展。总体是有层次的系统结构①，站在整个宇宙世界中看，所有的总体规律都是相对的，某一总体规律相对于另一总体规律，可能只是一般规律或特殊规律，像社会各领域的总体规律相对于社会总体规律就是如此。

总体规律是事物的总体关系或总体趋势，即各种关系的"格式塔"或"整生物"。不同领域的总体规律，是不同领域的总体关系。对世界总体规律的发现，根基于对世界总体关系的认识，把握不了世界的总体关系，就发现不了、揭示不了、描绘不了世界的总体规律。时至今日，人类对世界总体关系的探究已形成不少共识，诸如：无序是有序之源；世界在总体上是由低级形态向高级形态演化；世界万物总是处在"从一种多样性的统一向另一种多样性的统一"的演化之中……这些是一种总体趋势，是一种总体关系，是一种总体规律。

高等教育既在关系中"自成系统"，又在关系中与其他系统"互成系统"，还在关系中"生成演化"，这是高等教育总体规律。在这种关系结构中，高等教育系统呼唤和滋养着其他系统，也被其他系统所呼唤和滋养。作为一种上位规律，高等教育总体规律是高等教育一般规律的存在依据。其中，高等教育在关系中"自成系统"，是高等教育内部关系规律的存在依据；高等教育在关系中与其他系统"互成系统"，是高等教育外部关系规律的存在依据；高等教育在关系中"生成演化"，是高等教育内外部关系规律相互作用的存在依据。

（二）高等教育一般规律

一般规律是事物的一般关系或一般趋势。生产力的变化迟早要引起生产关系的变化，生产关系的变化迟早要引起社会性质的变化，这是生产力、生产关系和社会性质的一般关系，也是社会发展的一般规律。

高等教育内外部关系规律揭示了高等教育运行与发展的一般关系或一般趋势，实为高等教育一般规律。高等教育一般规律包括两大集合，一个

---

① 王登云、何微：《从宇宙整体的核演化规律看哲学总体性原理的发展》，《内蒙古社会科学》（文史哲版）1997年第5期，第1—6页。

是高等教育内部关系规律集合，另一个是高等教育外部关系规律集合。其中，高等教育内部关系规律集合主要涉及"教育与教育对象的身心发展以及个性特征的关系"，"人的全面发展教育各个组成部分的关系"，以及"教育者、教育对象、教育影响诸要素的关系"①。高等教育外部关系规律集合涉及高等教育与政治、经济、文化、科技、人口、宗教、习俗、地理、交通和环境等之间的关系，包括高等教育政治规律、高等教育经济规律、高等教育文化规律、高等教育科技规律、高等教育人口规律等。高等教育内部关系规律集合和高等教育外部关系规律集合皆是一种"有限集合"，若将其视为"无限集合"就有违高等教育一般规律或高等教育一般关系的本质规定性，至少在逻辑上或语义上说不通。

高等教育一般规律对所有类型或层次的高等教育都是适用的，亦即所有类型或层次的高等教育都要遵循高等教育一般规律。对于高等教育外部关系规律而言，不惟本科教育要受政治、经济、文化、科技、人口、宗教、习俗、地理、交通和环境等的制约，同时又对政治、经济、文化、科技、人口、宗教、习俗、地理、交通和环境等起作用。对于高等教育内部关系规律而言，也不惟本科教育涉及教育与教育对象的身心发展以及个性特征的关系，人的全面发展教育各个组成部分的关系以及教育者、教育对象、教育影响诸要素的关系。事实上，专科教育、硕士研究生教育、博士研究生教育也同样如此。这些主要是从高等教育层次上来说的。对于高等教育类型而言，高等职业教育、成人高等教育和普通高等教育都要遵循高等教育一般规律或高等教育内外部关系规律。

（三）高等教育特殊规律

特殊规律是事物的特殊关系或特殊趋势。从影响范围看，特殊规律是"特定层次，特定方面，特定对象的规律"②。不同的学科以发现或揭示本学科领域的特殊规律为主要的责任和使命。

高等教育特殊规律是本质的或本质之间的高等教育特殊关系，是特定

---

① 潘懋元主编：《新编高等教育学》，北京师范大学出版社1996年版，第12—14页。
② 王宏波：《简论工程哲学的基本问题》，《自然辩证法通讯》2002年第6期，第85—86页。

类型、特定层次、特定方面、特定对象的高等教育规律。高等教育特殊规律只适用于高等教育的局部领域，像教学规律只适用于教学领域，课程规律只适用于课程领域；德育规律只适用于德育领域，智育规律只适用于智育领域，体育规律只适用于体育领域……高等教育特殊规律因为直指高等教育的具体领域或特殊对象，故而经常表征为一种"微型规律"或"微型原理"或"微型理论"。正是源于这种微观性或局域性，高等教育特殊规律与高等教育原则经常被"模糊使用"，甚至还有"张冠李戴"的情况。中国学位与研究生教育学会组织编写的《教育规律读本：育人三十六则》（商务印书馆2019年版），从中国古代先贤的有关典籍中遴选了"三十六条箴言断语"①，将其视为"教育规律"并对其进行了阐释和解读。按照"规律就是关系……本质的关系或本质之间的关系"的界定，这三十六条"箴言断语"，或许只有"教学相长""不积跬步，无以至千里""勤能补拙""熟能生巧""温故知新""三人行，必有我师""性相近，习相远"等揭示了某种"本质的或本质之间的教育关系或教学关系"，符合教育规律或教学规律的判定标准，其余条目则集中表征为处理某些教育或教学问题的依据或标准，将其视为"教育原则"或"教学原则"更为恰当。

高等教育特殊规律是一个"无限集合"，因为高等教育特殊关系是无限数量的和不可数的，本质的或本质之间的高等教育特殊关系也是无限数量的和不可数的。可以说，每一个高等教育领域都存在形形色色、大大小小的特殊规律，只要我们愿意去细分、能够去细分、有心去细分，就可以找到、发现和揭示相应类型或层次的高等教育特殊规律。

---

① 该书分教、学、道三篇，每篇列举了12条所谓的"规律"。其中，"教篇"包括"触类旁通""教学相长""举一反三""赏罚分明""授人以渔""循序渐进""循循善诱""言传身教""因材施教""因势利导""长善救失""知行合一"；"学篇"包括"不积跬步，无以至千里""吃一堑，长一智""当仁，不让于师""反求诸己""格物致知""行有余力，则以学文""勤能补拙""穷原究委""熟能生巧""温故知新""学而好问""学以致用"；"道篇"包括"传道，授业，解惑""苟日新，日日新，又日新""和而不同""尽信书，则不如无书""立德树人""三人行，必有我师""性相近，习相远""学而不厌，诲人不倦""以文化人""有教无类""止于至善""志道据德，依仁游艺"。

三 高等教育规律的结构图式

高等教育类似一个分类、分层和类层交织的结构化球体，高等教育规律也是一个与之对应的分类、分层和类层交织的结构化球体。其中，高等教育总体规律居于这个球体的中心地带，分级分层向外依次立体分形，先是高等教育一般规律，再是高等教育特殊规律，形成内外关联、上下贯通、左右交织的高等教育规律谱系。形象地说，高等教育总体规律由中心向外围，经由多级立体分形，形成由高等教育总体规律、高等教育一般规律、高等教育特殊规律构成的高等教育规律谱系，呈现立体网络态的高等教育规律结构图式。

如果从这个结构化球体切出一个平面化的扇形，通过理想化的处理或变形，可画出一个高等教育规律金字塔，上层是高等教育总体规律（上位规律），中层是高等教育一般规律（中位规律），下层是高等教育特殊规律（下位规律），呈现出家族性的谱系结构。潘懋元先生认为，"下位规律（特殊规律）必须符合上位规律（一般规律），上位规律通过下位规律来实现。如果下位规律和上位规律是相矛盾、相抵触、相违反的，那就不是真正的规律，而是主观错误的认识。上位规律必须通过下位规律来实现，否则，上位规律就是空的。"[①] 高等教育特殊规律必须符合高等教育一般规律，高等教育一般规律必须符合高等教育总体规律。反过来看，高等教育总体规律要通过高等教育一般规律来实现，高等教育一般规律又要通过高等教育特殊规律来实现。这种螺旋相依的关联关系既呈现了高等教育的逻辑结构，也呈现了高等教育规律的逻辑结构，还呈现了高等教育规律与高等教育在逻辑结构上的一致性。

（一）高等教育规律是一个类层交织体

类层关系意即高等教育规律是分类分层且类层交织的。高等教育是分类分层的，表征为一种"类中有层、层中有类、类中有类、层中有层、

[①] 潘懋元：《潘懋元文集》（卷一·高等教育学讲座），广东高等教育出版社2020年版，第30页。

类层交织"① 的结构性系统。高等教育规律是高等教育的规律，因而高等教育规律也是分类分层且类层交织的，表征为一种"类层有别、类层相套、类层相包、类层相扣、类层相依"的结构性系统。这就是高等教育与高等教育规律在逻辑结构上的一致性。

不同类型或层次的高等教育规律分处不同的生态位，并以各自独有的方式作用于不同类型或层次的高等教育，释放出具有不同辐射半径或适用范围的功能，统摄、规约和支配高等教育的认识与行动。从整个高等教育系统来看，不同类型或层次的高等教育皆存在自身的高等教育总体规律、一般规律和特殊规律。比如说，高等职业教育、成人高等教育、普通高等教育存在各自的高等教育总体规律、一般规律和特殊规律，专科教育、本科教育、硕士生教育、博士生教育存在各自的高等教育总体规律、一般规律和特殊规律，诸规律在各自的生态位上发挥自身独有的生态价值。正因为如此，我们有必要建立探究和揭示不同高等教育规律的高等教育学科，诸如高等职业教育学、成人高等教育学、普通高等教育学、研究生教育学等高等教育学子学科。这印证了高等教育规律体系与高等教育学学科体系具有互哺性和整体涌现性，前者赋予后者"血肉之躯"，后者为前者提供"安居之所"。正是形形色色的高等教育规律，开拓了高等教育学学科建设的疆域。

不同类型或层次的高等教育存在自身的高等教育规律体系，其运行发展也必然要受到自身的高等教育规律体系的统摄、规约和支配。为此，我们必须加强各高等教育学子学科建设，以便为不同类型或层次的高等教育的运行发展提供完备的高等教育规律体系。从根本上说，我们不能将所有的高等教育特殊规律压缩为高等教育一般规律，也不能将所有的高等教育一般规律压缩为高等教育总体规律。妄图找到一条万能的高等教育规律指引所有的高等教育是不切实际的，因为这本身是违背规律的。我们也不能用高等教育特殊规律代替高等教育一般规律，也不能用高等教育一般规律代替高等教育总体规律。哲学常识告诉我们，无数的特殊加在一起还是特殊，所有的一般加在一起还是一般，特殊规律代替不了一般规律，一般规

---

① 李枭鹰：《高等教育强国建设需要什么样的高等教育结构》，《高等教育研究》2019 年第 5 期，第 21—23 页。

律代替不了总体规律,特殊规律、一般规律、总体规律谁也替代不了谁,谁也不宜替代谁。不同的高等教育规律各有其生态位和生态价值,各有其责任、使命和承诺,彼此在生态伦理上是平等的。当然,这种平等不是绝对或完全对称的平等,而是一种非对称的生态伦理平等。这种生态伦理平等内在地规定了建立由高等教育总体规律、高等教育一般规律和高等教育特殊规律构成的高等教育规律体系的必要性、可能性和逻辑性。

(二) 高等教育规律是一个螺旋相依体

高等教育总体规律、高等教育一般规律和高等教育特殊规律是一个循环对话体,彼此之间始终存在一种抽象与具体、聚形与分形、共成与分有、规约与支撑的循环对话,高等教育诸规律则在这种循环对话中不断地"走出自身",然后不停地"走向对方",最后又无休止地转着圈"返回自身",形成"高等教育总体规律——高等教育一般规律——高等教育特殊规律"的螺旋相依。因此,我们不能人为地打破或无视它们之间的循环对话,相反,要始终尊重并紧紧抓住这种循环对话。正如复杂性科学大师埃德加·莫兰所说,"循环是我们的车轮,螺旋是我们的道路。"[1] 具体而言,我们唯有在三者的对话中才能刻画、描绘和定义高等教育总体规律、高等教育一般规律和高等教育特殊规律,也才能辨析出它们各自的特殊性或家族相似性。从认识论上看,高等教育总体规律、高等教育一般规律和高等教育特殊规律不是固定不变的,谁发生改变都可能触发整体的调适,三者也因此在系统关联和循环对话中螺旋式发展。

高等教育总体规律是高等教育一般规律的综合,高等教育一般规律是高等教育特殊规律的综合。综合不等于加和,也不等于替代,更不等于取消,而是一种整合或化合。高等教育总体规律、高等教育一般规律和高等教育特殊规律是共存的,高等教育一般规律只是高等教育总体规律在具体领域的表现,高等教育特殊规律只是高等教育一般规律在具体场合的表现。从生发规程来看,高等教育总体规律聚合了高等教育诸规律的本质规定性,蕴含着高等教育诸规律的生成信息,因而也具有生发高等教育诸规

---

[1] [法]埃德加·莫兰:《方法:天然之天性》,吴泓渺、冯学俊译,北京大学出版社2002年版,第14页。

律的潜质潜能；高等教育总体规律依次分形出高等教育一般规律、高等教育特殊规律，高等教育特殊规律反过来依次聚形为高等教育一般规律、高等教育总体规律；高等教育总体规律可谓高等教育一般规律的聚形体，高等教育一般规律可谓高等教育特殊规律的聚形体，反过来看，高等教育特殊规律可谓高等教育一般规律的分形体，高等教育一般规律可谓高等教育总体规律的分形体。从高等教育总体规律到高等教育一般规律再到高等教育特殊规律，普遍性或抽象性依次递减，特殊性或具体性依次递增，即后者要比前者更丰富一些，适用范围则要更窄一些。正因为如此，高等教育特殊规律必须符合高等教育一般规律，高等教育一般规律必须符合高等教育总体规律；高等教育总体规律要通过高等教育一般规律来实现，高等教育一般规律要通过高等教育特殊规律来实现。这正是上位规律与下位规律之间关系的集中反映。

从生态关系来看，高等教育总体规律因共通性而处在高等教育规律体系的"核心带"，是高等教育规律体系的"心脏"，统摄所有类型或层次的高等教育规律，规约和支配所有类型或层次的高等教育；高等教育一般规律处在高等教育规律体系的"中间带"，是高等教育规律体系的"动脉"，血液经由动脉而从心脏输送至各个器官，起联通内外或承上启下的作用；高等教育特殊规律处在高等教育规律体系的"外围带"，是遍布高等教育规律体系的"毛细血管"，直接规约和支配高等教育的认识与行动；高等教育总体规律、高等教育一般规律和高等教育特殊规律分处不同的高等教育规律生态位，释放出不同的高等教育规律生态价值，联袂统摄、规约和支配整个高等教育的思想与行动。综上所述，高等教育总体规律、高等教育一般规律和高等教育特殊规律之间应该加强对话和互动，这是应有的高等教育规律生态观，也是我们需要着力树立的高等教育规律生态观。目前，这种高等教育规律生态观尚未完全形成，集中表现为我们对高等教育总体规律和高等教育特殊规律重视不够和研究不足，以致整体高等教育规律体系缺乏核心带的总体性规约和外围带的根基性支撑，身处中间带的高等教育一般规律（高等教育内外部关系规律）如同"一根扁担挑着两个空箩筐"，其中一个空箩筐是高等教育总体规律，另一个空箩筐是高等教育特殊规律。

从系统科学的视角看，高等教育既在关系中"自成系统"，又在关系中与其他系统"互成系统",还在关系中"生成演化",这是高等教育总体规律。高等教育总体规律是高等教育一般规律(高等教育内外部关系规律)成立的大前提。具体而言,如果高等教育不是在关系中"自成系统",就不存在高等教育内部关系规律;如果高等教育不是在关系中与其他系统"互成系统",就不存在高等教育外部关系规律;如果高等教育不是在关系中"生成演化",就不存在高等教育内外部关系规律之间的关系规律。换言之,高等教育在关系中"自成系统",决定了高等教育内部关系规律的客观性与科学性;高等教育在关系中与其他系统"互成系统",决定了高等教育外部关系规律的客观性与科学性;高等教育在关系中"生成演化",决定了高等教育内外部关系规律之间的关系规律的客观性与科学性。高等教育一般规律的另一头是高等教育特殊规律。每一个具体的高等教育领域都存在自身的特殊规律,比如教学领域的学学半、教学相长、温故知新等。这些特殊规律与高等教育实践距离很近,是我们走进高等教育现场最值得信赖的向导和最需要遵循的规律。在教学领域,逐渐兴起且备受重视的教学论和学习论,就是研究教学现象或教学问题、揭示教学规律的学问。

鉴于高等教育是总体性、一般性和特殊性的辩证统一体,鉴于高等教育的运行发展要受到高等教育总体规律、一般规律和特殊规律的共同规约,我们不仅要研究、发现和揭示高等教育总体规律和高等教育一般规律,还要系统研究高等教育特殊规律,因为没有后者,前者就是空洞和虚浮的。正因为如此,潘懋元先生竭力呼吁"高等教育研究要更加重视微观教学研究"[①];与此呼应,有学者倡议高等教育研究要注重转向微观与实践的高等教育课程研究[②];另有学者从人本视角解读高等教育宏观研究的局限性,"'宏大叙事'传统导致中国高等教育研究的'人学空场',进而导致研究的空疏乃至虚化,甚至造成人的道德、情感、价值、审美等精

---

① 潘懋元:《高等教育研究要更加重视微观教学研究》,《中国高教研究》2015 年第 7 期,第 1 期。

② 胡莉芳:《转向微观与实践的研究——高等教育课程研究现状分析》,《中国人民大学教育学刊》2014 年第 3 期,第 32—42 页。

神追求的坍缩",应"构建适合高等教育研究特点的微观研究新范式"①。强化高等教育微观研究,丰富高等教育特殊规律,推进高等教育规律体系的构建,以之为基础建立可以直接指导高等教育实践的高等教育原则体系,是高等教育未来发展的理性选择。从本质上看,这个过程是一个"高等教育规律原则化"②的过程。目前,如何构建完备的高等教育规律体系和高等教育原则体系依然是高等教育学亟待破解的两大难题。

(三) 高等教育规律是一个相互规约体

高等教育总体规律、高等教育一般规律和高等教育特殊规律是一个互生共长的"循环对话体",三者也因此成为一个相互规约的"循环对话体"。站在互生共长、相互规约的高等教育规律面前,我们直面的永远不是一个单向的"发射装置",而是一个永远绕不出去的"超循环圆圈"。如果使用显微镜、放大镜和望远镜探察高等教育规律系统,我们定然会发现如同在高等教育生态系统中所见到的那般景观,即各种高等教育规律之间存在"类层有别、类层相套、类层相包、类层相扣、类层相依"的生态关系。仅就大学而言,其所包含或涉足的每一个领域,无一不存在自身的规律,诸如学科有学科的规律、专业有专业的规律、课程有课程的规律、教学有教学的规律、科研有科研的规律、师生有师生的规律、思政有思政的规律、教学部门有教学部门的规律、科研部门有科研部门的规律、管理部门有管理部门的规律……而且诸规律之中还有规律,比如教学规律包括学学半、教学相长、温故知新等这样或那样的诸多规律;课程规律涉及理论课程、实践课程、方法课程,或专科课程、本科课程、研究生课程等不同类型或层次课程的规律。这种"逐级细分"没有尽头,只要我们愿意,就可以一直细分下去。

对于任何类型或层次的高等教育而言,高等教育总体规律、高等教育一般规律和高等教育特殊规律如同一个相互牵制的"三螺旋体",即上位

---

① 李均、黄丹阳:《"人"的回归与高等教育研究的微观转向——来自微观史学的启示》,《江苏高教》2021 年第 8 期,第 35—40 页。

② 李枭鹰:《高等教育原则的规定性、生成理式与生成法则》,《江苏高教》2017 年第 9 期,第 23—26 页。

或核心带的高等教育总体规律"大螺旋"、中位或中间带的高等教育一般规律"中螺旋"、下位或外围带的高等教育特殊规律"小螺旋"的相互制约。一方面，这是因为总体或整体制约着局部或部分，离开了总体或整体的局部或部分就是没有意义的局部或部分，局部或部分组成总体或整体，脱离了局部或部分的总体或整体就是没有实质内容的总体或整体；另一方面，这是因为总体性寓于一般性之中，一般性寓于特殊性之中。

建立高等教育规律体系必须恪守高等教育规律的互规性，否则，高等教育规律体系内部就会存在不相容和不相通。恩格斯曾说："我们的主观思维和客观的世界都服从同样的规律，因而二者在自己的结果中不能相互矛盾，而必须彼此一致，这个事实绝对地统治着我们的整个理论思维。"[①] 斯大林在《苏联社会主义经济问题》中严格区分了客观规律和科学规律，认为前者是存在于我们身躯外的客观过程的规律性，后者是客观过程的规律性在我们头脑中的反映。[②] 不难看出，没有高等教育科学规律，高等教育客观规律依然存在；没有高等教育客观规律，高等教育科学规律则无从产生。我们既要看到高等教育客观规律与高等教育科学规律的同一性，也要承认高等教育客观规律与高等教育科学规律的差异性，更要以谋求高等教育科学规律与高等教育客观规律的同一性为目标，否则，我们竭力建立的高等教育规律体系就难免存在内在的不相容和不相通。

鉴于不同类型或层次的高等教育规律的相互定义性和相互规约性，我们必须加强不同高等教育规律之间的对话、互动和协作，建立逼近高等教育真理或揭示高等教育客观规律的高等教育规律体系，而非一套"高等教育科学规律体系"。只有加强对话、互动和协作，才能找准各高等教育规律的生态位，才能释放各高等教育规律的生态价值，才不会妄图用一条高等教育规律去规约和支配所有高等教育的认识与行动，才能走出"一根扁担挑着两个空箩筐"的高等教育规律困境。

---

① 恩格斯：《自然辩证法》，人民出版社 1971 年版，第 119 页。
② 瞿葆奎主编：《教育基本理论之研究（1978—1995）》，福建教育出版社 1998 年版，第 233 页。

第五章

高等教育规律研究的元点与回归点

高等教育规律研究该从哪里开始、又该在哪里结束？这个问题涉及高等教育规律研究的元点和回归点，前者直指高等教育规律研究的规程与范式，后者直指高等教育规律研究的彼岸与归宿。

一 高等教育规律研究的元点

"元"的英文为"meta"，译成"在……之后""超越""总的"等之意。[①] 在汉语中，"元"有"首要的""第一的""根本的""天地万物的本源"等意思。由此引申，元点是本源点、原初点、原始点，具有生成元的意蕴。一般而言，事物的元点不在它的眼前，不在它的此时此地，而是在它的远处，在它的彼时彼地。比如说，宇宙从无限而来，向无限而去，与无限同旋共转。万事万物从宇宙中来，向宇宙而去，流转于宇宙。在无限的远处，在宇宙的深处，潜藏着万事万物的原型，蕴藏着万事万物运行发展的大道。

人类既是宇宙的存在，也是地球的存在，"我们应该承认我们在物理宇宙和生物范围内的双重根基。"[②] 科学早已发现和证明：有机界是在无机界的基础上发展起来的，人类社会是在自然的基础上发展起来的；有机界是无机界进一步发展的高级形态，社会形态是自然发展的高级形态；高

---

① 郑金洲：《"元教育学"考辨》，《华东师范大学学报》（教育科学版）1995年第3期，第1—14页。

② [法]埃德加·莫兰：《方法：思想观念——生境、生命、习性与组织》，秦海鹰译，北京大学出版社2002年版，第2页（前言）。

级形态脱胎于或孕生于低级形态，又升华了或超越了低级形态。因此，我们可以且应该从宇宙深处去寻找事物的元点，可以且应该从低级形态中寻找高级形态的元点。这是一种"沿波讨源"的认识论和方法论，遵循了历史与逻辑的统一。鉴于此，埃德加·莫兰认为"任何人类知识都是从生命世界，即从生物学意义上的生命世界中不断突现出来的……任何哲学的、科学的或诗学的认识都是从普通的文化生活世界中突现出来的"[①]。同时，他也强调"决不能把物理现实设想为最根部的玄武岩，即整个解释的客观基础"[②]，除非实在有必要，我们无须在任何时候都要走到宇宙的深处去寻找万事万物的根源或原因，毕竟"我们既在自然之中又在自然之外"[③]。

（一）社会规律在自然生态的深处

人类社会孕生于自然，隶属于自然，栖居于自然，作用于自然，与自然共生共荣。人类社会和自然之间存在正哺、反哺和互哺，二者在互动发展中命运与共，这是人类社会与自然的生态关系。恩格斯说："人本身是自然界的产物，是在他们的环境中并且和这个环境一起发展起来的；这里不言而喻，归根结底也是自然界产物的人脑的产物，并不同自然界的其他联系相矛盾，而是相适应的。"[④] 马克思说："完成了的人本主义就是自然主义，完成了的自然主义就是人本主义。自然和人是一个统一体，不能分开的。合则两全，分则两亏。"[⑤]

人类社会的秘密存在于自然中，自然的秘密也存在于人类社会中，这种"两重性逻辑"告诉我们：永远不要忘了"人类社会现实从属于自然现实，自然现实也从属于人类社会现实"。这也是一种"两重性逻辑"，呈现了人类社会与自然相互依赖的渊源关系，昭示着人类社会与自然、人

---

① ［法］埃德加·莫兰：《方法：思想观念——生境、生命、习性与组织》，秦海鹰译，北京大学出版社2002年版，第2页（前言）。
② ［法］埃德加·莫兰：《方法：天然之天性》，吴泓缈、冯学俊译，北京大学出版社2002年版，第4页。
③ ［法］埃德加·莫兰：《复杂性理论与教育问题》，陈一壮译，北京大学出版社2004年版，第35页。
④ 《马克思恩格斯选集》（第3卷），人民出版社1995年版，第374页。
⑤ 邓晓芒：《德国古典哲学讲演录》，湖南文艺出版社2017年版，第377页。

文社会科学与自然科学互动发展的必要性、可能性和逻辑性。也正是这种"两重性逻辑"的客观存在,"全部人类社会现实都以某种方式依存于自然科学,而全部自然科学也以某种方式依存于人类社会现实"①,然而似乎"没有哪一种自然科学愿意承认它的文化根源。没有哪一种自然科学愿意承认自己的人类特征。自然科学和人文科学分道扬镳,这既屏蔽了前者的社会现实又屏蔽了后者的物理现实。我们一头撞在分离原则的坚墙上:它判定人文科学是物理学之外的不稳定的东西,它判定自然科学是对本身社会现实的全然无意识"②。在当今不少大学,人文社会科学几乎没有什么战略地位,这些学科的设置似乎只是学校为了建设综合性大学而采取的一种不得已选择,而不是根基于人文科学、社会科学和自然科学之间的螺旋相依性。近些年,在一流学科评估的裹挟下,一些大学为了提高一流学科的占比,撤并了不少好不容易才发展起来的人文社会科学学科。在这些大学,人文社会科学学科被视为一种可有可无的"点缀"或"装饰",自然科学学科的发展、壮大和繁荣好像与人文社会科学学科不存在任何关系,这无疑是一种根源性的误解。

社会现实与物理现实的相互依存和不可分割,意味着"广义的人文社会科学"与"广义的自然科学"也是相互依存和不可分割的,而且存在理论、原理、规律、思维和方法等方面的相通性。正因为如此,"亚里士多德建议参照动物分类来划定政体类型,中世纪和文艺复兴时期的学者根据盖伦主义解剖学——生理学而发明'body politic'的概念,格劳秀斯(以及后来斯宾诺莎、莱布尼茨等人)按照数学推理的精神阐发自然法,霍布斯效仿近代力学原理(即机械论)来建构他所谓的'公民哲学',哈林顿根据哈维解剖学——生理学来构思政治体系,威廉·配第开辟'政治解剖学'和'政治算术'(二者即英国政治经济学在初始阶段的不同命名),甚至路易十四的'太阳王'美誉也来自(基于新创立的哥白尼日心说的)天界图景与政治权力之间的类比。"③ 黑格尔从花蕾、花朵和果实

---

① [法]埃德加·莫兰:《方法:天然之天性》,吴泓缈、冯学俊译,北京大学出版社2002年版,第4—5页。
② [法]埃德加·莫兰:《方法:天然之天性》,吴泓缈、冯学俊译,北京大学出版社2002年版,第4页。
③ 姚远:《马克思社会哲学的生物学基础》,《现代哲学》2022年第4期,第25—38页。

的相互代替发现"能动的辩证法",他在《精神现象学》的开篇如是说:"花朵开放的时候花蕾消逝,人们会说花蕾是被花朵否定了的;同样地,当结果的时候花朵又被解释为植物的一种虚假的存在形式,而果实是作为植物的真实形式出现而代替花朵的。这些形式不但彼此不同,并且互相排斥、互不相容。但是,它们的流动性却使它们同时成为有机统一体的环节,它们在有机统一体中不但不互相抵触,而且彼此都同样是必要的;而正是这种同样的必要性才构成整体的生命。"① 恩格斯的"辩证法思想来自对人类实践方式的深刻理解"②,但"与恩格斯醉心于'自然辩证法'计划,从而在社会历史领域和自然领域同时与德国观念论展开竞争的做法不同,马克思更关心的是把晚近的自然科学引入社会研究,用以作为后者的直接支撑(即实证材料)和间接基础(即隐喻或类比)"③。上述这些说法,在一定程度上阐明并佐证了社会现实与物理现实、自然科学与人文社会科学的内在关系。

在不同的时空背景下,社会现实与物理现实相互依存的程度会存在这样或那样的差异,表现出鲜明的区域性和阶段性特征。人类社会的发展需要如同催化剂一般,总是刺激和催动自然科学的发展,而自然科学的发展又反过来不断地满足、提升和强化人类社会的发展需要。这是人类社会与自然科学之间的"共变关系",是人类社会与自然科学之间的"交互影响",是人类社会与自然科学之间的"互动发展"。当然,不同的自然科学对人类社会现实依存的方式或程度,存在一定的差异,表现出不同的特性。相对于理学而言,工学对人类社会现实或人类社会发展需要的依存程度更高一些,集中表现为工学的发展速度和发展水平在很大程度上是社会发展需要刺激下的人类能动选择的产物。

(二)高等教育规律在人、社会和自然的深处

古人云:"沿波讨源,虽幽必显。"④ 复杂性认识社会学从来"不是把

---

① [德]黑格尔:《精神现象学》(上卷),贺麟、王久兴译,商务印书馆2017年版,第2页。
② 刘宇:《论恩格斯辩证法思想的实践哲学意蕴》,《现代哲学》2022年第4期,第13—24页。
③ 姚远:《马克思社会哲学的生物学基础》,《现代哲学》2022年第4期,第25—38页。
④ 周振甫译注:《文心雕龙选译》,中华书局1980年版,第300—301页。

认识密封在此时此处的规定性中，而是允许人们设想，知识可以跨越时间或空间，变成超历史和超社会的；它允许人们设想，知识在纳入此时此处的一个特殊视点的同时，也能寻找甚至设想一个超越这个视点的元视点，并且能使自己具有反思自己和使自己相对化的可能性。"① 毫无疑问，这对我们重审、重识和重构高等教育规律具有重要的认识论和方法论意义。

　　高等教育从人、社会和自然而来，走到人、社会和自然的深处去探寻、发现和揭示高等教育规律，是一种在"玄之又玄"中寻觅"众妙之门"的规程与范式。高等教育的现实依据，存在于人、社会和自然之中，高等教育规律研究的元点必然在人、社会和自然的深处，我们可以从人、社会和自然的大道中去寻找各种类型或层次的高等教育规律的雏形或原型。比如，博物学家达尔文就进化提出过"相关变异规律"，即"生物的全部机构，在其生长和发育过程中彼此具有密切联系，因此，如果有任何部分发生了些微变异……则其他部分也会起着变异"②。这条规律潜含着结构与功能相适应的雏形或原型，蕴含着结构优化与功能耦合的高等教育规律的雏形或原型，可以从根本上解释高等教育强国的系统性、整体性和生成性，即"高等教育强国是生成的整体，是在系统关联中整体生成的整体"③。又如，自然界的质能守恒定律、质能导变定律、信息不守恒定律，对我们探寻、发现和揭示高等教育领域的物质流规律、能量流规律和信息流规律，具有独树一帜的启发与借鉴意义。再如，在同一生态系统中，生产者、消费者、分解者和物质环境是四位一体的，谁也不可或缺，谁也代替不了谁，这种生态主体既分工又合作的"生态伦理平等规律"④，适用于考察高等教育领域的学科关系、专业关系、课程关系、师生关系等各种高等教育内部关系，以及高等教育与政治、经济、文化、科技、自然生态等各种高等教育外部关系，蕴含着高等教育内外部关系规律的原型或雏形。还如，生物界或生态系统的动态平衡与演化发展，要经历"适

---

① ［法］埃德加·莫兰：《方法：思想观念——生境、生命、习性与组织》，秦海鹰译，北京大学出版社 2002 年版，第 95 页。
② ［英］达尔文：《物种起源》，谢蕴贞译，科学出版社 1955 年版，第 98 页。
③ 李枭鹰：《论高等教育强国的整体生成》，《江苏高教》2019 年第 9 期，第 8—14 页。
④ 李枭鹰、袁开源、唐德海：《教育内外部关系规律的间性思想及其理论价值》，《江苏高教》2021 年第 1 期，第 1—6 页。

应→不适应→新的适应→新的不适应……"这种"适应"与"不适应"的交替转化规律，可以启发我们去探寻、发现和揭示"高等教育转型规律"。如果"适应"对应"不转型"、"不适应"对应"转型"，那么我们就可以推演出高等教育转型的运行轨迹和生态图式，即高等教育旧型（不适应）→高等教育新型（适应）→新的高等教育旧型（不适应）→新的高等教育新型（适应）……如此超循环运转，周行而不殆。站在历史的长河中看，我们甚至可以说，一部高等教育史就是一部高等教育转型史，一部大学史就是一部大学转型史。这种高等教育或大学转型史，又是一部高等教育或大学选择史，即一部人类主体根据社会和人的发展需要去选择高等教育类型或大学类型的历史。

对于高等教育规律藏在人、社会和自然的深处，我们似乎没有意识到，也可能是根本就不承认。一方面，我们要么习惯于就高等教育谈高等教育，要么从一般意义上的规律推演高等教育规律，要么按照自然规律推演高等教育规律或用自然规律的属性（诸如客观性、普遍性、必然性和可重复性）去丈量和判定某一规律到底是不是高等教育规律。另一方面，我们要么将高等教育学视为人文科学，要么将高等教育学视为社会科学，要么将高等教育学视为人文社会科学。无论是哪一种"视为"，无疑都内在地排斥了高等教育学的"自然科学性"。这种排斥切断了高等教育学与人文科学、社会科学、自然科学之间的内在联系，否定了高等教育学的多学科性、交叉学科性、跨学科性和超学科性，屏蔽了高等教育固有的物理现实，扼杀了从人、社会和自然的深处去探寻、发现和揭示高等教育规律的必要性、可能性和逻辑性，缩减了高等教育规律研究的广度、深度和高度。今天，我们必须"找到一种方法，以便检验而不是屏蔽各种联系、各种衔接与关联、各种蕴涵与交叉、各种相互依赖关系与复合性质"①。

综上所述，探究高等教育规律要遵循一定的规程与范式。第一，走到人、社会、自然和宇宙的深处，从宇宙规律、自然规律、社会规律和人的规律去寻找高等教育规律的原型，因为高等教育的运行发展在根本上也服从这些规律。第二，从社会学、经济学、政治学、文化学等已经发现或揭

---

① ［法］埃德加·莫兰：《方法：天然之天性》，吴泓缈、冯学俊译，北京大学出版社2002年版，第10页。

示的规律中去寻找它们与高等教育规律的交汇点，因为高等教育总是与社会、经济、政治、文化等交织在一起，这些领域的各种规律或多或少会规约和支配高等教育的运行发展。第三，将心理学、管理学、普通教育学、教育心理学、认知心理学等发现或揭示的规律灵活地迁移到高等教育领域，经过恰切的理论加工而形成高等教育规律，因为这些学科与高等教育学存在内在的相通性，或者本身就是高等教育学的基础学科。第四，坚持亲临高等教育现场，在改造高等教育中认识高等教育，把握高等教育运行发展的客观规律，因为高等教育理论源于高等教育实践，高等教育实践又是检验高等教育理论的标准。人类在实践中认识世界，也在实践中改造世界。人类根据自己对世界的认识来改造世界，同时人类对世界的认识也依赖于改造世界的实践。这是一种认识世界与改造世界的相互作用、相互反馈和循环对话，符合马克思主义的认识论与方法论、理论观与实践观，暗含建立高等教育规律体系的规程与范式。

二　高等教育规律研究的回归点

探寻、发现和揭示高等教育规律，不是一种"完成时"，而是一种"进行时"，在关键领域还是一种"将来时"。即使我们已经发现或揭示了某些高等教育规律，但这也并不意味着研究这些高等教育规律的征程已经结束，因为抛开这些规律是"高等教育科学规律"还是"高等教育客观规律"不说，我们还应该继续探寻这些高等教育规律的本原性依据，进而为认识、解释和改造高等教育提供元范式。这是高等教育规律研究的回归点，也是高等教育规律研究的终极关怀。

（一）元范式是一种本原性范式

元范式是一种本原性范式，在本质上是范式之为范式的依据。这是元范式的内在规定性。在特定的范围内，元范式以看不见的方式统摄、规约和支配范式，集中表征为元范式凌驾于范式之上，隐蔽于范式之下，显现于范式之中。从范式谱系看，元范式孕育和脱胎于范式，同时又升华和超越了范式；元范式统摄范式，范式支撑元范式，两者互为根基。根据元范式与范式的这种内在关系，按照埃德加·莫兰关于"范式的特征"[1] 的论述,我们不难洞见,元范式是一种具有统摄性、权威性、不可证伪性和无形性的本原性范式。元范式的这种本原性,犹如机器的内齿轮,它驱动轮毂运动,而轮毂运动的微小变化会引起整台机器的巨大变化。

第一,元范式是一种具有统摄性的本原性范式。元范式如同"高悬的探照灯",照亮着范式的整个舞台;又如"隐蔽的思想"或"主宰一切的地下通道",潜在地影响甚或决定着一个时代或社会的精神状态、思维原则和价值观念;还如一个电脑软件,控制和监督着人类这台巨型计算机的运行。元范式的影响广阔深远而且无孔不入,元范式转换会蔓延到整个世界,到处引起革命,影响整个时代或社会,这就是元范式的统摄性及其表现。元范式处在精神、文化、观念的本原层面,因而它的影响极具基础性、根本性和核心性。如果一个元范式越具基础性、根本性和核心性,那么它的影响就越多维、越宽广和越深远,否定它、颠覆它和击毁它的难度就越大,它也就越具有统摄性、规约性和支配性。

第二,元范式是一种具有权威性的本原性范式。元范式经由中介的范式建立公理、定理和定律,同时也经由中介的范式表现为公理、定理和定律。因此,元范式的权威性既源自它的统摄性,也源自它是公理、定理和定律的奠基者、生产者和监督者。作为公理、定理和定律的奠基者、生产者和监督者,元范式强化公理、定理和定律的权威性,这种权威性又反过来提升元范式的统摄性。元范式的权威性会衍生出排他性,集中表现为元范式不仅排除与它不相符的论点、论据和论证,而且排除它所不承认的议题、问题和方法,这些被元范式排除的对象通常是地下的、边缘的、离轨的对象。元范式的排他性又衍生出不可通约性,集中表现为不同的元范式之间总是存在这样或那样的矛盾和冲突,受不同元范式统摄的论点、论据和论证之间具有不可通约性,不易达成共识与和解。不过,元范式具有内在的自我对话性,即元范式以环回对话的方式与它所统摄的对象形成相互支撑和相互肯定的局面,此时的元范式就像一座石桥的拱顶石,支撑着整个拱顶的全部构件,把它们连成一个整体,但它也被它所支撑的全部构件

---

[1] [法]埃德加·莫兰:《方法:思想观念》,秦海鹰译,北京大学出版社2002年出版,第239—243页。

所支撑。总之，元范式一方面统摄自己的对象，另一方面又依靠自己所统摄的对象来强化自己或支撑自己，元范式的权威性在这种两重性逻辑中释放、维持和再生。

第三，元范式是一种具有不可证伪性的本原性范式。对于各种元范式，人们常有一种"信不信由你，反正我信"的感觉，这实乃一种"不可证伪性"的通俗表达。科学史告诉我们，科学理论或经验事实的任何否定和证实都无损于元范式，哪怕是元范式所统摄的那些科学理论或经验事实本身是可以证伪的。也就是说，元范式不易遭到直接的攻击和反对，否定它、颠覆它、击毁它的可行办法首先是推倒它支撑的大厦，其次是挫败它的再次修复，再次是促进不再遵循它的新命题、新假设、新方法不断出现，而且这些新命题、新假设、新方法会不断得到验证和证实。此时，元范式连同它支撑的整座大厦就会彻底坍塌。不过，我们也必须认识到，虽然元范式具有不可证伪性或不可验证性，但它本身并不遮蔽不可证伪性或不可验证性，否则，就在根本上失去了元范式转换或革命的意义和价值了。

第四，元范式是一种具有无形性的本原性范式。正如前文所述，元范式是一种"隐蔽的思想"，它处在潜意识层面或超意识层面。对于任何精神系统或观念系统或文化系统而言，元范式是"一只看不见的手"或"看不见的组织者"，它的宝座是一个虚位。元范式只能通过它所统摄的对象表现出来，即元范式存在于它所生成的东西中，存在于它的现实表现尤其是范例中。因为元范式是无形的和看不见的，所以服从它的人们总以为自己服从的是事实、经验和逻辑，其实在根本上服从的是这些事实、经验和逻辑的本原性依据，亦即所谓的元范式。元范式是无形的，但它能浇灌或滋养有形或无形的对象。尽管元范式连同它的诞生和死亡都是无形的，但它们都是客观存在的，这不仅意味着任何元范式都有自身的生命和生命周期，而且意味着元范式转换或革命是可能的和必然的。

（二）高等教育元规律具有元范式的潜质潜能

元规律是认识规律的规律，亦即主观与规律之间的一种关系及其运行趋势。对已知规律进行概括和总结是认识和获得元规律的主要来源和途径之一,但其客观基础和逻辑前提是已知规律对未知规律必须具有信息相关性或全息性,否则已知规律就不可能具有元规律性。也就是说,部分之"是"与整体之"是"、已知之"是"与未知之"是"、微观之"是"与宏观之"是"之间存在信息相关性或全息性逻辑。① 由此引申,研究高等教育规律不只是一个探寻、发现和揭示高等教育规律的问题,还必须触及高等教育规律之为高等教育规律的依据,这一如"复杂的合理性包含着对合理性自身的突现条件和实施条件的考察,其中也包括对逻辑条件的考察,就是说它必然包含一个反观它自身的元视点。同样,复杂认识学的元视点不仅要求考察认识的逻辑条件和精神学条件,而且要求考察认识的历史——社会——文化条件"②。高等教育元规律是高等教育规律的依据,它经由一定的中介建立高等教育规律,也经由一定的中介表现为高等教育规律。作为高等教育规律的奠基者、生产者和监督者,高等教育元规律一方面强化高等教育规律的权威性,另一方面又通过高等教育规律的权威性来提升自身的统摄性。

高等教育需要高等教育规律,也需要高等教育元规律。高等教育元规律不仅为高等教育规律提供依据、纲领和路数,也为高等教育学学科的建设与发展提供根本依据、思维框架和顶层设计。众所周知,我国高等教育研究已经形成以高等教育学为主干的学科群,但高等教育学学科的科学化发展远未完成。面向未来,高等教育学学科还会继续"裂变",生发出一系列的高等教育学子学科,而且每一个子学科皆具有发展出一个学科群的可能性。而建立各自领域由高等教育总体规律、高等教育一般规律和高等教育特殊规律构成的高等教育规律体系,是各高等教育学子学科实现科学化发展最根本的前提条件,也是各高等教育学子学科成为高等教育学支撑力量的重要基础。

就高等教育学而言,教育内外部关系规律是潘懋元高等教育理论与思想的核心,是高等教育研究厦大学派的生成元,是我国最有代表性的高等

---

① 张青松:《元规律的全息逻辑证明——"广义元理论"研究之四》,《理论探讨》2006年第6期,第141—145页。
② [法]埃德加·莫兰:《方法:思想观念——生境、生命、习性与组织》,秦海鹰译,北京大学出版社2002年版,第225页。

教育规律学说,是我国高等教育学的源理论。这些特殊的认识论、方法论和价值论意蕴,需要我们去发现、揭示、延拓和释放,而这个过程就是教育内外部关系规律走向高等教育元规律的过程。从高等教育学的生发过程看,"教育内外部关系规律可谓高等教育学理论的'元点',且在高等教育学创建之初就呈现出了一种高等教育理论的'基础化追求'、高等教育学说的'普适化探寻'和高等教育学作为子学科的'元理化取向'"①。一直以来,教育内外部关系规律这种特殊的认识论、方法论和价值论意蕴,并没有被充分释放出来,甚至可以说被完全遮蔽了。未来,我们还需要立足于高等教育关系,沿着教育内外部关系规律的分析框架,深入探讨其本体论、认识论、方法论、价值论、目的论和实践论的依据,为高等教育元规律的建立奠基。

高等教育元规律是高等教育规律元理化的产物。鉴于规律体系是学科体系的本质和核心,高等教育特殊规律元理化可谓高等教育学子学科生发的基石和支柱。具体而言,高等教育政治规律元理化是生发高等教育政治学的基石和支柱,高等教育文化规律元理化是生发高等教育文化学的基石和支柱,高等教育经济规律元理化是生发高等教育经济学的基石和支柱,高等教育规律元理化是生发高等教育哲学或高等教育关系学的基石和支柱……如果说高等教育学的生发是各种高等教育知识的专门化、结构化、逻辑化和系统化过程,那么高等教育学走向成熟则是以高等教育规律为支柱并向高阶进发的元理化过程。从生态学的视角看,推进高等教育特殊规律元理化,奠基并生发各种高等教育学子学科,是高等教育学学科森林繁茂的根本,因为高等教育学学科群的发展、壮大和繁荣依生于各高等教育学子学科的发展、壮大和繁荣。

高等教育学是高等教育的教育学,面对复杂的高等教育现实,每个高等教育学子学科都有其独一无二的生态价值,建设高等教育学子学科不宜厚此薄彼,那种强调"万绿丛中一点红"的学科建设行为只会破坏整个高等教育学的学科生态。复杂性科学认为,"生命、存在、突现、时间,这些都是对逻辑的挑战,因此也是对思维的挑战……有生命的存在包含着

---

① 李枭鹰:《教育内外部关系规律的提出、对话和源流》,《厦门大学学报》(哲学社会科学版)2020年第5期,第48—53页。

逻辑，但它同时也是非逻辑的、次逻辑的、元逻辑的"[①]。高等教育具有无可争议的生命体特征，纯粹的逻辑解答不了所有的高等教育问题，尤其是那些充满矛盾的高等教育现实问题。复杂的高等教育现实问题不可能"被解决"，只可能"被处理"。面对复杂的高等教育问题，面对需要多维度透视的综合性高等教育问题，简单思维和任何单一的高等教育学子学科都难以应对。长期以来，我们强调高等教育规模、质量、结构、效益、公平、国际化等应该协调发展，但到底该"如何协调发展"，简单思维不能提供令人满意的答案，任何一门高等教育学子学科也不能开出有效的处方。我们需要以复杂性思维为思维工具，大力建设和发展各高等教育学子学科，建立完备的高等教育规律体系，以应对复杂的高等教育现实问题。

最后强调，学科是在历史中逻辑化形成的"后天的事实"。知识不是从来就有的，学科作为分门别类的知识更不是从来就有的，而是一种"再后天的事实"，即一种在知识之后的事实，一种知识通过分门别类而形成的事实。知识的孕育存在一个过程，知识的生产也存在一个过程，从知识到学科还存在一个过程，这个过程是知识的专门化、逻辑化、结构化和系统化的过程，即知识的学科化过程。从知识到学科是学科的诞生，学科从稚嫩走向成熟是学科的发展。知识的规律化是学科纵深发展的根基，是成熟学科的标志。一个学科只有形成了自身完备的规律体系，才能摆脱各种诘难，摘掉各种不成熟的帽子，屹立于学科之林。事实上，只有那些规律化的知识才能成为经典知识，才能进入学校教育的课程与教材，然后再进入课堂或教学得到传承和发展。今天，我们不仅要不断产出新的高等教育研究成果，而且要收集、甄别、筛选和梳理已有的高等教育研究成果，找出那些带有理论性、原理性和规律性的高等教育研究成果，实现理论化、原理化和规律化，还要进一步将其抽象和升华为高等教育元理论、高等教育元原理和高等教育元规律。毫无疑问，这是一切高等教育研究的终极关怀。

---

① ［法］埃德加·莫兰：《方法：思想观念》，秦海鹰译，北京大学出版社2002年版，第226页。

中篇

高等教育内外部关系规律是高等教育一般规律。高等教育内外部关系规律是潘懋元高等教育理论与思想的轴心，是中国高等教育学的源理论，是中国高等教育学理论的标志，是中国高等教育学体系构建的基石。高等教育内外部关系规律从高等教育总体规律分形而来，受高等教育总体规律的统摄、规约和支配。其中，高等教育在关系中"自成系统"决定了高等教育内部关系规律的客观性与科学性，高等教育在关系中与其他系统"互成系统"决定了高等教育外部关系规律的客观性与科学性，高等教育在关系中"生成演化"决定了高等教育内外部关系规律之间的关系规律的客观性与科学性。高等教育内外部关系是类型性的、家族性的和集合性的，因而高等教育内外部关系规律也是类型性的、家族性的和集合性的。

第 六 章

高等教育内外部关系规律的
提出、对话和源流

"教育内外部关系规律"是潘懋元先生在1980年"提出"[①]的,探究高等教育规律绕不开教育内外部关系规律,也不能绕开教育内外部关系规律。教育内外部关系规律是应高等教育发展需要而提出的,因而本书中的"高等教育内外部关系规律"与"教育内外部关系规律"互通使用,在不同的地方到底采取哪种表述,根据需要和背景而定。本书在大小标题上一律采用"高等教育内外部关系规律"的说法,主要是为了与书名《高等教育规律论》形成对应性,确保形式上的统一性。

40多年来,教育内外部关系规律备受高等教育学界所关注,与之相关的研究和讨论相当广泛,其中既有真知灼见的成果,也有这样或那样的误读,而误读或多或少又与教育内外部关系规律的提出、对话和源流有关。有鉴于此,我们有必要交代清楚教育内外部关系规律的提出背景、运用法则和适用范围,廓清教育内外部关系规律交流对话的议题、焦点、立场和观点,辨明教育内外部关系规律的理论源流。

---

① 潘懋元先生说:"教育两条基本规律的名称是我提出的,但这两条基本规律并不是我所发现的。许多教育理论专著或教科书,对这两条规律的内涵已有所阐述和论证。但一般只从社会与环境对教育的制约性和教育对学生成长的主导作用来揭示教育基本规律的内涵,没有把两者作为基本规律进行明确的界定,在内涵的论述上也不够全面。"(潘懋元口述,郑宏整理:《实践—理论—应用:潘懋元口述史》,华中科技大学出版社2019年版,第36页)

一　高等教育内外部关系规律的"应时提出"

　　寻求共通性的总体规律，探索普适性的一般规律，找寻局域性的特殊规律，是人类进入文明社会以来的一种追求，是人类求知天性的一种释放，是人类本质力量的一种证明。尊重规律且按规律行事，可以事半功倍，这是人类探索规律的内在动力和根本原因。

　　世界万事万物各有其运行发展的规律，植物有植物的规律，动物有动物的规律，生物有生物的规律，人类有人类的规律，社会有社会的规律，物质有物质的规律，精神有精神的规律，存在有存在的规律，思维有思维的规律……人类正是通过探寻、发现、揭示和掌握这些规律去认识和改造万事万物，释放自身的理性和本质力量。

　　万事万物具有无限可分性，既分类也分层，规律也因此是既分类又分层的。不同的事物或领域存在各自不同类型或层次的规律，不同的学科为了揭示不同事物或领域的规律而诞生、存在和发展，同时也因为揭示了相应事物或领域的各种规律而获得合法存在的理由和资本。大致说来，探究、发现和揭示社会规律，形成了社会科学；探究、发现和揭示人文规律，形成了人文科学；探究、发现和揭示自然规律，形成了自然科学。社会科学、人文科学和自然科学，又以知识生产、知识发展和知识创新为基础，不断分化出形形色色的分支学科，不同的分支学科经由交叉、渗透、融合等，再产生各种各样的交叉学科、边缘学科和横断学科。这些千姿百态的学科分别用不同的语言揭示不同领域的规律世界，因而要走进任何一个学科必须先走进该学科的语言世界，诸如掌握数学必须懂数学语言，掌握物理学必须懂物理学语言，掌握化学必须懂化学语言，掌握逻辑学必须懂逻辑学语言……事实上，走进一个国家、民族、组织、个人等也莫不如此。

　　探寻、发现和揭示各自领域的总体规律、一般规律和特殊规律，是每一个学科的责任、使命和目标，还是每一个学科成熟的标志。高等教育学是一门致力于探寻、发展和揭示高等教育规律的学问，也是一门以高等教育规律为本质、核心和支柱的学科。高等教育规律在高等教育学中占有无可争议的尊贵地位，可谓高等教育学理论体系建构的"玄武石"或"拱顶石",即没有高等教育规律的高等教育学是没有根基的高等教育学,是没有解释力和改造力的高等教育学。正因为如此,在我国高等教育学诞生之前,高等教育学的开拓者和奠基人,丝毫不敢怠慢对高等教育规律的探究。20世纪80年代初,出于对高等教育独特的研究对象、大学生身心发展的特殊性以及对大学生成长发展规律、高等学校教育教学规律的认识和把握的需要,潘懋元先生认为有必要建立一门区别于普通教育学的"高等学校教育学",即今天的"高等教育学",指导高等学校的教育教学或高等教育实践,全面提高高等学校的人才培养质量,以适应经济社会的发展需要。潘懋元先生正是怀着这种强烈的责任感、义务感和使命感,以辩证唯物主义和系统论为理论依据和方法论,选择性地吸纳了普通教育学关于教育与人的发展、教育与社会发展的研究成果,创造性地提出了教育内外部关系规律,进而奠定了我国高等教育学建立的基础。

教育内外部关系规律是潘懋元先生"提出"和"命名"的。潘懋元先生基于普通教育学的研究成果,认为在诸多的教育规律中,有两条规律是最基本的,一条是关于教育与社会发展关系的规律,称为教育的外部关系规律,简称教育外部规律;另一条是教育和人的发展关系的规律,称为教育的内部关系基本规律,简称教育的内部基本规律。教育的外部关系规律可以表述为"教育要与社会的发展相适应",也可以表述为"教育要受经济、政治、文化等的制约,并对社会的经济、政治、文化等的发展起作用"。教育的内部关系规律是指在人的培养这一复杂的过程中,各种因素之间的必然联系与关系。而在这些关系中,最基本的关系有三个:一个是教育与教育对象的身心发展以及个性特征的关系,另一个是人的全面发展教育各个组成部分的关系,再一个是教育者、教育对象、教育影响诸要素的关系。教育内部关系基本规律就是这些关系与作用的总和。教育外部规律制约着教育的内部规律的作用,但教育的外部规律也只能通过内部规律来实现。[①] 为了保持前后表述的一致性,

---

① 潘懋元主编:《新编高等教育学》,北京师范大学出版社1996年版,第12—14页。

我们对以上表述做了一些"调整"①，并呈送潘懋元先生进行了审定。

　　过去，普通教育学探寻、发现和揭示了教育与人的发展、教育与社会发展之间的关系，但没有将"教育与社会发展关系的规律"和"教育与人的发展关系的规律"命名并确证为两条"教育基本规律"。毫无疑问，这种"命名"具有重要的理论贡献，因为"命名"本身就是一种"创造"。比如说，当我们将树木、灌木、藤类、青草、蕨类、绿藻、地衣等生物命名为"植物"时，这无疑是一种"创造"，至少创造了"植物"这个具有更高概括性、抽象性、本质规定性的概念，提升了我们认识世界的水平，增强了我们解释世界的能力。潘懋元先生首先从辩证唯物主义实践论出发看到了教育规律的客观性，然后以系统科学的理论与方法为指导，引进动态发展的时空概念，以教育内外部关系为研究重点，立足于社会与人、教育与人、教育与社会之间的辩证关系，通过对世界高等教育历史与现实的全面考察，历经理论抽象、逻辑推导和实践总结，同时吸纳了普通教育学的研究成果，创造性地提出了教育内外部关系规律。按照黄济先生在《教育哲学通论》中的观点，人与社会处于教育的两端，教育是人与社会关系的中介，从教育、人、社会三者的互动关系出发，考察教育的价值、功能和规律是没有任何问题的或立得住脚的，而且是一个很好的切入点和非常明智的选择。也就是说，将"关于教育与社会发展关系的规律"和"关于教育和人的发展关系的规律"分别命名并确证为"教育外部关系规律"和"教育内部关系规律"是没有问题的。

　　教育内外部关系规律是辩证统一的和联袂起作用的，这是教育内外部

---

① 在诸多的教育规律中，有两条规律是最基本的：一条是关于教育与社会发展关系的规律，称为教育的外部关系规律（改为"教育外部关系规律"），简称教育外部规律；另一条是教育和人的发展关系的规律（改为"关于教育和人的发展关系的规律"），称为教育的内部关系基本规律（改为"教育内部关系规律"），简称教育的内部基本规律（改为"教育内部规律"）。教育外部关系规律可以表述为"教育要与社会的发展相适应"，也可以进一步表述为"教育要受经济、政治、文化等的制约，并对社会的经济、政治、文化等的发展起作用"。教育内部关系规律是指在人的培养这一复杂的过程中，各种因素之间的必然联系与关系。而在这些关系中，最基本的关系有三个：一个是教育与教育对象的身心发展以及个性特征的关系，一个是人的全面发展教育各个组成部分的关系，再一个是教育者、教育对象、教育影响诸要素的关系。所谓教育内部关系规律就是这些关系与作用的总和。教育外部规律（改为"教育外部关系规律"）制约着教育的内部规律（改为"教育内部关系规律"）的作用，但教育的外部规律（改为"教育外部关系规律"）也只能通过内部规律（改为"教育内部关系规律"）来实现。——笔者注。

第六章　高等教育内外部关系规律的提出、对话和源流　　71

关系规律的"运用法则"和"适用范围"。理解和运用教育内外部关系规律，不能忽视这种"辩证统一"、"联袂作用"、"运用法则"和"适用范围"，必须谨记"教育外部关系规律制约着教育内部关系规律的作用，但教育外部关系规律也只能通过教育内部关系规律来实现"，必须把握"教育内外部关系规律是联袂起作用而非单独起作用的"，否则，就容易"滋生对教育内外部关系规律的断章取义或误解"①。事实上，有的学者在孤立地理解教育内外部关系规律，简单地将教育内外部关系规律看成是一种"适应论"，并认为这种"适应论"一方面颠倒了认知理性与各种实践理性的关系，试图用工具理性、政治理性和传统的"实践理性"等取代认知理性在教学和科研中的核心地位，使国内高等教育难于走上正常发展的轨道；另一方面，它在选择某种实践理性为主导的时候，又不惜压制其他各种实践理性的发展，以至于在高等教育的各种目标之间、不同的目标与手段之间，造成了极大的矛盾和冲突。② 我们姑且不论"教育内外部关系规律到底是不是一种适应论"，就算是一种"适应论"也未必就是不对的，毕竟"适应"还存在主动适应与被动适应、全面适应与片面适应、动态适应与静态适应、长远适应与短暂适应之分。另外，认知理性与实践理性之间的复杂关系也并非"一言两语可以了结"。众所周知，中国人民教育家陶行知，曾纠结于到底是"行先知后"还是"知先行后"，最后坚信"知行合一"而走向辩证统一。德国古典哲学创始人康德，费尽心血试图调和唯理论与经验论，然在反思和批判纯粹理性和实践理性之后，警示世人"并非人有两个理性，而是只有一个理性"③，即人的理性只有一个，但运用在了不同的方面，一个运用在知识的层面，一个运用在道德的层面，因而这也是康德二元论的体现。从人的发展的视角看，人的理性是丰富的，应该得到全面发展，至少在认知理性、价值理性、工具理性、道德理性、人文理性、科学理性等方面不可存在致命的短板或残障。

教育内外部关系规律提出以来，深受广大高等教育实践工作者的认同

---

① 李枭鹰：《高等教育关系论》，中国社会科学出版社2017年版，第69页。
② 展立新、陈学飞：《理性的视角：走出高等教育"适应论"的历史误区》，《北京大学教育评论》2013年第1期，第95—125页。
③ 傅佩荣：《哲学与人生》（第二卷），东方出版社2013年版，第199页。

和欢迎，经受住了高等教育实践的反复检验，绝非好看而不好用的"屠龙之术"。实践是检验真理的唯一标准。四十多年来，中国高等教育经历了大改革、大开放、大发展、大重组和大提高，随之也出现过许多的新现象、新问题和新探索，潘懋元先生本人、许多高等教育界人士以及各级高等教育管理部门，灵活运用教育内外部关系规律，适时地诠释或解决了高等教育领域的这些新现象、新问题和新探索，检验了教育内外部关系规律的诊断力、解释力、改造力和预测力，彰显了教育内外部关系规律的实践价值，有力地证明了教育内外部关系规律的科学性。未来，我们要进一步完善、丰富、发展和深化教育内外部关系规律理论，因为教育内外部关系规律同一切科学理论一样存在自身的"不完备性"。

二　高等教育内外部关系规律的"交流对话"

理论在交流对话中完善、丰富和繁荣，这是理论演化和发展的历史生态。开放是一切理论应有的态度和胸怀，封闭只能窒息理论，最终导致"合理性"异化为"合理化"。教育内外部关系规律是一种开放的高等教育学理论，它经历了实践和时间的检验，被证明是具有强有力的诊断力、解释力、改造力和预测力的理论，但并非教育学界的每个人都认可教育内外部关系规律。这是正常的学术现象，因为不同的人往往从各自的立场出发，采信自己偏爱或习惯的理论和方法论，认同并秉持不同的教育规律观和教育规律分类标准。关于教育规律的各种不同的理论、学说、思想、观点，我们要有"万物并育而不相害，道并行而不相悖"的学术信念，要有"各美其美，美美与共"的学术胸襟，要有"一枝独秀不是春，百花齐放春满园"的学术格局。其实，这也是学术健康发展的生态图式和健康法则。

教育内外部关系规律提出至今，经历过三次较大的"交流对话"，与之对应的"议题"依次为："教育规律用'内部'和'外部'来表述是否合理"、"教育及其过程是否存在规律"、"教育内外部关系规律是否为一种适应论"[①]。

---

① 唐德海：《科学理解教育内外部关系规律——兼评李枭鹰教授的〈高等教育关系论〉》，《大学教育科学》2019年第2期，第2页。

（一）第一次交流对话：教育规律用内部和外部来表述是否合理

黄济先生认为，根据规律所起作用的范围不同，可分为普遍规律与特殊规律。普遍规律是指在一类事物中所共有且决定这类事物的一切主要方面和主要过程的共同规律。特殊规律是指这类事物中某一方面或某一过程的独特规律。普遍规律与特殊规律的区分是相对的，在一定的场合为普遍规律，但在另一种场合又变为特殊规律。在教育中也同样存在着普遍规律与特殊规律的区分。教育的一般规律是指一切社会教育所共有的普遍规律；而特殊规律通常可以在两个意义上理解：一是为某个社会所独有的基本教育规律；二是指属于教育的不同方面所特有的特殊规律，如在德育、智育、体育等不同方面。①

孙喜亭教授认为，教育与社会诸现象间存在着本质间的关系，这些联系也是教育内部固有的、稳定的、深刻的联系，不好说它是外部联系、外部规律。我们应以规律作用的范围为其根据。将教育规律分为一般规律和特殊规律。为一切教育活动所共有的规律是一般性规律，为特定的教育事实所特有的规律是特殊规律。一般规律总是表现为特殊规律，总是存在于特殊规律之中；而特殊规律包含着一般规律，却比一般更为丰富。这种分类，较之通常说的教育的外部规律、教育的内部规律更科学些。②

针对上述这些不同的观点和论说，潘懋元先生撰文《教育外部关系规律辨析》[发表于《厦门大学学报》（哲学社会科学版）1990年第2期]、程少堂撰文《再论"教育的内部规律，教育的外部规律"说》（发表于《高等教育研究》1995年第4期）分别进行了阐释、论证和反驳。

（二）第二次交流对话：教育及其过程是否存在规律

正如第一章"两种对立的社会规律观"所述，国外学者狄尔泰、李凯尔特、韦伯等只承认自然领域才存在一般的东西（即一般规律），否认包括教育规律在内的社会规律的客观性，像比较教育学专家英国伦敦大学

---

① 黄济：《教育规律试探》，《四川教育》1981年第8期，第42—44页。
② 孙喜亭主编：《教育学问题研究概述》，天津教育出版社1989年版，第25—30页。

教授埃德蒙·金直言"社会科学的规律性（包括教育规律）只不过是符合一定时间空间的一般化和假说"，"我们不能再依赖马克思主义或其他统计得出的'规律'，不能只看到一种'规律'，也不能试图通过一套'规律'来预测人类行为的未来演变"①，强调不存在支配社会和教育行为的经济学规律和社会学规律。20世纪90年代中叶以来，国内学者毛亚庆、石中英、陈向明、唐莹等，从不同的角度或方面对本质主义的知识观和认识路线进行了反思、质疑和批判，在很大程度上抛弃了传统教育学研究所信奉的本质、规律、真理以及体现于其中的确定性思想。②

上述这些研究虽未直接指向或针对教育内外部关系规律，但实乃一种对教育内外部关系规律的"变相否定"，即它们在根本上否定了教育规律的客观性，自然而然也就否定了教育内外部关系规律。事实上，教育兼具确定性与不确定性、必然性与或然性，绝对不能因教育的不确定性、或然性的存在，否定教育规律的客观性。教育存在自身的客观规律，只不过教育规律是一种"统计性规律"，而非一种"确定性规律"。教育规律是一种弹性的必然性，是一种概率性的发展趋势。③

（三）第三次交流对话：教育内外部关系规律是否为一种适应论

2013年以来，教育内外部关系规律再次引起国内一些学者的关注、质疑和争论，但争论的焦点不是"教育内外部关系规律的划分是否合理"。如展立新、陈学飞认为，教育内外部关系规律是一种"适应论"，"存在两处关键性的失误"，即"失误之一是该理论没有抓住高等教育活动的本质特征"，"失误之二是该理论仍然是从经济基础和上层建筑关系中推导出来的理论"④；高等教育"适应论"一方面颠倒了认知理性与各种实践理性的关系，试图用工具理性、政治理性和传统的"实践理性"

---

① 李枭鹰：《教育内外部关系规律的提出、对话和源流》，《厦门大学学报》（哲学社会科学版）2020年第5期，第48—53页。

② 石中英：《本质主义、反本质主义与中国教育学研究》，《教育研究》2004年第1期，第11—20页。

③ 唐德海、李枭鹰：《论教育规律与似规律现象》，《华东师范大学学报》（教育科学版）2007年第2期，第8—13页。

④ 展立新、陈学飞：《理性的视角：走出高等教育"适应论"的历史误区》，《北京大学教育评论》2013年第1期，第95—125页。

等取代认知理性在教学和科研中的核心地位,使国内高等教育难于走上正常发展的轨道;另一方面,它在选择某种实践理性为主导的时候,又不惜压制其他各种实践理性的发展,以至于在高等教育的各种目标之间、不同的目标与手段之间,造成了极大的矛盾和冲突。因此,"如果继续把高等教育'适应论'当作一种不容质疑的'理论'或'规律'来看待,那么,一种本来可供选择的观念变成了思想上的束缚,就会产生盲目地排斥高等教育发展的其他可能性。"[1] 这种论点刊发后,引起了国内高等教育学界不少的关注和讨论,引出了一批争鸣的论文。

学术争鸣和学术批判,尤其是批判性研究,对于理论的发展是有益的、必要的。但我们必须明白,争鸣和批判的根本目的,不是为了"用一种观点推翻或取代另一种观点",而是为了丰富和发展理论。波普尔在为中文版《波普尔科学哲学选集》写的前言中说:"理性批判并不是针对个人的。它不去批判坚持某一理论的个人,它只批判理论本身。我们必须尊重个人以及由个人所创造的观念,即使这些观念错了。如果不去创造观念——新的甚至革命性的观念,我们就会永远一事无成。但是既然人们创造了并阐明了这种观念,我们就有责任批判地对待它们。"[2] 作为一种学术争鸣,《理性的视角:走出高等教育"适应论"的历史误区》的刊发,丰富了高等教育规律研究或高等教育研究的百花园。同时,该文也引发了人们一些新的疑问,诸如:教育内外部关系规律是"从经济基础和上层建筑关系中推导出来的"有什么不妥吗?"教育内外部关系规律"等同于"高等教育适应论"吗?教育内外部关系规律"只强调高等教育对经济活动的单方一面适应,而忽视了高等教育自身的特点和要求"吗?

首先,经济基础决定上层建筑,上层建筑又能对经济基础起能动的反作用,是马克思主义的基本原理。我们信仰马克思主义,确信教育属于上层建筑的范畴,坚信"从经济基础和上层建筑关系中推导出"教育内外部关系规律并没有什么不妥。不过,我们也必须看到马克思主义视阈中的

---

[1] 展立新、陈学飞:《理性的视角:走出高等教育"适应论"的历史误区》,《北京大学教育评论》2013年第1期,第95—125页。

[2] 纪树立编译:《科学知识进化论——波普尔科学哲学选集》,生活·读书·新知三联书店1987年版,第3页(前言)。

"经济基础决定上层建筑",不是一种"刚性的必然性",而是一种"弹性的必然性",所谓的"经济基础决定上层建筑"只是一种宏观趋势,它并不否定社会的局部领域存在特例或个案。不管怎么说,作为学术研究者,我们每个人都可以有自己的理论信仰,也可以选择自己认同或习惯了的方法论,重要的是我们的学术成果必须"观点鲜明、简明扼要、论证有据、逻辑严密、解释有力",教育内外部关系规律无疑具有这样的品性。

其次,潘懋元先生的高等教育思想是系统性的,教育内外部关系规律的精神内核贯穿于其整个高等教育理论体系中,将"教育内外部关系规律"等同于"高等教育适应论",将"教育要受经济、政治、文化等的制约,并对社会的经济、政治、文化等的发展起作用"简约为"只强调高等教育对经济活动的单方一面适应",是对潘懋元先生高等教育理论与思想的"断章取义",是对教育内外部关系规律的"曲解误读",更为重要的是对"高等教育适应论"自身的"简单化约"。潘懋元先生在《教育外部关系规律辨析》一文中曾强调,对于"教育要与社会发展相适应"这条外部关系规律的运用,要解决两个有分歧的问题:一是要全面适应不要片面适应,即适应社会的政治、经济、文化、科技等所有方面,而不是其中的"某一方面";二是要主动适应不要被动适应,即适应社会发展的积极方面而非消极方面。这种适应观本身蕴含着高等教育可以适度超前于社会的发展,尤其是生产关系阻碍生产力的发展时,高等教育要超前发展,引领社会向积极方向迈进。

站在历史的长河中看,高等教育是人类社会发展到一定阶段的伟大创造,它因人的发展需要和社会的发展需要而诞生,同时也是为了满足人的发展需要和社会发展需要而获得合法存在的充分理由。如果高等教育的诞生、存在和发展,不是为了适应人的发展需要和社会发展的需要,那么我们人类又何必去创建高等教育或创建高等教育到底为了什么?从这个意义上说,高等教育主动适应人和社会的发展需要是理性的和无可厚非的。

(四)交流对话的言外之意:走到对话外面的广袤世界

学术的交流对话,讲究"持之有故,言之成理,论之有道",起码不能曲解对方或文本的本意。唐德海认为,"全面准确地认读并领悟教育内外部关系规律及其科学性",必须坚持"学理逻辑"与"实践逻辑"齐头

第六章　高等教育内外部关系规律的提出、对话和源流

并进和辩证统一，单从学理逻辑或实践逻辑来理解教育内外部关系规律是不全面的和不辩证的，要么认识不到教育内外部关系规律的理论价值，要么看不到教育内外部关系规律的实践价值。具体而言，我们一方面要洞见教育内外部关系规律作为一种理论的诊断力、解释力、改造力和预测力，并确证"潘懋元先生是我国教育理论界最早自觉地运用辩证逻辑方法研究教育规律的学者之一，'教育的内部规律，教育的外部规律'的观点则是我国教育理论界运用辩证逻辑方法研究教育规律获得的最早也是最重要的成果之一"[①]；另一方面要恪守"实践是检验真理的唯一标准"，坚持在高等教育实践中检验教育内外部关系规律的诊断力、解释力、改造力和预测力，同时避免成为纯粹的、极端的"实践逻辑"主义者。长期以来，教育内外部关系规律的"交流对话"主要聚焦于学理层面，相对忽视实践层面的"交流对话"，这违背了"理论与实践相互检验"的基本法则。

教育内外部关系规律属于"无形世界"，但绝非书斋里的"拍脑之作"。潘懋元先生以辩证唯物主义和系统论为理论依据和方法论，聚焦于教育的内部关系和外部关系，立足于社会与人、教育与人、教育与社会的相互作用，提出教育内外部关系规律，经得起理性的雄辩和逻辑的推敲。作为一种可丰富、可发展、可深化的高等教育学理论，教育内外部关系规律不是僵化的教条和定论，从不同的入口走进教育内外部关系规律，可以体悟到不同的弦外之音和意外之旨。譬如说，从系统科学的视角看，高等教育"既是一种'自成系统'的存在，又是一种与其他事物'互成系统'的存在。亦即说，高等教育是一个复杂的'关系集合体'，是一个具有典型的关系属性的'关系系统'。这集中表现为：高等教育是一种关系的存在，同时又处在复杂的关系网络之中；高等教育在关系中孕育，同时又不断孕育新的关系；高等教育在关系中诞生、存续和发展，又在关系中反作用于一切作用于它的事物"[②]。这些实乃对高等教育内外部关系规律的"元研究"，从根本上论证了高等教育内外部关系规律的客观性和科学性，即高等教育在关系中"自成系统"，说明存在高等教育内部关系规律；高

[①] 程少堂：《再论"教育的内部规律，教育的外部规律"说》，《高等教育研究》1995年第4期，第20—26页。

[②] 李枭鹰：《高等教育关系论》，中国社会科学出版社2017年版，第21—22页。

等教育在关系中与其他事物"互成系统",说明存在高等教育外部关系规律。

对话不只是为了对话,为对话而对话只会折损对话的意义。对话是为了走进对话,然后是走出对话,再就是走到对话外面的广袤世界。走出教育内外部关系规律,进入广域的人类文明世界,可以求得更广域和更深刻的"若有所悟"。第一,所有理论具有假说性。解释同一现象的理论经常有多种,在新的难以解释的例外现象出现之前,可以将这些理论看作权威的"科学性理论"。第二,所有理论具有研究纲领性。所有理论都存在未解决的问题和未消化的反常,这为理论的完善、丰富、拓展和深化提供了可能和空间。第三,所有理论属于知识系统。成熟的理论一般包括经验层次、理论层次和元理论层次的陈述,因而不宜用单一的、简单的、绝对的标准对一种理论进行科学或伪科学的定性或划界,况且从古至今的所有理论并非都是由证明了的或绝对真的知识组成,其中往往包含有猜测、假设和种种并不绝对为真的信念。鉴于此,考察包括教育内外部关系规律在内的各种教育规律理论或学说的科学性时,一方面要立足于这些理论或学说的"假说性"和"研究纲领性",另一方面要客观地将这些理论或学说置于整个教育科学理论体系之中去审视其层次位格、理论贡献和生态价值。

三 高等教育内外部关系规律的"理论源流"

水一源万流,源深则流远。教育内外部关系规律不是无源之水,也不是封冻之流。教育内外部关系规律从唯物主义实践论和系统论而来,向高等教育理论和方法论而去,与高等教育学共生共振。追溯教育内外部关系规律的理论之源,可见教育内外部关系规律与唯物主义实践论一脉相承,可知教育内外部关系规律实乃系统论在高等教育领域的经典运用,可晓高等教育关系是打开高等教育世界大门的金钥匙;探究教育内外部关系规律的理论之流,可见高等教育学理论生发的元点,可知高等教育学理论体系的建构根基于人、教育、社会三者之间的双向互动关系,可晓高等教育关系是高等教育学范畴体系中的最基本范畴——高等教育关系贯串于高等教育学理论体系并构成高等教育学理论体系的中枢。据此而论,廓清教育内外部关系规律的理论源流,阐明高等教育关系的存在论意义、价值论意义、认识论意义、方法论意义和目的论意义，对高等教育学学科建设有着返本开新的特殊意义。

第一，高等教育关系既是一种"存在原因"，也是一种"存在范型"，还是一种"存在场域"。作为一种"存在原因"，高等教育关系对高等教育具有发动、牵引、维持和再生的作用；作为一种"存在范型"，高等教育关系与高等教育伴生同出、相互规定、相互寄生；作为一种"存在场域"，高等教育关系是高等教育的生境，它与高等教育相互作用、相互反馈、相互适应，共成高等教育生态。正因为如此，高等教育在关系中是自主的，同时又是依赖的；离开了高等教育的内部关系和外部关系，高等教育就不能成其为高等教育；从内部关系考察高等教育是根本的，从外部关系考察高等教育是重要的，单纯从内部关系或外部关系考察高等教育皆无法形成完整的、综合的和辩证的高等教育认知。高等教育研究者经常从结构和功能两个维度去理解高等教育系统。从本质上看，高等教育结构属于高等教育内部关系，且在高等教育内部关系协调中得以优化；高等教育功能属于高等教育外部关系，且在高等教育外部关系中释放和体现；高等教育结构是否优化，高等教育功能是否耦合，共同构成高等教育系统发达与否的重要条件和判定依据。

第二，高等教育价值本身是一种关系范畴，同时又在高等教育关系中释放。从某种意义上说，价值是一种关系范畴。作为一种高等教育关系范畴，高等教育价值集中表现为高等教育主体与高等教育客体之间的相互关系。亦即说，高等教育价值是高等教育主体与高等教育客体在相互关系或相互作用中释放出来的一种属性。譬如，高等教育与政治相互作用释放出政治价值，与经济相互作用释放出经济价值，与文化相互作用释放出文化价值，与个体相互作用释放个体价值。高等教育价值的释放，离不开特定的高等教育关系，离不开高等教育主体与高等教育客体之间的相互作用。高等教育价值是多元和体系性的，在不同的时空背景下到底释放出什么价值、什么样的价值以及这些价值以什么样的方式存在，一方面取决于高等教育主体与什么样的高等教育客体相互作用，另一方面取决于高等教育主体与高等教育客体相互作用的条件、方式、过程和环境。正因为如此，高等教育价值总是表现出这样或那样的阶段性和区域性特征，统称为"时空特征"。

第三，高等教育关系是考察高等教育的认识论起点。认识是什么，认识从哪里开始，认识源自哪里？这在不同的学科有不同的回答，即使在同一学科的不同理论视域下也存在不尽一致的答案。系统科学认为，对象的实体、属性和关系是密不可分的，三者共生同在，并共同构成认识对象的三大基本范畴。其中，实体是对象的存在样态，属性是对象的性质和对象之间关系的统称，关系是对象内部或对象之间的相互作用。从本体论上看，"实体"规定"属性"，"属性"又规定"关系"。若从认识论上看，"实体"、"属性"和"关系"三者之间的关系则要反过来，即"实体"要通过"属性"来认识，而"属性"又要通过"关系"来认识。据此可推，关系是考察事物或对象的认识论起点，即不认识事物的关系就无法认识事物的属性，不认识事物的属性就无法认识事物的实体。这具有认识论和方法论的意义，适用于考察高等教育。也就是说，只有认识了高等教育关系，才能认识高等教育属性；只有认识了高等教育属性，才能认识高等教育实体；高等教育实体、高等教育属性一方面在高等教育关系中显现，另一方面也只能在高等教育关系中被刻画、被描绘、被定义和被认知。站在历史的长河中看，作为一种特殊的关系集合体，高等教育在关系中孕生，在关系中存在，在关系中发展，在关系中壮大，在关系中繁荣，集中表现为高等教育在关系中不断一元到多元、从简单到复杂、从低级到高级，从一种"多样性的统一"过渡到另一种"多样性的统一"，完成了高等教育关系的一次又一次"广义迭代"。这意味着高等教育一方面在关系中完成自我发展，另一方面也在关系中反作用于自身的周围世界；同时也意味着不深入高等教育关系世界，不揭开高等教育关系的奥秘，就无法知晓高等教育生发的原因和原理，就无法洞悉高等教育世界。一言以蔽之，既然高等教育是一个关系集合体，那么从高等教育内外部关系去考察高等教育就是一种可靠的和可取的方法，尤其从高等教育内部关系去考察高等教育是立足于高等教育本身。鉴于此，对于高等教育的考察，必须关注高等教育内部各要素之间的互动、各子系统之间的互动、各类型之间的互动、各层次之间的互动、部分与整体之间的互动以及高等教育与环境之间的互动，由此揭示高等教育内外部关系规律以及高等教育内外部关系的互动规律。

第四，教育内外部关系规律呈现了关系思维，具有特殊的高等教育研究方法论意义。系统思想或思维是系统论的精髓，而关系思维又是系统思想或思维的精髓。教育内外部关系规律一方面根基于系统论或关系思维，另一方面因本身蕴含着系统思想或关系思维而具有理论和方法论意义。长期以来，高等教育研究者或行动者在自觉或不自觉地运用关系思维，也在自觉或不自觉地运用教育内外部关系规律，分析、衡量和判定各种高等教育理论、政策和实践的科学性或合理性。毫不夸张地说，运用关系思维研究高等教育，已是高等教育学界或高等教育研究领域的常态，各种范型的高等教育研究不同程度地彰显了学术研究的"关系规定性"，各种高等教育研究成果也集中表现为学术思想、学术逻辑、学术语言等要件的相互关系。因此，基于高等教育是一个特殊的关系集合体或关系系统，以关系思维为方法论或思维工具，立足于高等教育的内外部关系，探究高等教育的本质、属性、规律、原则、结构、功能、内容、过程、方法等基本理论问题，建构高等教育学理论体系，无疑是一种更为务本和扎根的高等教育研究，也是一条有为之路、可为之路和当为之路。

第五，教育内外部关系规律呈现了高等教育关系具有"高等教育学理论元点性"，印证了关系对于学科理论构建、完善和发展的基础性意义。关系是事物的关系，事物是关系的事物，没有孤立的事物和关系，也不存在相互绝缘或割裂的事物和关系。事物是生成的，关系也是生成的。事物与关系在系统中整体生成，同时也是在系统中整体生成的整体。一事物的生成必定伴生某种关系的生成；一事物一旦生成，就必然也同时生成了某种内外部关系，否则它就不能成其为一事物。与此同时，一事物一旦生成，它便即时地生成了某种新的内外部关系，即一事物在改变自己的同时，也在改变它的外部关系。从这个意义上说，一事物的生成过程，是一事物内外部关系的生成过程，也是一事物内外部关系的变化过程。事物与关系具有内在的统一性，关系生成事物的本质，规约事物的本质，提升事物的本质，发展事物的本质。在物质世界里，事物的秘密在于事物的结构，即事物的结构决定事物的本质；事物的结构改变，事物的本质也改变；而结构在本质上就是事物的内部关系，即事物由哪些要素构成以及这些要素之间的比例关系和排列关系。关系无处不在，无时不在；关系存在于一切之中，同时又包围了一切；关系以自身的存在和包围一切的气度，强劲地表现出自身的生命力量。由此足见，关系是一个非常基本的范畴，也是一切科学研究的范畴。无论是自然科学，还是社会科学，抑或是人文科学，都规避不了对关系的思考，更不可忽视对关系的探究。从某种意义上说，一切科学研究都是为了揭示本科学领域形形色色的关系或关系规律，只是各自揭示的关系规律不同而已。数学领域的函数关系，化学领域的物质或物质之间的各种反应式，物理学领域的各种公理、定理和定律，无一不是某种关系或关系规律的呈现和表达。可以说，一切研究若是没有抓住某些最基本的关系，不仅意味着没有抓住最基本的范畴，还意味着没有抓住研究的根本；一切研究若是没有揭示最基本的关系，也就意味着没有揭示最基本的规律。从高等教育学理论体系的发展看，教育内外部关系规律可谓高等教育学理论的"元点"，且在高等教育学创建之初就呈现出了一种高等教育理论的"基础化追求"、高等教育学说的"普适化探寻"和高等教育学作为子学科的"元理化取向"，暗合"关系生发结构、结构呈现本质、本质发散属性、属性显示特征、特征指向功能、功能生成效应"[①] 的认识逻辑。

综上所述，教育内外部关系规律深藏着巨大的理论潜能，蕴含着丰硕的理论资源，只要我们愿意和善于去挖掘和开采，它就会慷慨地予以馈赠。历经数十年的建设和发展，中国的高等教育研究已经形成以高等教育学为主干的学科群，出现了许多以不同的研究领域或研究方向为轴心的分支学科，展现出强劲的发展态势，但高等教育学及其分支学科的发展、壮大、繁荣和成熟依然任重而道远，因而我们有必要进一步激发和挖掘教育内外部关系规律的理论潜能和理论资源，拓展和增强教育内外部关系规律的理论功能，继承和弘扬教育内外部关系规律的理论道统，助力和推进中国高等教育理论体系的构建。

---

① 袁鼎生、袁开源：《范式整生论》，科学出版社2021年版，第202页。

第七章

高等教育内外部关系规律的追问与反思

教育内外部关系规律于1980年提出,高等教育学于1983年纳入国务院学位委员会颁布的研究生学科专业目录,这种"时间差"表明教育内外部关系规律的提出相对于高等教育学的创建是"时间在先"的,事实上也是"逻辑在先"的,因为高等教育学是一门以揭示高等教育规律为根本目的的学科。从生发时序看,教育内外部关系规律早生于我国的高等教育学,或者说,教育内外部关系规律孕生了我国的高等教育学。鉴于教育内外部关系规律所具有的独特地位和理论价值,我们有必要对教育内外部关系规律进行"再研究"。

追问和反思是再研究的核心要义和关键所在。没有追问尤其是前提性追问的研究是没有根基的研究,缺乏反思特别是辩证性反思的学术成果是不完备的学术成果。对于正在进行的研究,面对业已呈现的各种理论、学说、主义、思想、观点等,恰切的态度和理性的做法是不断地对其进行追问和反思,从根本上探明、理解和把握其科学性或合理性。对于教育内外部关系规律,我们要追问和反思:教育规律是否存在,教育规律是否可以创造、改造和改变,以及如何理解教育内外部关系规律的四重表述,教育内外部关系规律的提法是否科学,教育内外部关系规律的理论依据是否可靠,关于教育内外部关系规律的交流对话应该聚焦于什么。

一 高等教育内外部关系规律的前提性追问

追问可以是围绕某个主题进行的递进式的连续性发问,也可以是就某些理论、学说、思想、观点、方法等进行发散式的系统性询问,但本书的追问是一种刨根问底式的前提性探问，是一种寻找"元点"而非"原点"的追问。按照推演次序，对教育内外部关系规律进行前提性追问，又要继续向前深耕到对规律的前提性追问。鉴于此，我们拟对一般意义上的规律进行前提性追问，因为这种追问更加深刻、更加彻底、更加周延、更具普遍性。既然有这种好处，我们又何乐而不为呢？

人类对于规律的探究与认知可谓源远流长，像古希腊时期的"命运""逻各斯"等均有规律之意蕴，而中国先贤们讨论的"道""理""常"等也实为"世界的可理解的规律"。尽管如此，两千多年来，规律至今依然是一个难解而又令人着迷的问题，而人们对规律如此"着迷"或许正是根源于规律本身"难解"，当然，还在于规律近似于真理，走近规律无异于逼近真理。

探寻、发现和揭示规律，追求确定性、必然性和稳定性，是人类的求知天性，也是人类的思维习惯，更是人类的行动诉求。一直以来，每当我们采取各种行动时，总希望有套路可循，习惯于有章法可依，如此，以求事半功倍，甚或一劳永逸。正因为如此，我们总是喜欢"言必称规律"，总是喜欢"言必按规律办事"。

然而，规律恰如"千古之谜"，有限理性的人类，既难走近规律，也难走进规律，更难走出规律，正所谓"入乎其内，出乎其外，超乎其上"谈何容易！时至今日，恐怕还没有谁可以确切地告诉我们"规律到底为何物"或"规律究竟是什么样子"，也还没有人可以直接地指出"规律在哪里"或"规律就在那里"。毋庸讳言，迄今还没有人能够就规律的一系列疑问，给出令人信服的答案，哪怕是那些专门研究规律甚或靠研究规律讨生活的人，恐怕也很难对规律说出一个"子丑寅卯"，更不用说真的按规律行事了。尽管如此，我们依然不知疲倦地去寻找规律、研究规律、发现规律和揭示规律。这无疑是必要的。当然，我们也不要忘了，关于规律还存在一系列"事前之事"或"事前之问"，需要我们去追问、去解答、去确证，否则，在规律这个问题上，我们难免"以糊涂对糊涂"，要么"以认识的糊涂对认识的糊涂"，要么"以认识的糊涂对行动的糊涂"，要么"以行动的糊涂对行动的糊涂"。

（一）规律是否存在

这是一个事关是否有必要探究规律以及能否探究规律的前提性问题。从逻辑上讲，如果不存在规律或规律根本不存在，那么探究规律就是多此一举，或必将无功而返。本不存在规律，还偏要去探究规律，无异于去寻找"虚无"或"本不存在的东西"。

正如第一章所述，学界普遍承认自然规律的客观性，对社会规律的客观性则存有两种截然相反的态度或论点：决定论认为一切事物皆存在自身的运行发展规律，自然、社会、思维等一切领域存在自身的规律，而且不同事物或领域的规律存在自身的特殊性；非决定论认为社会历史过程充满不确定性或偶然性，不具有客观规律性和必然性，亦即社会历史的发展是不可预测的。

那么，到底有没有规律？这个问题并不好回答，武断地说"有"或"没有"并不令人信服，但除此之外，我们似乎也没有太多好的办法。一般地说，一种事物越是能在经验上被我们独立出来，或与观察者分离、或与周围环境分离，我们越容易确认其客观真实性。与之相反，我们就不自觉地怀疑其客观真实性，起码不敢肯定其客观真实性，毕竟是"看不见、摸不着、感觉不到"，即无法经验到。作为一种本质或本质之间的关系或关系函数，规律是无形的，是超经验的，我们无法像分离物质那样，将规律从某种对象中分离出来，并将其置于我们面前，然后借助各种工具对其进行观察和研究，因而"规律是否存在"经常表征为一个信仰问题，即"信者有，不信者无"。也就是说，因为规律不可见、不可感和不可摸，我们无法通过经验或感知证明其存在与否，经常只能诉诸信仰，表征为"信不信由你，反正我信"，或者说，"信不信由你，反正我不信"。

放眼世界万事、万物和万象，不管我们信还是不信，必然性与偶然性、确定性与不确定性、有序与无序、组织与离散、小概率规律与大概率无规律，如同鸡蛋搅拌后的蛋黄与蛋清，在复杂世界始终是混合并存的，表征为我们可以想象到的那种"你中有我，我中有你"。用辩证法的眼光看，对立统一的双方，一方总是相对于另一方而存在，并且总是因为另一方而存在，或为了另一方而存在，主观地让双方相互排斥或相互否定，不符合复杂世界"在系统关联中整体生成"的本来面目。我们绝对不能因信仰一方而否定另一方的存在，否则，这种信仰本身也就违背了规律，必将永远走不出"一切质疑在质疑中被质疑"的超循环质疑。

规律是客观存在的，这是现代科学研究的基本结论，也是无数事实反复证明的基本结论。无论我们信还是不信，无人可以改变这个客观事实。宇宙世界存在各式各样的规律或规律现象，诸如基因排列的对称规律，分子组成的结构规律，生态重塑的修复规律，细胞修复的再生规律，营养繁殖的嫁接规律，生物克隆的复制规律，机体代谢的调节规律，昼夜有分的生理规律，生命发育的增长规律，声音传播的波动规律，溶液饱和的结晶规律，天体运行的周期规律，能量转换的循环规律，上下波动的价格规律，适者生存的进化规律，四季轮换的交替规律，榫卯结构的耦合规律，相互依存的共生规律，整体生成的生态规律，相生相克的生发规律，基因突变的遗传规律，热量辐射的衰减规律，算法执行的程序规律，代码控制的命令规律，黄金分割的审美规律，行为印刻的文化规律，温故知新的学习规律，教学相长的教学规律，因材施教的教育规律……凡此种种，不胜枚举。尽管如此，宇宙世界不纯粹是一个规律的或有序的世界，相反，在大概率上是一个无规律的或无序的世界；在宇宙世界中，规律或有序类似于一个又一个"小岛"，而无规律或无序则如同一座又一座"群岛"，这种"小岛"与"群岛"交织并存的规律生态统摄、规约和支配着万事万物的运行发展，也统摄、规约和支配着我们的思想与行动。

世界存在物质规律、运动规律、发展规律和循环规律等这样或那样的规律，每一种规律只是认识对象的一个视角，认识到一个规律不代表认识了这个对象的全部，只能说认识了这个对象的一个切面或侧面，这如同盲人摸象，所摸到的每个部位呈现的只是大象的局部。按照"规律是关系……本质的关系或本质之间的关系"[1]的界定，走进无形的本质世界或关系世界是一件相当不易的事情，说"我们只能无限接近规律"一点也不过分，这一如"我们只能无限接近真理"。在该意义上说，我们已经"发现的规律"或"科学研究规律"未必是"真正的规律"或"客观规律"，或许只是被我们"认识的规律"。对此，我们不难从经验中获得侧面或间接的佐证。在自然科学领域，年复一年的诺贝尔奖的评比告诉我

---

[1] 列宁：《哲学笔记》，人民出版社1974年版，第161页。

们，面对同一个对象，我们的认识总是在不断突破或超越，后来的发现总是要突破或超越以前的发现，原以为是真理的认识，过一段时间又被否定，又被新的认识所取代，这或隐或显地告诉我们，规律如同真理只能无限接近，妄想完全掌握"真正的规律"本身就违背了规律，因为这一如掌握"绝对真理"。比如说，原子曾被视为最小的微粒，现代科学发现原子还可以继续"细分"，直至"基本粒子"，最后发现"基本粒子"其实也并不"基本"。因此，面对"发现的规律"或"认识的规律"，我们不能盲从，也不能盲信，相反，我们要反思、质疑和批判，要重新考察、探究和确证，更要对其进行"元研究"，以求无限接近"真正的规律"。

（二）规律是否可以创造、改造和改变

规律就是关系……本质的关系或本质之间的关系。这是列宁对黑格尔关于"规律就是关系"之论点的推进、延拓和升华。中国权威辞书《辞海》认为，规律"是客观的，是事物本身所固有的，人们不能创造、改变和消灭规律，但能认识它，利用它来改造自然，改造人类社会。"[①] 张楚廷先生认为，《辞海》的这种解释是一种"纯自然规律观"，"把物质的意义说到了绝对的程度，不仅是贬低或忽视了意识的意义，而且也没有说清楚物质本身的实际意义……"[②] 同时，他还强调"是人带来了人间的规律，是人创造了人间的规律，是人在不断改造、改变着人间的规律……"[③] 不过，我们务必看到，张楚廷先生所强调的"人间的规律"，属于"认识的规律"，并非或未必是"真正的规律"。从理论上说，一切"认识的规律"，如同一切理论、学说、主义、思想、主张和观点，皆有其"适用范围"，皆具有其自身难以克服的"不完备性"，皆存在被修正的可能性、必要性和逻辑性。放之四海而皆准的理论、学说、主义、思想、主张和观点，往往不具备"可证伪性"，按照科学哲学家波普尔对科学划界的标准，这反而是不科学的。

宇宙在漫长的演化中自我形成，自然界的各种关系也是在漫长的演化

[①] 《辞海》（普及本上中下），上海辞书出版社2010年版，第1357页。
[②] 张楚廷：《教育哲学》，教育科学出版社2006年版，第195页。
[③] 张楚廷：《教育哲学》，教育科学出版社2006年版，第198页。

中自我形成的,按照哈耶克、弗里德曼的观点,这是一种"自生秩序"或"自发自生秩序"。譬如,各天体之间的相互作用,太阳的东升西落,月亮的阴晴圆缺,春夏秋冬的四季变化,以及生物界各种能量级和食物链之间的关系,与人类是否参与其中几乎无关。不惟"自然关系"不是人创造的,"自然规律"也不是人创造的。人不能创造自然规律,只能发现或呈现自然规律,像哥白尼只是发现并呈现了"地动说"或"日心说",牛顿只是发现并呈现了"万有引力定律",开普勒只是发现并呈现了"天体运动定律",爱因斯坦只是发现并呈现了"相对论"。相对于自然关系的"自我生成性",社会关系则具有"人为建构性",我们可以称之为"社会干预",即社会关系的形成渗透着人类活动的介入以及人类的主观能动性或主体选择性,但这也并不意味着我们可以创造、改造和改变"真正的社会规律"或"社会规律本身"。

社会规律是客观存在的,人类社会按照一定秩序或法则运行发展。社会规律"不为尧存,不为舜亡",无论我们承认或相信与否。马克思主义认为,规律是不可创造、改造和改变的,人类创造、改造和改变的不是规律本身,而是规律运行的条件和过程,并由此而改变了规律运行的结果,但这些皆不是"规律本身","规律本身"是改变不了的,"高峡出平湖"或"南水北调"在根本上是遵循"水往低处流"的基本规律,通过改变相关的条件和过程而产生的结果。

探寻规律,遵循规律,按规律办事,就是发挥人类的主观能动性或主体选择性,这是人类的伟大之处,也是人类之为"万物之灵"的地方。人类社会的一切,在根本上都与人类的主观能动性或主体选择性密不可分。人类社会的发展一方面要受到社会规律的支配和制约,另一方面人类也可以创造、改造和改变社会规律运行的条件和过程,谋求和实现社会规律的决定性与选择性、符规律性与合目的性的辩证统一。可以说,人类社会的一切既是决定论的,又是选择论的;既是符规律性的,又是合目的性的。

二 高等教育内外部关系规律的辩证性反思

探究、发现和揭示事物的运行发展规律,具有重大的认识世界、解释世界和改造世界的意义与价值。正因为如此,人类总是不遗余力地去探究、发现和揭示宇宙万物的运行发展规律,以求在认识和改造世界的过程中少走弯路或取得事半功倍的效果。当今世界,形形色色的学科无一不在致力于探究、发现和揭示相应领域各事物的运行发展规律,同时也因为探究、发现和揭示了不同领域各事物的运行发展规律而获得学科的合法性以及学科应有的尊重。教育学是一门致力于探究、发现和揭示教育规律的学科,高等教育学在学科制度上属于教育学的一个二级学科,教育内外部关系规律是学界公认的高等教育学的"理论符号"[①]或"理论标志"。尽管如此,教育内外部关系规律依然遭受这样或那样的质疑。我们需要重视这些质疑,并以之为动力,完善、丰富和发展教育内外部关系规律,增强其解释力、改造力、预测力以及自我反思、质疑和批判的能力。

按照苏格拉底"没有经过反省的人生是不值得活的"和笛卡尔"我思故我在"的说法,我们每一个人都不能没有反思精神。抛开人生不说,面对世界万事、万物和万象,我们每一个人都需要有一种反思精神,因为这是一种哲学精神,一种"爱智慧"的精神。可以说,缺乏反思的学术,是不完备的学术。作为研究者或学人,我们既需要对理论的热情,也需要对理论的反思精神,因为任何一种理论皆存在自身的"不完备性",即存在自身的缺口、悖论、反常、陷阱、坑洞,需要我们对其进行深刻而系统的反思,发现理论的困难、短板和缺陷,以求实现对理论的修正、完善和发展。站在科学发展的历史长河中看,即使是在我们认为最为明显或最为理性的观念背后,也隐藏着许多认识的陷阱与反常的认识。我们一方面"必须与观念进行一场决定性的斗争,但我们只能在观念的援助下进行这场斗争"[②];另一方面,我们还要洞见和牢记"认识的主要思想障碍就在我们思想的认识手段中"[③]。那么,如何对观念、理念、认识、方法、手段等进行有效的反思?除了转变思想、更新观念,我们需要寻找一个"元视点"或"瞭望台",然后居其上,审视这些观念、理念、认识、方

[①] 邬大光:《潘懋元:高等教育学的中国符号》,《高等教育研究》2020 年第 7 期,第 1—12 页。

[②] [法]埃德加·莫兰:《方法:思想观念》,秦海鹰译,北京大学出版社 2002 年版,第 271 页。

[③] [法]埃德加·莫兰:《方法:思想观念》,秦海鹰译,北京大学出版社 2002 年版,第 271 页。

法和手段。这是另外一个话题,在此不再赘述。

(一) 如何理解教育内外部关系规律的四重表述

潘懋元先生基于普通教育学的研究成果,认为在诸多的教育规律中,有两条规律是最基本的:一条是关于教育与社会发展关系的规律,称为教育外部关系规律,简称教育外部规律;另一条是关于教育和人的发展关系的规律,称为教育内部关系规律,简称教育内部规律。教育外部关系规律可以表述为"教育要与社会的发展相适应",也可以进一步表述为"教育要受经济、政治、文化等的制约,并对社会的经济、政治、文化等的发展起作用"。教育内部关系规律是指在人的培养这一复杂的过程中各种因素之间的必然关系。而在这些关系中,最基本的关系有三个:一个是教育与教育对象的身心发展以及个性特征的关系,另一个是人的全面发展教育各个组成部分的关系,再一个是教育者、教育对象、教育影响诸要素的关系。所谓教育内部关系规律就是这些关系与作用的总和。教育外部关系规律和教育内部关系规律的关系表现为:教育外部关系规律制约着教育内部关系规律的作用,但教育外部关系规律也只能通过教育内部关系规律来实现。[1]

不难发现,教育内外部关系规律主要包括以下四重表述:(1) 教育存在两条最基本的规律:一条是关于教育与社会发展关系的规律,称为教育外部关系规律;另一条是关于教育和人的发展关系的规律,称为教育内部关系规律。在这两条最基本的规律中,还存在各自的基本规律。(2) 教育外部关系规律是指教育要受经济、政治、文化等的制约,并对社会的经济、政治、文化等的发展起作用;教育内部关系规律是指在人的培养这一复杂的过程中各种因素之间的必然关系。(3) 教育外部关系规律可以概括或简化为"教育要与社会的发展相适应";教育内部关系规律可以概括或简化为"教育要与人的发展相适应"。(4) 教育外部关系规律制约着教育内部关系规律的作用,但教育外部关系规律也只能通过教育内部关系规律来实现。

对这四重表述加以研究,我们不难发现:(1) 第一重表述揭示了教

---

[1] 潘懋元主编:《新编高等教育学》,北京师范大学出版社1996年版,第12—14页。

育规律是一种特殊的教育关系或教育关系的函数，即一种本质的教育关系或本质之间的教育关系。（2）第二重表述揭示了教育关系的相互制约性、相互作用性、双向互动性、弹性必然性、网络非线性。（3）第三重表述揭示了教育规律的选择性或能动性，即教育要与社会的发展相适应、教育要与人的发展相适应，潜含人在教育规律面前具有主观能动性，暗含一种教育规律原则化的取向，即第三重表述是第二重表述的原则化，这意味着第二重表述是大前提、第三重表述是推论或结论。具体而言，"教育要受经济、政治、文化等的制约，并对社会的经济、政治、文化等的发展起作用"是客观事实，其中的"要"是不带价值取向的，是大前提；"教育要与社会的发展相适应、教育要与人的发展相适应"中的"要"具有价值取向，是推论或结论；大前提客观正确，推论或结论则合理可信。长期以来，教育内外部关系规律表述中"要"等字眼，屡屡遭到诘难或诟病，理由是规律的表述是客观的，不应有带有"价值涉入"的字眼。事实上，带有价值涉入的字眼未必意味着"不客观"，诸如"正像达尔文发现有机界的发展规律一样，马克思发现了人类历史的发展规律，即历来为繁芜丛杂的意识形态所掩盖着的一个简单事实：人们首先必须吃、喝、住、穿，然后才从事政治、科学、艺术、宗教等"[1]，这里的"必须"与教育内外部关系规律第二重表述中的"要"一样，呈现的是"客观事实"，并不带有价值涉入的意蕴。当然，我们尽量不使用"必须""应该""要"等规范词，因为它们容易造成阅读上的误解或理解上的偏差。语言是灵活的，尤其是汉语，具有极强的表达能力，只要我们愿意付出劳动、汗水和智慧，就一定能够找到合适的表达方式。（4）第二重、第三重表述联合揭示了教育规律是决定性与选择性的统一，区别于自然规律的纯粹决定性。亦即说，教育内外部关系规律"揭示了教育因果关系的客观性和决定性，辩证地将决定性和选择性统一到教育规律之中"[2]，"教育要与社会的发展相适应、教育要与人的发展相适应"暗含着教育规律的选择性或人的主观能动性，这也是社会规律与自然规律最重要的区别所在，即自然规律是

---

[1]《马克思恩格斯选集》（第3卷），人民出版社1972年版，第574页。
[2] 李泉鹰：《高等教育内外部关系规律的元研究》，《中国高教研究》2016年第11期，第12—17页。

纯粹的决定性的,社会规律则是决定性与选择性的统一。这正是一种对辩证唯物主义实践论的坚持,在某种意义上说,实践论的就是选择论的,不释放人的主观能动性或选择性又怎么可能是实践论的!(5)第四重表述一方面揭示了教育内外部关系规律是一个有机整体,两者相互规约、互相倚辅、互相成就;另一方面,揭示了教育内外部关系之间还存在关系,教育内外部关系规律之间还存在规律。看不到这些,就容易片面地、孤立地、静态地理解教育内外部关系以及教育内外部关系规律,进而滋生这样或那样的误解。

(二)教育内外部关系规律的提法是否科学

教育内外部关系规律自提出以来,遭遇了一些质疑或诘难,这些质疑或诘难相互碰撞延拓了教育规律研究的领地,纵深推进了教育规律研究,共塑了教育规律研究的百花园,但留下的不少"悬案"一直没有"了结",诸如:教育规律用"内部"和"外部"来表述是否合理;教育及其过程是否存在规律;教育内外部关系规律是否为一种适应论。① 这些对完善、丰富和深化教育内外部关系规律都极为不利,我们非常有必要讲清其中的症结或道理,消除那些不必要的疑虑或质疑。这些问题在第六章"高等教育内外部关系规律的提出、对话和源流"已经讨论过了,为了论述的完整性,我们在这里再简单交代一下"第一次交流对话的议题"。

1. 教育内外部关系规律中"内部"和"外部"的表述是否合理

这是关于教育内外部关系规律第一次"交流对话"的议题,也是一个争论时间最久的"悬案"。黄济先生认为,根据规律作用范围的不同,可以将规律分为普遍规律与特殊规律,而"有人把教育与社会的关系视为外部关系,把教育与个体身心发展规律的关系视为内部关系。以此来划分内外关系,妥否?还可以继续研讨,我并不完全同意这种划分"②。孙喜亭先生认为,将教育规律分为一般规律和特殊规律,"较之通常说的教

---

① 李枭鹰:《教育内外部关系规律的提出、对话和源流》,《厦门大学学报》(哲学社会科学版)2020年第5期,第48—53页。
② 黄济:《对教育本质问题的再认识》,《北京师范大学学报》(社会科学版)1998年第3期,第5—12页。

育的外部规律、教育的内部规律更科学些"①。不难看出，这两位先生并没有完全否定教育内外部关系规律的提法，在商榷上"留有余地"。从根本上说，教育是总体性、一般性和特殊性的辩证统一，因而教育的运行发展要受到教育总体规律、教育一般规律和教育特殊规律的统摄、规约和支配，而教育总体规律、教育一般规律和教育特殊规律相互作用而共成教育规律的逻辑结构，即在纵向上，教育规律可以分为教育总体规律、教育一般规律和教育特殊规律三个基本层次。教育内外部关系规律属于教育一般规律（或教育基本规律或教育普遍规律），抑或说教育一般规律主要包括教育内部关系规律和教育外部关系规律，亦即潘懋元先生所强调的"在诸多的教育规律中，有两条规律最为基本，即教育内部关系规律和教育外部关系规律"。进一步说，教育内外部关系规律是教育一般规律的"横向分类"，它并不否定教育规律的"纵向分层"，即将教育规律分为教育总体规律、教育一般规律（或教育基本规律或教育普遍规律）和教育特殊规律三个基本层次。当然，教育规律的"纵向分层"也无法否定教育规律的"横向分类"。从该意义上说，以上的"交流对话"不在同一个"频道"上，与之相应的"质疑或诘难"应该在教育规律分类和分层的思维框架下展开，否则，彼此之间的交流对话就达不到应有的目的。

2. 关于教育内外部关系规律的其他学科例证

按照"规律即关系……本质的关系或本质之间的关系"的说法，"内部关系规律"实为"本质的关系"，"外部关系规律"实乃"本质之间的关系"。从根本上说，本质的关系或本质之间的关系都是"内在关系"，规律意义上的内部或外部关系也是"内在关系"。

从各学科领域发现的各种规律来看，确实存在"内外部关系规律"及其表达，像毕达哥拉斯定理（$a^2 + b^2 = c^2$）表达的实乃一种"内部关系规律"，万有引力定律（$F = GMm/r^2$）表达的是一种"外部关系规律"，开普勒天体运动定律（包括轨道定律、面积定律和周期定律）表达的既可以是一种"外部关系规律"，也可以是一种内部关系规律（即当我们把太阳系视为一个整体时）。

基于"教育是一个关系系统或关系集合体或关系性存在"，基于"教

---

① 孙喜亭主编：《教育学问题研究概述》，天津教育出版社1989年版，第25—30页。

育既在关系中自成系统，又在关系中与其他系统互成系统，还在关系中生成演化"，基于"教育关系是考察教育的元点和回归点"，可以说，立足于教育内外部关系，对教育规律进行分类和表达，经得起理性的推敲和雄辩。当然，教育内外部关系规律并没有涵盖所有的教育规律，也不能代表所有的教育规律，它们只是"两类"最基本的教育规律，而且只是教育一般规律中的"两大规律集合"或"两大规律家族"。

教育规律是体系性、集合性、家族性和多类多层性的，教育总体规律、教育一般规律和教育特殊规律都是家族性的，每一个规律家族又拥有众多家族成员，这些家族成员具有典型的"家族性"，即高等教育总体规律具有上位性、总趋性和共通性，高等教育一般规律具有中位性、集合性和全局性，高等教育特殊规律具有下位性、不可数性和局域性。关于这个问题，我们已经在第四章"高等教育规律的逻辑结构"做了比较详细的论述和解读。

（三）教育内外部关系规律的理论依据是否可靠

教育内外部关系规律有其自身独有的理论依据，用潘懋元先生常用的话说就是"辩证唯物主义实践论和系统论"。《实践—理论—应用：潘懋元口述史》（华中科技大学出版社 2019 年版）重申了"辩证唯物主义实践论和系统论是教育内外部关系规律的主要理论依据或方法论"。

那么，什么是辩证唯物主义实践论？毛泽东在《实践论》中如是说："通过实践而发现真理，又通过实践而证实真理和发展真理。从感性认识而能动地发展到理性认识，又从理性认识而能动地指导革命实践，改造主观世界和客观世界。实践、认识、再实践、再认识，这种形式，循环往复以至无穷，而实践和认识之每一循环的内容，都比较地进到了高一级的程度。这就是辩证唯物论的全部内容，这就是辩证唯物论的知行统一观。"[①] 不难洞见，实践决定认识，认识反作用于实践。这是辩证唯物主义实践论的核心要义。按照辩证唯物主义实践论的观点，人类的生产活动是最基本的实践活动，是决定其他一切活动的基础，集中表征为"经济基础决定上层建筑，而上层建筑对经济基础具有反作用"。从系统论的视角看，教

---

① 《毛泽东选集》（第一卷），人民出版社 1991 年版，第 296—297 页。

育是一个复杂系统，立足于教育内外部关系以及教育内外部关系之间的关系，探究、发现和揭示教育规律是务本的和扎根的研究，这与"规律就是关系"具有内在的一致性。

辩证唯物主义实践论是科学的，系统论也是科学的，这无须我们再去论证。我们以之为主要理论依据或方法论，考察和研究教育规律，经得起理性的雄辩和实践的检验。教育内外部关系规律自提出以来，得到了广大理论工作者和实践工作者的认同，经由实践反复证明绝非中看不中用的"屠龙之术"①。如果说"实践是检验真理的唯一标准"，那么这40多年的高等教育实践至少是可信的标准。

（四）关于教育内外部关系规律的交流对话应该聚焦于什么

正如前文所述，教育内外部关系规律提出以来，学界围绕其进行过三次较大的"交流对话"，核心"议题"依次为：（1）教育规律用"内部"和"外部"来表述是否合理；（2）教育及其过程是否存在规律；（3）教育内外部关系规律是否为一种适应论。稍加分析，我们不难发现，"以往的'交流对话'基本上是从'内部''外部''规律''适应'等概念出发的，对'关系'重视不够、关注不多、挖掘不深，而后者恰恰是理解教育内外部关系规律的根本所在。"②

从逻辑上讲，既然是"教育内外部关系规律"，那么为什么不聚焦于"关系"进行"交流对话"呢？我们坚信：要走进高等教育内外部关系规律，必须先走进高等教育关系；而走进高等教育关系，又必须根基于对高等教育关系的本体论、价值论、认识论、方法论、目的论和实践论意蕴的全面考察和系统把握。目前，我们在这方面做了一些研究，诸如撰写并发表了《教育内外部关系规律的间性思想及其理论价值》《高等教育关系是什么——关于潘懋元教育内外部关系规律的本体论探问》等论文，但还远远不够。鉴于高等教育的关系属性，也鉴于高等教育关系具有特殊的本

---

① 李枭鹰：《教育内外部关系规律的提出、对话和源流》，《厦门大学学报》（哲学社会科学版）2020年第5期，第48—53页。

② 李枭鹰、袁开源、唐德海：《教育内外部关系规律的间性思想及其理论价值》，《江苏高教》2021年第1期，第1—6页。

体论、价值论、认识论、方法论、目的论和实践论意蕴，建立一门"高等教育关系学"乃至"关系高等教育学"非常有必要，因为它可以为高等教育研究提供一种与众不同的认识论和方法论。

1. 高等教育关系学

高等教育关系学以高等教育关系为元范畴（作为一个总结性概念与生发性概念，高等教育关系可以分形出高等教育总体关系、高等教育一般关系、高等教育特殊关系，它们又可以继续分形出不同类型或层次的高等教育关系），以高等教育关系为学科对象或学科本质（高等教育关系学主要研究高等教育关系问题或高等教育关系现象），以高等教育关系为考察高等教育的认识论起点（从高等教育内部关系考察高等教育是最根本的切入点，从高等教育外部关系考察高等教育是极其重要的切入点，两者有所侧重却不可偏废），以揭示本质的高等教育关系或本质之间的高等教育关系为认识论终点（高等教育关系学的根本目的就是建立高等教育规律谱系或高等教育规律体系，因为高等教育规律就是本质的高等教育关系或本质之间的高等教育关系），以高等教育关系思维为方法论或认识工具（从高等教育关系而非高等教育实体或属性出发，最后回到高等教育关系而非高等教育实体或属性，是高等教育研究的思维原则），以建立新的高等教育关系或废除旧的高等教育关系为实践目的（一切高等教育改革与发展在本质上是一种高等教育选择，而高等教育选择就是为了形成高等教育新秩序，即建立新的高等教育关系或废除旧的高等教育关系）。

高等教育关系学作为一门理论学科或方法论学科，有责任和使命去系统揭示高等教育关系的本体论、认识论、方法论、价值论、目的论和实践论意蕴。从本体论上看，高等教育关系既是一种"存在原因"，也是一种"存在范型"，还是一种"存在场域"。这意味着探寻教育内外部关系规律，必须探寻高等教育关系作为"存在原因"的规律，作为"存在范型"的规律，以及作为"存在场域"的规律。从认识论上看，高等教育关系是高等教育研究的根本对象，即一切高等教育研究最终要落脚于不同形态的高等教育关系；高等教育关系是考察高等教育的认识论起点和认识论终点。从方法论上看，高等教育是一种关系集合体或关系系统或关系性存在，考察一切形态的高等教育必须立足高等教育关系和着眼高等教育关系，即一切高等教育问题只有在高等教育关系中才能被破解，高等教育关系思维因此具有了特殊的方法论意义。从实践论上看,高等教育研究的根本在于揭示各种高等教育关系,高等教育政策的核心在协调各种高等教育关系,高等教育实践的关键在于建立或废除各种高等教育关系。从价值论上看,高等教育价值作为一种高等教育关系而存在,并因此而获得自身的内在规定性;高等教育价值在高等教育关系中释放,即离开高等教育主客体之间的相互作用,就不会有高等教育价值的呈现和彰显;高等教育价值因高等教育关系的变化而变化,其中人类主体的目的性设定构成高等教育价值演化的目的因,社会发展需要构成高等教育价值演化的动力因。从目的论上看,高等教育是一个复杂的"关系系统",充满了"系统现象"和"关系现象"。

高等教育关系学应以不同类型、不同层次、不同性质的高等教育关系为核心研究对象,揭示高等教育总体规律、高等教育一般规律和高等教育特殊规律,建立具有强劲诊断力、解释力、改造力和预测力的高等教育规律体系,为认识或改造高等教育提供一套可靠的思维框架、理论依据、基本原则和评判标准。

2. 关系高等教育学

高等教育关系学与关系高等教育学的根本区别在于:高等教育关系学是跨学科的,主要以高等教育关系为研究对象;关系高等教育学是超学科的,主要以关系为元视点研究所有高等教育对象。

对于关系高等教育学而言,关系就是一个高高的瞭望台,就是一盏高悬的探照灯。站在这个瞭望台上,或立于这个探照灯下,我们所看到的一切形态的高等教育(包括不同类型或层次的高等教育及其构成要素)都将是一种关系性存在或关系系统或关系集合体:一切高等教育因高等教育关系而诞生,作为高等教育关系而存在,存在于高等教育关系之中;一切高等教育从高等教育关系而来,向高等教育关系而去,与高等教育关系同转;一切高等教育研究始于高等教育关系,经由高等教育关系,止于高等教育关系。一言以蔽之,任何高等教育认识或改造都具有"双重关系从属性",这就是关系高等教育学的基本观点。

从某种意义上说,关系高等教育学是元高等教育学的分支,建立关系高等教育学必须求解一系列具有"元性质"的核心议题,诸如:关系高等教育学的学科定位、学科性质、学科对象、学科本质、学科边界等;关系高等教育学的元范畴、概念体系、逻辑框架等；关系高等教育学的学科来源、学科基础、学科对象的内在联系、结构关系、运动规律、功能效应等；关系高等教育学的学科价值、社会责任和历史使命等；关系高等教育学的研究方法体系，包括哲学的原理方法、科学的原则方法、技术的模式方法、技巧的程式方法等；关系高等教育学隶属的应用学科、理论学科、历史学科、比较学科、元学科以及这些学科之间的相互关系及其相互作用的方式与理路。

关系高等教育学本身在多学科的相互关系中定位和考察自己，确定有关真理、幻觉、谬误的基本原则和判定标准。按照埃德·加莫兰的复杂性认识社会学的思想，关系高等教育学处在一个相互从属、相互依赖和相互丰富的环回对话关系中。一方面，关系高等教育学从属于关系性（以便拥有认识高等教育的思维工具），关系性又反过来从属于关系高等教育学（以便认识自己的高等教育规定性）；另一方面，关系高等教育学从属于认识论和方法论（以便确定自己的真理标准），认识论和方法论又从属于关系高等教育学，因为它们需要把自己定位在高等教育的时空中去考察和检验它们自己，否则，就是一般意义上的关系学。广义地看，"每一个机构（社会学、科学、认识论）都需要其他机构，以便认识自己并使自己合法化。每一个机构都从属于其他机构，呼唤其他机构，这些机构之间便可能形成一个循环结构，这个结构也许就是每个机构所试图参照的那个元视点……任何认识系统都需要参照一个元系统，元系统既包含认识系统又超越认识系统，它为认识提供考察自己、使自己合法化和解释自己的可能性"[①]。

---

① [法] 埃德加·莫兰：《方法：思想观念——生境、生命、习性与组织》，北京大学出版社2002年版，第97页。

第八章

高等教育内外部关系规律的间性思想

教育内外部关系规律提出以来，经历了多次"交流对话"，同时也经受了教育实践的"反复检验"，成为教育理论百花园里的"一朵奇葩"。一直以来，学界关于教育内外部关系规律的交流对话，基本上是从"内部""外部""规律""适应"等概念出发的，而对"关系"及其潜藏的间性思想、理论价值，重视不够、关注不多、挖掘不深。之所以要重视教育内外部关系规律中的"关系"的探讨，之所以要重视教育内外部关系规律中的"间性思想"的探讨，是因为哲学意义上的"间性"就是指一般意义上的"关系"，站位高、视野广和看得远。

从生态学和系统科学的视角看，教育内外部关系规律中的"关系"，储蓄有教育内部各子系统以及教育与社会各子系统之间的生态平等性、辩证共生性、共和共运性和全面协同性，蕴含着丰富的生态间性思想和系统间性思想，而挖掘、揭示、阐明和弘扬这些间性思想，对进一步释放教育内外部关系规律的理论潜能，反思业已呈现或正在开展的教育研究与教育行动，延拓主体间性教育理论的视域或疆域，催生多样化、系列化和一般化的间性教育理论以及中国特色教育理论体系，具有特殊的意义和价值。

一 高等教育内外部关系规律的生态间性思想

主体间性可以存在不同的类型，常言的主体间性主要以"类主体的人"为间性主体。袁鼎生教授认为，间性主体远不止"类主体的人"，宇宙世界的一切存在形态皆可作为间性主体，若以生态主体为间性主体可谓之"生态间性"，以系统主体为间性主体可谓之"系统间性"。不难看出，主体间性、生态间性和系统间性的主体范围在依次扩大,从人类主体到生态主体再到系统主体,呈现出了间性主体的一般化趋向,蕴含着多样化、系列化和一般化间性哲学并发的可能性。主体、主体性、主体间性、生态间性和系统间性是一组前后相继、内在关联的范畴,尤其是相邻范畴之间存在相互定义性或相互解释性。因此,不理解前面的范畴,就不好理解后面的范畴;同样,不理解后面的范畴,也不好理解前面的范畴。

(一) 主体性附丽于主体,又显现于主体

在相当长的时期内,人自以为是世界上当之无愧的主体,同时也被视为世界上最无争议的主体。人是万物的尺度,是万物之灵,是宇宙的精华,可谓这种认识或思想最直接的表述或描绘。当然,人的主体性的确立,经历了漫长的岁月,并非先天生就的。希腊时代,人与城邦在一起,所以"一个人的命运与城邦的命运结合"[①] 在一起,即人与城邦是一个"命运共同体"、"利益共同体"和"责任共同体"。中世纪,神性凌驾于人性之上,人的主体性被遮蔽或扼杀。文艺复兴时期,人的主体性观念开始形成,人的主体性开始被唤醒,人的主体地位开始被确立。在此之后,欧洲大陆理性主义张扬了理性主体的自由;英国经验主义高扬了人类感性主体或经验主体之自由的价值;存在主义标志着生命主体性思想或鲜活生命体验思想的确立;后现代主义哲学家张扬个体的主体性、能动性和选择性。由此足见,人的主体性的全面唤醒,人的主体地位的真正确立,并非一帆风顺。而且,人的主体性的逐步释放和系统彰显行进在路上,这个过程伴随着人的本质力量和理性力量的拓展、增强和释放。

(二) 主体间性孕生于主体性,又强化了主体性

主体间性亦称"交互主体性"或"互主体性",特指不同主体之间的平等关系。主体间性的提出、高扬和强化,是20世纪的事情。在这个时期,一些哲学家开始思考"一个主体是怎样完全与正是作为另一个主体的另一个主体相接触的"[②]。德国哲学家尤尔根·哈贝马斯如是说:"纯粹

[①] 傅佩荣:《哲学与人生》(第一卷),东方出版社2013年版,第49页。
[②] [美] T. 欧文斯、高地:《现象学和主体间性》,《哲学译丛》1986年第2期,第57—62页。

的主体间性是由我和你（我们和你们），我和他（我们和他们）之间的对称关系决定的。对话角色的无限可互换性，要求这些角色操演时在任何一方都不可能拥有特权，只有在言说和辩论、开启与遮蔽的分布中有一种完全的对称时，纯粹的主体间性才会存在。"[1] 我国学者杨春时教授认为，"在主体与主体的平等关系中，人与世界互相尊重、互相交往，从而融合为一体。这就是主体间性的存在，存在的主体间性"[2]。不难洞见，纯粹的主体间性是人与人之间的平等关系或对等关系。主体间性思想高扬个别性与个体性的价值，强调个体主体的独立特殊性、不可或缺性、不可替代性，主张主体间的兼容性、平等性、对称性。在现实中，不存在纯粹的主体间性，不存在完全的、对称的、绝对的平等关系，不同主体之间只存在不完全的、非对称的、相对的平等关系，我们称之"非线性平等关系"。

（三）生态间性脱胎于主体间性，又续长了主体间性

生态间性是主体间性的生态化，是生态化了的主体间性。生态间性是各生态主体之间的非线性平等关系，间性主体的范围不再局限于"类主体的人"，延拓到了一切生态主体，即一切生命体或生态系统。在生态系统中，无机环境、生产者、消费者和分解者在物质与能量的循环中都是不可或缺的生态主体，任意一种类型的生态主体的缺失，对生态系统的发展皆是致命的折损，甚至造成整个生态系统的崩塌，这意味着各生态主体在生态伦理上是平等的，具有各自不可替代的生态价值。在生态系统中，不同的生态主体分别处在不同的生态位上，但这并不意味着不同生态主体的生态价值存在高低或贵贱之分。

广义地看，"任何有机体都是世界网络中的一个结点，没有万物之间的联系，有机体便不能生存，同样每一个机体对于生态系统整体的稳定和繁荣也发挥着自己的作用，具有相应的生态价值"[3]。在这个意义上，任何生态系统都是一个"生态价值共同体"，各生态主体在"相互摄受"中

---

[1] 周宪：《20世纪西方美学》，高等教育出版社2004年版，第230页。
[2] 杨春时：《本体论的主体间性与美学建构》，《厦门大学学报》（哲学社会科学版）2006年第2期，第5—10页。
[3] 汪文勇：《怀特海的泛经验主义及其生态意蕴》，《自然辩证法通讯》2017年第6期，第131—137页。

孕育、诞生、存在、发展、壮大、繁荣，也通过"相互摄受"而结成一个"生态命运共同体"，还因为"相互摄受"而彰显各自的生态价值。譬如说，一颗种子之所以可以长成参天大树，远不止是因为种子本身的力量，还因为种子借助于土壤、水分和阳光而吸纳了宇宙间的能量。

生态间性思想将整个宇宙视为一个巨型生态圈，高扬人与自然是一个"关系共同体""命运共同体"和"生态价值共同体"，反对一切主体的中心主义，尤其是人类中心主义，认为人类征服、主宰、控制和榨取自然，迟早会破坏生态环境或生态平衡，导致人类生存危机。生态间性思想也不赞成极端的社会本位主义，因为将社会主体凌驾于个体主体之上，割裂了人与社会的辩证统一，偏离了"社会是单个人的联合体"的正道，我们需要恪守"人是社会的人，社会是人的社会"。

（四）教育内外部关系规律蕴含丰富的生态间性思想

教育内外部关系规律是"教育内部关系规律"和"教育外部关系规律"的合称。其中，教育内部关系规律是关于教育和人的发展关系的规律，教育外部关系规律是关于教育与社会发展关系的规律。教育外部关系规律可以表述为"教育要受经济、政治、文化等的制约，并对社会的经济、政治、文化等的发展起作用"，这意味着"教育必须与社会的发展相适应"。教育内部关系规律是指在人的培养这一复杂的过程中，各种因素之间的必然关系。而在这些关系中，最基本的关系有三个：一个是教育与教育对象的身心发展以及个性特征的关系，另一个是人的全面发展教育各个组成部分的关系，再一个是教育者、教育对象、教育影响诸要素的关系。教育内部关系规律就是这些关系与作用的总和。[①] 在潘懋元先生主编出版的《新编高等教育学》中，教育外部关系已经拓展为教育与"社会的其他子系统如经济系统、政治系统、文化系统以及各种因素如人口、资源、地理、生态、民族、宗教等"[②] 之间的关系，即关系主体或关系对象延拓为生态主体。

从教育内外部关系的表述来看，教育内部关系主要包括：教育与教育

[①] 潘懋元主编：《新编高等教育学》，北京师范大学出版社1996年版，第12—14页。
[②] 潘懋元主编：《新编高等教育学》，北京师范大学出版社1996年版，第12页。

对象的身心发展以及个性特征，教育者与教育者、教育者与教育对象、教育对象与教育对象，以及德、智、体、美、劳等之间的关系，教育外部关系主要包括教育与政治、经济、文化等之间的关系。教育内外部关系规律表述中的"适应""制约""作用"，一方面刻画了各种教育内外部关系，另一方面也肯定了所有关系主体或关系对象的"主体性地位"。亦即说，教育内外部关系不只是人与人之间的关系，关系主体不只是"类主体的人"，已经拓展到经济系统、政治系统、文化系统以及各种因素如人口、资源、地理、生态、民族、宗教等以及教育内部各子系统，即间性主体从人主体拓展到生态主体，即包括人主体、社会主体和自然主体，实现了间性主体的生态化，呈现了教育内部各子系统以及教育与社会各子系统之间的生态平等性、辩证共生性、共和共运性和全面协同性。

教育内外部关系规律呈现了教育内外部生态主体之间的生态平等关系或非线性平等关系，即各生态主体之间是相互适应、相互制约和相互作用的，而不是一方单向地适应、制约和作用于另外一方；各生态主体作为一个"生态价值共同体"而存在，彼此利益相关、命运与共和责任同担；各生态主体共处在一个生态平等的世界，相互之间是一种平等的交往、沟通和对话关系。但是，这种生态平等关系不是那种完全对等的、一概对称的和绝对公平的平等关系，而是那种不违背"生态位差别性规律、生态多样性规律、生态矛盾性规律"[①]的非线性平等关系，是不失"生态真理"和"生态价值"的非线性平等关系。

第一，教育内外部关系规律遵循生态位差别性规律。在生态系统中，不同的物种及其个体处于不同的生态位和相异的能量级，各自在食物链中通过彼此之间的"相互摄受"而获得一种有差别的"非线性公正"。人类社会是一个庞大的生态系统，身处其中的教育、经济、政治、文化、科技等作为生态主体，分别处于不同的生态位，彼此虽享有生态伦理、生态价值上的平等，但在责任、职权和义务上还是有差别的，追求纯粹的生态间性，强调"完全对等、一概对称、绝对公平"的平等关系，谋求整齐划一、平起平坐的地位，就会违背生态位差别性规律，最终造成整个人类社会失去真正的公平公正性。教育内外部关系规律承认教育系统内部和教育

[①] 袁鼎生、袁开源：《范式整生论》，科学出版社2021年版，第205—206页。

系统外部各间性主体具有不可替代的生态地位，同时也肯定各间性主体之间只存在非线性平等关系，而非对等的"作用""制约""适应"；呈现了这种"非线性平等关系"，内在地暗合了"生态位差别性规律"。

第二，教育内外部关系规律遵循生态多样性规律。多样性导致稳定性，是一条基本的生态规律。直观地看，多样性是生态系统生命力健旺的保证和表征。生态多样性孕生于生态系统的丰富性、差异性、异质性和变化性，同时成就生态系统的有序性、和谐性、稳定性和平衡性。教育内外部关系规律强调教育的主动适应性和全面适应性，推崇高等教育多样化发展，坚持高等教育多样化质量观，主张形成多类型、多层次高等教育并举和交错的生态格局，因为高等教育只有多样化发展才能主动和全面适应人的全面发展需要和社会多样化发展需要。高等教育自诞生以来一直在演化发展，在整体上实现了从简单到复杂、从单一到多元、从平面到立体、从线性到网络、从低级到高级的飞跃，成就或生成了当下多样而异质的高等教育系统。从全球范围看，当今世界各国的高等教育系统，普遍具有宏微渗透性、纵横交错性、立体网络性和类层交织性，不同类型或层次的高等教育在复杂的关系网络中"自成系统""互成系统"和"生成演化"；高等教育系统越是发达，高等教育内外部关系越是复杂，不同类型或层次的高等教育或高等学校呈现出"各美其美、美人之美、美美与共、天下大同"的生态格局。这既有力地印证了教育内外部关系规律，同时也内在地暗合"生态多样性规律"。

第三，教育内外部关系规律遵循生态矛盾性规律。教育外部关系规律制约着教育内部关系规律的作用，但教育外部关系规律也只能通过教育内部关系规律来实现。这是教育外部关系规律和教育内部关系规律之间的关系，呈现了教育、人的发展和社会发展的辩证关系。与一切生态系统一样，高等教育系统充满着生态张力与生态聚力，表征为高等教育作为一个矛盾对立与矛盾统一的生态系统而存在，其间存在科学教育与人文教育、专业教育与普通教育、学术权力与行政权力、认知理性与工具理性等之类的矛盾或冲突。就大学内部治理而言，存在"政治性文化、行政性文化、学术性文化的冲突，科学文化、技术文化、人文文化的冲突，教师文化、管理者文化、学生文化的冲突，自然科学部落文化、社会科学部落文化、人文科学部落文化的冲突"[①]。教育内外部关系规律以辩证唯物主义实践论和系统论为理论依据或方法论，强调教育要全面适应和主动适应人的发展需要、社会的发展需要，同时也不回避它们之间的矛盾以及教育自身的矛盾和冲突，彰显了教育生态辩证法的特质，内在地暗合"生态矛盾性规律"。

二 高等教育内外部关系规律的系统间性思想

系统间性生长于生态间性，又升华了生态间性。从生态间性到系统间性，再一次实现了间性主体的延拓，以及间性量、间性质和间性序的升华。系统间性是主体间性的系统化，是系统化了的主体间性。在系统间性视野中，一切系统可以作为间性主体而存在，不同系统之间存在非线性平等关系。

教育作为一个特殊的系统而存在，其内部又包含诸多的子系统，而且每一个子系统还包含着诸多的子子系统，由此而形成立体的、网络态的系统圈套关系。社会的政治系统、经济系统、文化系统等与教育系统类似，一方面各自作为一个系统而存在，另一方面各自又圈套诸多的子系统。这些不同类型和不同层次的系统之间存在这样或那样的相互作用，并在系统关联中"互为主体"。如果说一切事物皆可视为系统，那么系统间性则为最为普遍的平等关系，即一切存在形态之间都存在不同类型或性质的平等关系。地球自转，又绕太阳公转，还与太阳系的其他星球互转，可谓宇宙世界之系统间性的"经典缩影"和"最好诠释"。这种系统间性思想呈现了"关系既是考察系统的认识论起点，也是考察系统的认识论终点"，即一切研究要从系统的关系出发，最终还要去揭示系统的内外部关系及其规律。

按照袁鼎生教授的"整生论"的思想，作为一个动态的、发展的、辩证的关系集合体，教育系统既封闭又开放，既独立又联系，既自主又依赖，既相别又共趋，由此而形成教育系统内部各子系统之间、教育系统与

[①] 李枭鹰、唐德海：《中国大学治理的"三元文化"冲突论纲》，《高校教育管理》2018年第1期，第84—91页。

其他系统或系统群之间的辩证共生性。首先，作为一个特殊的耗散结构，教育系统既耗散旧质，又吸纳新质。这种耗散与吸纳，既造成了教育系统的动态稳定性与动态平衡性，又造成了教育系统间的相生互利性与相衡互稳性，还造成了教育系统与其他系统或系统群的共和共运性。其次，作为一个协同系统，教育系统各部分通过有序的排列，形成无多位、无缺位、无错位、无超位的生态位格和生态链环，形成所有组分都是不可或缺的、不可替代的、不可移位的生态格局，形成所有组分各安其位、各得其所、各尽其能的运转系统。教育系统的协同是组分与组分的协同，是所有组分与整体的协同，通过这种协同以集聚、增长和提升系统的功能，以达到实现、发展和完善系统的目的。教育系统的协同还是整体与所有组分层次的协同，与一切个别组分的协同，将系统的功能分形至组分层次与组分个体，提升它们的整体生发力。除了上述的协同，教育系统的协同还是教育系统与其他系统或系统群的协同：一方面，教育系统与社会的其他子系统如经济系统、政治系统、文化系统以及各种因素如人口、资源、地理、生态、民族、宗教等形成功能耦合系统；另一方面，教育系统还促进社会的其他子系统如经济系统、政治系统、文化系统以及各种因素如人口、资源、地理、生态、民族、宗教等形成功能耦合关系。这就是典型的系统间性思想。

教育内外部关系规律强调"教育要与人的发展相适应"和"教育要与社会的发展相适应"，强调教育系统内部各子系统、教育系统与其他系统或系统群的辩证共生性和全面协同性，呈现了人、教育、社会之间的共生关系和协同关系，蕴含着人、教育和社会作为一个特殊的关系共同体、利益共同体、命运共同体、责任共同体和价值共同体而存在。对此，我们可以从三个方面去理解或解释：一是教育从人而来，向人而去，与人同旋共转；二是社会的政治、经济、文化等也是从人而来，向人而去，与人同旋共转；三是教育的发展、人的发展和社会的发展具有同向性，必须齐头并进、同频共振，形成耦合、协调、整一的发展格局。一言以蔽之，无论是教育系统以及内部各子系统，还是社会的其他子系统如经济系统、政治系统、文化系统等以及其内部各子系统，都一方面具有相对的独立性、自主性和自为性，另一方面，彼此之间又相互制约、相互依赖和互塑共生，没有谁可以独善其身，没有谁可以自行其是、各自为政和独享发展成果。

从内部关系看，教育系统内部各子系统之间只有形成功能耦合关系，才能主动和全面适应人的发展需要。比如，好教师、好学生、好课程和好教育既是相互定义的，又是相互成就的。从外部关系看，教育系统唯有与社会的其他子系统如经济系统、政治系统、文化系统等形成功能耦合关系，同时又促进社会的其他子系统如经济系统、政治系统、文化系统等形成功能耦合关系，才能主动和全面适应社会的发展需要。这两者辩证综合，才能形成教育、人、社会三者耦合发展的大格局。

教育内外部关系规律之间的关系，即"教育外部关系规律制约着教育内部关系规律的作用，但教育外部关系规律也只能通过教育内部关系规律来实现"，揭示了教育系统内部各子系统之间以及教育系统与外部其他社会子系统之间的辩证共生性，蕴含并彰显了丰富的系统间性思想，即教育系统及其内部各子系统，以及教育系统外部的其他一切系统皆可作为间性主体。这些系统之间通过网络态的非线性相互作用，形成非线性平等关系。由此不难洞悉，以系统间性或教育内外部关系为主线，构建教育理论，重塑教育过程，生成中国符号的教育系统学，创新系统间性教育理论，是可为、有为和当为的选择。

三 高等教育内外部关系规律之间性思想的理论价值

建设教育科学研究强国是建设教育强国的先决条件，因为改造教育世界，根基于认识教育世界。正因为如此，2019年颁发的《教育部关于加强新时代教育科学研究工作的意见》，呼吁"筑牢社会主义教育强国建设的理论基石，构建中国特色教育科学学科体系、学术体系、话语体系、教材体系，增强中国教育自信"。事实上，这本来就是高等教育研究的责任、使命和夙愿。现在的核心问题是，实现这种责任、使命和夙愿，我们当从何入手或以什么为杠杆？冯建军教授主张"以主体间性重塑教育过程"[①]，认为"21世纪人类的交往实践格局，呼唤类主体的出现。类主体是21世纪教育所要培养的目标。类主体不同于个人主体，个人主体的主

---

① 冯建军：《以主体间性重构教育过程》，《南京师大学报》（社会科学版）2005年第4期，第86—90页。

体性表现为一种以占有为目的的单子式主体性，类主体表现为以存在为目的的主体间性。前者的产生诉诸于主—客二分模式，后者的产生诉诸于主—主交往模式。当今研究主体教育，必须明确培养学生的主体间性，同时用交往的精神审视和改造现代教育"①。这为我们"建构教育理论体系"或"重塑教育过程"指出了一条值得探索的道路。鉴于教育内外部关系的复杂性，我们可以考虑立足于生态间性和系统间性，建构教育理论体系和重塑教育过程。

教育系统是一个生态系统，是一个关系集合体或关系系统，是一种关系性存在。考察、透视和理解复杂的教育系统，必须立足于教育系统内部各要素之间的互动、各子系统之间的互动、各层次之间的互动、各类型之间的互动，以及教育系统与外部环境之间的互动。依据教育内外部关系规律所蕴含的生态间性思想和系统间性思想，按照教育内部各子系统、教育与外部其他各子系统之间的生态平等性、辩证共生性、共和共运性和全面协同性，构建新型的教育内外部关系，诸如：大学与大学之间的关系，学科与学科之间的关系，专业与专业之间的关系，课程与课程之间的关系，教师与学生之间的关系，教与学之间的关系，德、智、体、美、劳等各育之间的关系，学校、政府、社会之间的关系，教育与政治、经济、文化、科技等社会各子系统之间的关系，以及教育与地理、交通、生态环境等之间的关系，形成具有强劲的诊断力、解释力、预测力、改造力和创造力的教育理论体系，是一条有为之路、可为之路和当为之路。

以生态间性和系统间性思想为指导，一方面有助于我们反思教育研究，催生教育理论自觉。2010 年邬大光教授在《中国教育报》刊发了《走出人才培养固有模式》《何为现代大学制度》《综合性大学为谁而设》《要那么多人才培养概念吗》《大学形象之道》《大学分类的背后》《大学更名为哪般》《大学"分家"与分化》《被忽视的大学权力》《大学与"免费午餐"》《大学的远见》《大学排名与教学评估》等系列文章，洞察到不同类型或层次的大学、学科、课程、权力等是一个生态价值共同体，即各自具有不可替代的生态价值，批判了一些大学为了谋求更高的生态位和获取更多资源而采取更名、合并、升格、迁校等一系列非理性行为，揭

---

① 冯建军：《主体间性与教育交往》，《高等教育研究》2001 年第 6 期，第 26—31 页。

示了大学教育教学及其管理中存在的形形色色的假制度、伪制度和伪人本化现象,可谓教育内外部关系规律的生态间性和系统间性思想在高等教育领域的"经典运用"。另一方面,有助于我们反思教育行动,催生真正的教育自信,孕生新的教育生态学或教育系统理论。从现实来看,至少可以帮助各级各类高等学校认清自身的生态地位和生态价值,进而增强办学自信,走出"要么是自惭于学校的办学类型,要么是自愧于学校的办学层次,要么是自怨于学校的地理位置,要么是自缚于学校的学科设置,要么是自毁于学校的课程教学,要么是自损于学校的办学形式,要么是自羞于学校的姓氏名称"① 的自信危机,立足于自身的历史传统、地缘优势、办学优势和现实条件,探索切合自身实际的特色发展之路。

作为一种"方法论"②,作为一种教育理论或教育规律的"中国式表达",作为中国高等教育学的"理论符号",作为潘懋元高等教育理论与思想的"玄武石",教育内外部关系规律具有巨大的理论潜能,它犹如经典形核理论中的"新相核心"或生成整体论中的"生成元",饱含着中国特色教育理论体系的生发胚芽;也如同铀核或钚核,在吸收中子后可以裂变出若干小原子核并释放出巨大的能量,催生教育理论的量变、序变和质变,孵化出新的教育生态学和教育系统理论。我们应该自觉走进教育内外部关系规律的理论世界,拓展和增强教育内外部关系规律的形核功能,挖掘和激发教育内外部关系规律的理论潜能,奠基和助力中国特色教育理论体系的构建。

挖掘、阐明和弘扬教育内外部关系规律的生态间性和系统间性思想,只是走进教育内外部关系规律之理论世界的一种尝试,我们希冀它可以起到抛砖引玉的作用。美学家朱光潜在《谈美》一书中如此感叹:"悠悠的过去只是一片漆黑的天空,我们所以还能认识出来这漆黑的天空者,全赖思想家和艺术家所散布的几点星光。朋友,让我们珍重这几点星光!让我们也努力散布几点星光去照耀和那过去一般漆黑的未来。"③ 当今中国教

---

① 李枭鹰、唐德海:《论大学自信的生发与升华》,《大学教育科学》2016 年第 6 期,第 11—16 页。

② 刘志文、邹晓平:《论高等教育外部关系规律理论的科学性——与〈理性的视角:走出高等教育"适应论"的历史误区〉商榷》,《教育研究》2013 年第 11 期,第 57—64 页。

③ 朱光潜:《谈美》,中华书局 2015 年版,第 6 页。

育理论的天空可谓群星灿烂，教育内外部关系规律作为最为璀璨、最为耀眼的那一颗，始终照亮和指引着中国教育尤其是中国高等教育"找北"和"转向"的道路，让我们珍惜并散布其璀璨的星光，最大限度地释放教育内外部关系规律的理论价值，最大限度地兑现教育内外部关系规律最深处的理论承诺。

第九章

高等教育内外部关系规律的前提性假设

高等教育内外部关系规律存在两大前提性假设。首先,高等教育是一种关系集合体或关系系统或关系性存在。如若不然,教育内外部关系规律的提法就要遭受无休止的质疑。其次,高等教育既在关系中"自成系统",也在关系中与其他事物"互成系统",还在关系中"生成演化"。其中,高等教育在关系中"自成系统"是高等教育内部关系规律存在的前提,高等教育在关系中与其他事物"互成系统"是高等教育外部关系规律存在的前提,高等教育在关系中"生成演化"是高等教育内外部关系规律之间存在规律的前提。

一 事物在关系中

作为一种相互作用,关系既是一种"存在原因",也是一种"存在范型",还是一种"存在场域"。作为一种"存在原因",关系对事物具有发动、牵引、维持和再生的作用;作为一种"存在范型",关系与事物伴生同出、相互规定、相互寄生;作为一种"存在场域",关系是事物的生境,它与事物相互作用、相互反馈、相互适应,共成事物的生态。一切事物既在关系中"自成系统",也在关系中与其他事物"互成系统",还在关系中"生成演化"。[①]

---

① 李枭鹰:《高等教育关系是什么——关于潘懋元教育内外部关系规律的本体论探问》,《江苏高教》2022 年第 8 期,第 15—23 页。

（一）事物在关系中"自成系统"

事物是一个我们既熟悉又不求甚解的范畴。在哲学领域，事、物和事物是三个不同的概念范畴，它们密切关联，又彼此不同。张法认为，"事与物是两个词，物用来指实在的东西，事则是物在时空的运动中形成的一个整体。事总是物之事，而物总是在天地大化的运动中。因此物必然有事，事肯定是物之事。二者是统一的。偏重于物的运动与关联，称为事；偏重于运动和联系中的实体，称为物。当二者并重之时，可称之为'事物'"[①]。中国权威辞书《辞海》的解释是，"事物是客观存在的一切物体和现象"[②]。

综合以上解释可说，事物是事与物的统一，是物体和现象的统一，是实体与运动的统一，不存在绝对孤立的事或物、物体或现象、实体或运动。换言之，物中有事，事中有物，物在事中，事在物中；物体永远是现象中的物体，是运动和时空中的物体；现象永远是物体的现象，是物体在发生、发展、变化过程中所表现出来的运动、联系和形式。一言以蔽之，哲学视阈中的事、物和事物，皆在关系之中，皆在相互作用之中。

系统科学认为，任何事物都可以看成是一个系统或关系系统，而且首先是作为一种"自成系统"而存在，即一种有着自身独特结构的系统存在或关系性存在。一切事物都是"自成系统"的存在吗？迄今为止，现代科学还没有发现或证明存在"无结构"的事物：一是物质具有无限可分性，表现为一种结构性存在；二是自然生态或人类社会是一个结构性系统；三是宇宙是一个结构性系统。这也就从微观、中观、宏观、宇观等层面呈现了一切事物的自成系统性或结构性。就人类社会而言，国家、民族、组织、家庭、个人等无不如此。

（二）事物在关系中"互成系统"

事物不但是一种"自成系统"的存在，而且是一种在关系中与其他

[①] 张法：《哲学基本概念"事物"在中文里应为何义》，《社会科学》2013 年第 3 期，第 106—114 页。

[②] 《辞海》（普及本上中下），上海辞书出版社 2010 年版，第 2077 页。

事物"互成系统"的存在。宇宙是一个最大、最复杂的"关系系统"或"关系集合体",身处其中的万事万物都是一种"关系系统"或"关系集合体"。与此同时,各种事物以关系(或相互作用和相互影响)为纽带,相互连接成一个整体,成为一个多层次的、复杂的、巨大的生态圈。人类社会是宇宙生态圈的"圈中之圈",它以社会关系为纽带,将不同层级的社会生态圈连成一体。从人类社会的构成圈层看,个体组成了家庭,家庭以亲族相聚,亲族合为宗族,宗族并为部落,部落构成民族,民族合成国家,国家组成世界乃至人类社会。生命世界、非生命世界的构成方式与人类社会类似。

由此可见,大到宇宙世界,小到基本粒子,一切事物无一不是一种关系性存在,又无一不是在关系中存在。宇宙世界是普遍联系的,而且事物之间的联系是相互的,事物永远处在联系和被联系的"双重位置",不存在纯粹的联系者或被联系者,认识事物既不能持绝对的"场外观",也不能持纯粹的"场内观"。这是一种"两重性逻辑关系"以及由之决定的"两重性逻辑观"。

(三)事物与关系在系统中"整体生成"

宇宙世界不是既定的,而是生成的,这种生成是一种"整体生成",而且是一种在系统关联中的"整体生成"。马克思主义认为"自然界不是存在着,而是生成着和消逝着"[①],并且是在普遍联系或系统关联中生成着和消逝着。

事物是生成的,关系也是生成的。事物在关系中生成,又在关系中孕育新的关系、生成新的事物,事物与关系在系统关联中"整体生成"。事物的生成必定伴生关系的生成,即事物一旦生成,它就必然也同时生成了内外部关系,否则它就不能成其为事物。事物一旦生成,它便即时生成了新的外部关系,或者说改变了连同自身在内的外部关系。可以说,事物生成的过程是一个事物内外部关系的生成过程,也是一个事物内外部关系的变化过程。事物和关系不仅存在一个生成问题,还存在一个发展问题。事实上,事物和关系也是在系统关联中"整体发展"的,不存在先有事物

[①] 《马克思恩格斯选集》(第4卷),人民出版社1995年版,第266—267页。

或先有关系的问题,两者是伴生的或共时性发展的。

人世间的一切关系与人内在相连,而且一定以人为纽带或桥梁。人类诞生之前,宇宙早已存在,因而宇宙关系的孕生与人类无关。诞生后的人类,以特有的方式创造了"人的世界和人的关系"①。人类社会的政治、经济、文化、科技等是人创造的,而人也必然与政治、经济、文化、科技等处于密切的关系网络之中,那种"没有人"或"无视人"的政治、经济、文化、科技,一定不是真正的政治、经济、文化、科技。同理,人创造了教育,同时也使人自身成为受教育者。在该意义上,人是教育的原因,也是教育的结果;没有人就没有教育,没有教育也没有真正意义上的人,即我们常说的"社会化的人"。

二 高等教育是一种关系性存在

作为一种关系系统或关系集合体或关系性存在,高等教育宛如其他一切事物,既在关系中"自成系统",又在关系中与其他事物"互成系统",还在关系中"生成演化"。这集中表现为:高等教育是一种关系的存在,同时又身处复杂的关系网络之中;高等教育在关系中孕育,同时又不断孕育新的关系;高等教育在关系中诞生、存续和发展,又在关系中反作用于一切作用于它的事物。

(一) 高等教育在关系中孕生

自有人类,便有教育。高等教育孕生的条件比教育孕生的条件要苛刻得多,至少是没有高深知识的储备,就不会有高等教育的诞生。这或许是高等教育晚生于教育的主要原因之一。作为培养高层次专门人才的高等教育机构,现代大学由中世纪欧洲大学演变而来。

教育史学家认为,中世纪欧洲大学是多种因素或多重力量交互作用的产物,诸如"欧洲社会相对的政治稳定,教会影响的扩大,商业贸易的发展,城市的兴起,行会的产生,社会对教育的需求,以及基督教世界与伊斯兰世界的文化交流,都为欧洲中世纪大学的产生及其人才培养奠定了

---

① 《马克思恩格斯全集》(第3卷),人民出版社1960年版,第286页。

坚实的基础。"① 除了这些作用力或影响因素之外，中世纪欧洲大学的诞生，还与古希腊、古罗马的高等教育机构直接关联，也与拜占庭的高等教育存在很大的关系。这正如有的教育史家所言："拜占庭帝国对中古欧洲和西亚各国产生过强大影响，特别是其文化成为连续古典希腊罗马时代到意大利文艺复兴时代的近代欧洲文化的桥梁"②，而君士坦丁堡大学可视为中世纪大学之始。

当然，阿拉伯的高等教育也是世界高等教育史上比较重要的篇章之一，它对中世纪大学也产生过深远影响。对此，叙利亚学者托太哈指出："阿拉伯的各大学，多至数百，盛极一时，曾为欧洲各大学的模范。因为阿拉伯的大学人创办各大学后若干年，欧洲才办大学；而欧洲中古时代各大学内的种种习惯，又大都与阿拉伯各大学的习惯相仿佛，谁能说这是偶然相符呢？"③

综上所述，中世纪欧洲大学是多种力量叠加的结果，是无数社会关系相互作用、相互影响的产物。用今天的眼光看，人类社会用漫长的岁月孕生和滋养了高等教育，诞生后的高等教育，又用自己特有的方式反哺和馈赠人类社会，而人则在高等教育与人类社会的相互适应、相互制约、耦合并进中超越，在高等教育与人类社会的作用与反作用中升华。这是高等教育、人、社会的超循环生态关系，三者在系统关联中存在和发展。

（二）高等教育在关系中存续

高等教育总是存在于一定的社会环境之中，社会环境是高等教育的生境。高等教育在网络态的关系中存在着和发展着。高等教育一诞生，它就不会停驻在某一点上，而是像一条川流不息的河流奔向未来。高等教育在变，社会也在变，两者在变化中互动，在互动中变化。高等教育内部关系在演化，高等教育外部关系也在改变，动态发展的高等教育关系构成变动不居的高等教育场域或高等教育生境。

---

① 单中惠主编：《外国大学教育问题史》，山东教育出版社2006年版，第5页。
② 陈志强：《拜占庭学研究》，人民出版社2001年版，第216页。
③ ［叙］托太哈：《回教教育史》，马坚译，商务印书馆1941年版，第148页。

高等教育是分类和分层的，不同类型、不同层次的高等教育，处于不同的时空位置上，形成多种不同的高等教育关系、多种个性化的高等教育场域，不同的高等教育场域又形成不同的高等教育世界。高等教育关系或高等教育场域或高等教育生境，随着时空条件的变化而变化，并作用于高等教育结构和功能的变化以及高等教育系统的发展，也呈现于高等教育结构和功能的变化以及高等教育系统的发展。不同时空背景下的高等教育，有其独特的诞生、存在和生长土壤，并与特定的政治、经济、文化、科技、生态、地理、人口等发生作用，致使高等教育具有鲜明的历史性和地域性，即不同历史阶段的高等教育关系存在不同程度的差异，不同地域的高等教育关系也往往迥然不同。

高等教育与其环境相互作用、相互反馈、相互形塑。一方面，高等教育总是生长在一定的环境之中，从中汲取物质、能量和信息。因此，不同的高等教育，由于所处环境不同，其生长态势往往千差万别。不同国家的高等教育，有着不同的政治、经济、文化、科技、地理、人口等生态环境，表现出多样化的高等教育形态，这也是我们今天看到的世界高等教育图景。另一方面，高等教育不只是自我生长，它也改变周边的环境，连同环境一起生长，彼此共生互进。古代的高等教育与现代的高等教育，西方的高等教育与东方的高等教育，生长于不同的时空，呈现不同的生长态势，同时又作用于不同时空的社会生态环境，两者共成高等教育的历史画卷和世界图景。

（三）高等教育在关系中演化

系统的演化主要包括"结构演化和功能演化"[①]。系统结构与功能的演化存在密切的内在联系，结构的演化常常伴随着功能的演化，而功能的演化又往往以结构的演化为基础，两者分别从内部关系和外部特征的变化，反映系统的发展机制和运动规律。

高等教育结构的演化根源于社会和个体对高等教育不断提出的新要求，根源于社会和个体对高等教育功能不断更新的期待，根源于人们对高等教育功能无休止地适应性选择。历史与现实反复显示："如果社会不能

---

① 颜泽贤：《复杂系统演化论》，人民出版社1993年版，第66页。

从原有的机构中获得它所需要的东西,将导致其他机构的产生。"① 英国的新大学、多科技术学院,德国的工业大学,美国的社区学院,以及有些国家的研究所和研究院,在某种程度上可以说都是因为社会不能从原有的高等教育机构中获得它所需要的东西的产物,是一种对传统大学的功能"不满"或"反叛"的直接表现。当然,高等教育结构的演化与高等教育功能的选择是双向互动的,即后者是前者的动力,前者为后者准备和创造条件。在世界高等教育史上,博洛尼亚大学、巴黎大学、柏林大学、霍普金斯大学、威斯康星大学等的相继诞生,不仅是高等教育结构不断演化的标志,也是高等教育新功能不断呈现和释放的象征。

高等教育结构的演化既是高等教育适应社会发展需要的客观要求,也是高等教育自身发展的内在需要。在历史的长河里,社会需要对高等教育的发展有着明显而重要的引导作用,高等教育结构演化集中表征为"一种由社会发展需要引发的功能选择导向下的结构适应性变化"②。大学由学者行会转变为由国家主办、资助或依法管理的教育机构,由宗教性教育机构转变为世俗性教育机构,由单纯传授知识和研究纯理论的"象牙塔"转变为集人才培养、科学研究和社会服务于一身的教育机构,以及高等教育由简单到复杂、由低级到高级、由一元到多样性的统一,无疑都是社会需要刺激下高等教育结构的适应性选择。社会对于教育的作用和影响是强大而显见的,"诸如人口、政治、经济和社会取向之类的环境力量,强有力地冲击着当代高等教育的发展。这些力量决不限于在某个国家起作用,它们可以将一个共同发展结构强加给其他一些极不同的国家"③。

高等教育的演化不仅表现在结构的变化上,而且表现在功能的变化上。功能"涉及谁对谁发生作用,前者是功能主体,后者是功能对象;主体提供功能服务,对象接受功能服务,二者具有服务和被服务的关系,称为功能关系"④。系统的功能在关系互动中获得体现,高等教育

---

① [美]伯顿·克拉克主编:《高等教育新论——多学科的研究》,王承绪、徐辉、郑继伟、张维平、张民选译,浙江教育出版社 2001 年版,第 35 页。
② 李枭鹰:《高等教育选择论》,中国社会科学出版社 2011 年版,第 126 页。
③ [加]约翰·范德格拉夫等编著:《学术权力——七国高等教育管理体制比较》,王承绪、张维平、徐辉、郑继伟、张民选译,浙江教育出版社 2001 年版,第 9 页。
④ 苗东升:《系统科学大学讲稿》,中国人民大学出版社 2007 年版,第 60 页。

的功能体现或存在于它与外部其他系统的相互作用之中。从这个意义上说，高等教育功能的演化就是高等教育与外界其他系统之间的相互关系的演化。

高等教育功能的演化相当复杂，在特定的时空条件下，究竟哪一种高等教育功能会被遮蔽或释放出来，取决于高等教育系统与社会环境系统之间的相互作用或双向选择。在农业社会，高等教育远离经济中心，释放的主要是高等教育的政治功能、文化功能，经济功能则相对处于潜伏或隐性状态，而育人功能更是遭受限制甚至被扭曲。到工业尤其是知识经济社会，高等教育成为人类社会发展的"动力站"，"知识的保存、传授、应用和创新，文明的传承和进步，人才的发掘与培育，科学的发现与技术的更新，不同文化间的交流与合作"①，无不以高等教育为基础和平台，高等教育的多种功能逐步被释放和呈现出来，尤其是经济功能得以充分发挥，育人功能的个性特征开始得到展现，高等教育的功能体系日益得到完善。

高等教育功能的演化，根源于高等教育内部各子系统之间以及高等教育与其环境之间的矛盾运动，即所谓的内在的依据和外在的原因。系统科学认为，系统之"演化动力或者来自系统本身，即组分之间、层次之间的差异和矛盾，以及规模或者结构的变化，导致系统形成主动变革的要求；或者来自环境，即环境变化给系统造成的不适应，给系统形成被动变革的压力；或者二者兼而有之，内在产生主动变革的要求，外部产生强制变革的压力，共同推动系统演化。在社会文化领域，无论系统内部，还是外部环境，总是既存在激进趋势，又存在保守趋势，二者都既有积极作用，也有消极作用，两种趋势的合力推动着系统的演化"②。

现代高等教育功能体系的形成，既是高等教育自我发展需要的产物，也是社会发展需要直接刺激的结果，是高等教育自我选择和社会选择双向和双重作用的结晶。因此，仅仅从"利他"的角度看待功能问题是片面的，系统的功能首先是系统自身存在和发展的根据，一物以对他物提供功能服务来获得生存发展的条件，亦即得到他物给自己提供的功能服务。换

---

① 引自王承绪等主编的"汉译世界高等教育名著丛书"的总序。
② 苗东升：《系统科学大学讲稿》，中国人民大学出版社2007年版，第60页。

言之，世间万物既互为"功能主体"，又互为"功能对象"。一个事物或系统只要能够满足环境中某些事物的需要，它就有存在的合法性理由。同时，从外部环境看，任何系统都兼具功能和过失双重属性。这对我们理解高等教育功能的演化，具有极其重要的启迪。

社会需要是高等教育功能形成和释放的外部动力，是高等教育发展的不竭源泉。整个高等教育之所以会产生并能存续到今天，根本原因在于它满足了社会发展的需要。因此，高等教育"与其说是社会的一个发源的部分，不如说是社会的一个响应的部分"[①]。没有社会需要的刺激和引领，高等教育的功能就无法得到释放和拓展，当下多元而内在关联的高等教育功能体系就不会形成。从这个意义上说，高等教育的发展离不开国家和社会载体，必须主动满足或适应国家和社会发展需要，即为国家和社会提供必要的人才动力和智力支持，设法与政治、经济、文化、科技等社会各子系统形成功能耦合关系。

三　高等教育在关系中被认知

一切事物皆是"关系集合体"或"关系系统"或"关系性存在"，从关系去考察事物就是一种根本方法。其中，从外部关系去考察事物是重要的，从内部关系去考察事物是根本的，因为是立足于事物本身。在不同的科学研究领域，对事物内外部关系的考察可以有所侧重：在自然科学研究中，比较侧重于事物的本身，即从内部关系去考察事物；在人文社会科学领域，侧重于考察事物的外部关系，同时也关注事物的内部关系；而软科学研究居中，对事物内外部关系的考察相对平衡。无论从事何种类型的研究，都不应把事物或世界"看作彼此隔离、彼此孤立、彼此不依赖的各个对象或现象的偶然堆积，而是把它看作有联系的统一的整体，其中各个对象或现象相互有机地联系着，互相依赖着，互相制约着"[②]。尤其是对复杂系统的考察和研究，必须立足于系统内部各要素之间的互动，子系

[①] ［美］克拉克·克尔：《高等教育不能回避历史——21世纪的问题》，王承绪译，浙江教育出版社2001年版，第267页。

[②] 《斯大林选集》（下卷），人民出版社1979年版，第425—426页。

统之间的互动,层次之间的互动,部分与整体之间的互动,以及系统与环境之间的互动,并揭示系统内部关系与外部关系的互动规律。一言以蔽之,关系是考察事物或系统的元点(认识论起点)与回归点(认识论终点)。

毫无疑问,高等教育是一种"关系系统"或"关系集合体"或"关系性存在",只有把握复杂的高等教育内外部关系,才能真正认识高等教育世界。要考察一国的高等教育,既要考察它的类型、层次、科类、形式、布局等,也要将其置于该国的政治、经济、文化、科技、地理、人口等背景中,惟其如此,才能获得客观的结论和把握其特殊性。历史与现实业已表明,无论何种制度形态的国家,高等教育都不能独立于社会而超然存在,只有从根本上改变这个国家的社会生态环境(尤其是社会经济和政治制度),才能彻底改善该国的高等教育。古往今来,很少有思想家或教育家探讨教育问题时,囿于教育就事论事,通常会把教育置于社会大系统中做全方位的综合考察。同时,教育也常成为思想家们观察、分析和评判社会中许多现象的立足点和独特视角,即通过教育洞察社会的现实状况,把握历史的来龙去脉和预见社会变迁的未来去向。如此,我们就不难理解高等教育史为什么总是与伦理学史、哲学史、人生哲学史等融为一体,总是与政治思想史、经济思想史、文化思想史等密切相关,而教育经济学、教育政治学、教育文化学、教育人口学、教育地理学等学科的诞生和成熟,更揭示和诠释了教育与经济、政治、文化、人口、地理等之间的密切关系。

用关系思维审视高等教育的理论与实践问题,既要关注高等教育自身的类型和层次,也要关注高等教育与教育母系统其他要素的联系,还要关注高等教育系统与环境之间的互动。首先,高等教育研究必须立足于高等教育内部各子系统间的关联性,根基于高等教育的内部关系。其次,高等教育研究要深刻把握教育与外部环境间的相互依存性和相互适应性。作为一种开放的复杂性系统,高等教育嵌套在一定的环境之中,与不断变动着的环境系统互塑共生,尤其与社会系统同生共存,不可分离。社会系统之于高等教育,一如高等教育之于社会系统,都是兴衰攸关、命运与共。高等教育与环境之间的互动是必然的,因为不存在脱离环境的高等教育。从系统的生存与发展看,没有一种生命有机体是可以孤立存在的,它必须不断地从环境中获取物质、能量和信息，否则，就会因能量耗尽枯竭而解体。当然，高等教育与环境的互动是有条件的，也是有限度的。作为系统而存在的高等教育，必须有自己的疆域和边界，如果失去了自身的疆域和边界，高等教育就会完全消融于环境之中而没有自我，那时的高等教育就不再是高等教育自身，而是其他系统的某一"组分"。

下篇

高等教育是分类分层的，高等教育规律也是分类分层的。不同类型或层次的高等教育的运行发展，要受到不同类型或层次的高等教育规律的统摄、规约和支配。高等教育特殊规律分形于高等教育一般规律（或高等教育内外部关系规律），实为具体化了的高等教育一般规律，与高等教育一般规律具有一脉相承性。高等教育强国的整体生成规律、大学办学的系统关联规律、大学学科发展的生态生命规律、大学学术发展的超循环运转规律、大学课程教学的知识相变规律，直接从高等教育一般规律分形而出，间接分有了高等教育总体规律的内在规定性。

第 十 章

高等教育强国的整体生成规律

建设高等教育强国是当今中国高等教育的主旋律、最强音和宏伟目标，是服务构建人类命运共同体的重要战略举措。以统筹推进"双一流"建设为抓手的一系列高等教育发展战略、建设方案和行动纲领，实乃高等教育强国的实现路径。不难发现，这是一种通过"双一流"这一阿基米德支点撬起"高等教育强国"这一地球的韬略，在一定程度上可谓抓住了问题的核心和关键。但是，作为一项复杂的宏伟的系统工程，建设高等教育强国并非解决一两个核心或关键问题就可以了结的，还需要破解一系列相互关联的问题。高等教育强国不只是由若干一流要素组成的"构成系统"，还是由一系列组分或过程单元关联而成的"生成系统"，这意味着高等教育强国"作为整体的系统不可能只通过分析其组分而得到完全理解"[①]。可以说，高等教育强国不仅是一个整体生成的整体，而且是一个在系统关联中整体生成的整体，即由一系列组分或过程单元在系统关联中整体生成的整体。正因为如此，高等教育强国建设必须遵循整体生成规律。

一 生成整体论的方法论意蕴

科学发展与方法论创新相互倚辅。西方科学之所以能够产生牛顿力学、分子论、原子论、爱因斯坦相对论等伟大理论，离不开或主要根基于把纷纭复杂的事物分解为简单事物的方法论和世界观。站在科学发展的河

---

① ［南非］保罗·西利亚斯：《复杂性与后现代主义：理解复杂系统》，曾国屏译，上海科技教育出版社 2006 年版，第 2 页。

岸上看，构成整体论在从伽利略、牛顿以降的科学界一直处于主导地位，生成整体论则引导着当代科学的发展趋势。从根本上看，"以构成论为世界观与方法论的科学理论，其成功的前提是爱因斯坦所说的被描述事物的'历史无关性'：任何粒子，不论是它经历了怎样的历程，都受到同样物理定律的支配，因而产生出同样的运动状态与结果，其行为与该事物的历史无关。以构成论为基础的理论，适合于不存在反馈过程的、由当下相互作用决定的物质体系。对于那些具有反馈过程及其历史积累，从而其行为与其历史有关的事物（例如'复杂性系统'），构成论世界观与方法论必然失灵。因为这些系统的行为不仅由'当下'的相互作用所决定，而且由事物生成的'历史过程'所决定"①。生成整体论实现了对构成整体论的超越。

第一，生成整体论的实质是整体生成。其中，"整体是动态的和有生命的，整体不是由部分组成的，整体就是整体。整体从生之时起就是整体，它不存在部分之和这样的概念关系。生与成联在一起，成长壮大，是任何机器系统所不具有的……部分只是整体的显现、表达与展示，部分作为整体的具体表达而存在，而不仅仅是整体的组成成分。整体通过连续不断地以部分的形式显现其自身"②。

第二，生成整体论的逻辑起点是"生成元"。生成元具有以下特殊的规定性：（1）生成元是整体，不是部分；（2）生成元以信息为主导，而非以质量为本质；（3）生成元携带或蕴藏着系统整体的生成信息，代表系统生长的初始模式或基本法则，即生成元是生成整体的信息源，而非构成整体的本原；（4）生成元蕴含着系统生长的全部可能，故非死物；（5）生成元是生成过程的"最初"，而非构成实体的"最小"；（6）生成元可生可灭，不是既成不变或一成不变的；（7）生成元是系统生长或再生长的起点，或网络中关系联结的结点，而不是空间运动的质点。③ 一言

---

① 鲁品越：《从构成论到生成论：系统思想的历史转变》，《中国人民大学学报》2015年第5期，第122—130页。
② 金吾伦、蔡仑：《对整体论的新认识》，《中国人民大学学报》2007年第3期，第2—9页。
③ 李曙华：《当代科学的规范转换：从还原论到生成整体论》，《哲学研究》2006年第11期，第89—94页。

以蔽之,生成元是系统创始或诞生的开端,是新的整形结构诞生的胚胎;生成元蕴含着系统创生的全部信息,只要具备一定的条件就能发育生长为复杂系统或复杂网络。生成元好似生物体的细胞,每一个细胞拥有生物体的全部信息,可以"克隆"出同样的生命体。生成元存在于系统科学的各分支理论,"如耗散结构中可以放大为巨涨落的涨落、突变论中突变点上的整体控制型、协同学中的序参量、超循环中拟种的突变体、混沌中的吸引子、分形中的分形元等"①。

第三,复元论或探源论是生成整体论的思维程序和方法论原则。其中,"'复元'表示复归系统'生命'之开始;'探源'表示探寻系统生成之根源或信息源。从因果律的角度说,'复元论'或'探源论'要探讨的是生成系统与系统生成的原因,而不是物质构成或运动的原因"②。从根本上看,复元论或探源论所关心的不是系统的单层次的规律,而是探索贯穿于系统的所有层次以及层次间跃迁、转化或变换的共同规律。这些规律与系统的大小尺度无关,与物质的成分无关,因而具有普适性。

生成整体论具有特殊的方法论意蕴,戴上生成整体论的"眼镜",有助于我们发现一个完全不同于机械论、构成论的充满生机的新世界,有助于我们探明自然界的新奥秘,有助于我们揭示人类社会的新规律。但是,这并不意味着构成整体论一无是处,也不意味着生成整体论可以包打天下,"正像分形几何不能取代欧式几何与非欧几何、量子理论不能取代牛顿理论一样,生成论虽然是系统科学思想发展的产物,但并不能取代构成论,而是修正、补充与包容构成论:生成是构成的来源,构成是生成的基础,二者辩证统一"③。构成整体论与生成整体论各有优劣,两者具有一定的互补性,即"构成论的优势是建立总体上的稳定结构,使社会资源得到总体上的合理化配置,以实现社会的总体目标;缺点是容易形成僵化的体系。生成论的优势是通过建立生成元实现社会的自我发展,有利于创

---

① 刘敏:《生成的超越:系统整体论形态嬗变研究》,《自然辩证法研究》2012年第8期,第102—107页。
② 李曙华:《当代科学的规范转换:从还原论到生成整体论》,《哲学研究》2006年第11期,第89—94页。
③ 鲁品越:《从构成论到生成论:系统思想的历史转变》,《中国人民大学学报》2015年第5期,第122—130页。

新，有利于发展丰富多彩的社会事物，具有强劲推动生产力发展的动力作用；缺点是：自发的发展可能导致总体上的两极分化与社会矛盾，造成资源的总体配置上的不合理，甚至影响社会总体上的稳定"①。因此，面对人类社会的各项发展事业，我们当以构成论为指导进行系统筹谋和总体布局，谋求总体的均衡发展，同时以生成论为指导培育微观环境以促进创新转型，最终形成"整体有序而局部无序"②的生态格局。

鉴于构成整体论与生成整体论各有优劣，我们主张"整体生成论"，强调万事万物是由一系列组分或过程单元在系统关联中整体生成的整体。整体生成论脱胎于构成整体论与生成整体论，综合了构成整体论与生成整体论，又升华了构成整体论与生成整体论。

二 高等教育强国的整体生成性

生成是宇宙世界的本质，生成性是宇宙世界的最基本特性。宇宙世界是生成的整体，且处在永不停息的生成之中。马克思主义认为，"地球和整个太阳系表现为某种在时间的进程中生成的东西"，"自然界不是存在着，而是生成着和消逝着"③。当然，不只是地球和整个太阳系是生成的，银河系及整个星系和暗物质、黑洞等构成的宇宙都是在时间的进程中生成的东西。现代科学认为，宇宙孕生于大爆炸，起源于混沌，起源于无序，起源于对称。大爆炸前，一切处于混沌和无序状态，空间不分上下、前后和左右，时间不分过去、现在与未来，物质不分正粒子、反粒子和场，一切是完全对称的。是大爆炸孕生了宇宙，宇宙孕生了太阳系，太阳系孕生了地球，地球孕生了人类，人类创建了人的世界和人的关系。

天地万物不是"孤生"的，而是"整生"的，它们在系统中存在、演化和发展。老子认为，"道生一，一生二，二生三，三生万物"（《道德经》第四十二章）。袁鼎生教授在《超循环生态方法论》（科学出版社

---

① 鲁品越：《从构成论到生成论：系统思想的历史转变》，《中国人民大学学报》2015年第5期，第122—130页。

② 耿宁荷、李枭鹰、钱进：《整体有序而局部无序：大学治理的生态图式与内在逻辑》，《现代教育管理》2018年第1期，第43—48页。

③ 《马克思恩格斯选集》（第4卷），人民出版社1995年版，第266—267页。

2010年版)一书中阐发了"整生论思想",认为宇宙世界是整体生发的,集中表征为"以一生万,以万生一,万万一生,万万生一,一一旋生"。可以看出,袁鼎生教授不仅有超越先贤的勇气,也有超越先贤的智慧。我们赞同也信奉天地万物是整体生发的,是在系统关联中生成的。天地万物的整生性,意味着事物之间是普遍联系的,它们总是以某种方式关联着,并且关联地生成着、存在着、发展着、消逝着。

高等教育是人类在时间进程中的伟大创造,高等教育强国则是人类创造的伟大的高等教育世界。高等教育强国作为发达的高等教育系统,不是"一次性行动"的突然涌现,它与高等教育一样,是经由一个孕育过程的历史性积累的产物。简言之,高等教育强国是生成的,是生成的整体,而且是在系统关联中整体生成的整体。生成整体论认为,"整体是动态的和有生命的,整体不是由部分组成的,整体就是整体。整体从生之时起就是整体,它不存在部分之和这样的概念关系。生与成联在一起,成长壮大,是任何机器系统所不具有的……部分只是整体的显现、表达与展示,部分作为整体的具体表达而存在,而不仅仅是整体的组成成分。整体通过连续不断地以部分的形式显现其自身"[①]。

作为一个在系统关联中生成的整体,高等教育强国好似一个家庭,是由家庭成员之间不可分离的社会关系构成,而不是家庭成员的"简单组合"。高等教育强国不是一般性物质系统,也不是复合性机器,而是具有生命现象的复杂系统或生态系统,不同类型或层次的高等教育或高等学校生在其中、长在其内,彼此互生共长、相互形塑和相辅相成。总体而言,不同类型或层次的高等教育或高等学校只是高等教育强国的"显现、表达与展示",抑或说是作为高等教育强国的"具体表达"而存在,而不只是高等教育强国的"组成部分"。可以说,构成性是高等教育强国的非本质属性,生成性是高等教育强国的本质属性。认识高等教育强国需要了解其"构成方式",更需要了解其"生成方式",尤其需要了解其"构成与生成的互动方式"。忽视了这些,我们就难以走近高等教育本质世界,就难以彻底地、全面地、系统地认识高等教育强国,更遑论建设高等教育强国了。

[①] 金吾伦、蔡仑:《对整体论的新认识》,《中国人民大学学报》2007年第3期,第2—9页。

面对复杂的高等教育强国，我们需要必要的构成论视野，但绝对不能没有生成论思维，否则，就无法知晓高等教育强国的来龙去脉和生发规律。生成论强调生成性、过程性和历史性，认为"世界是由物质及其相互作用构成的，然而这种相互作用不是一次完成的，它们不仅需要用'在场'的相互作用来解释，还需要用已经'不在场'的事物的相互作用的不断反馈的历史过程来解释"[①]。作为人类社会的伟大创造物，高等教育强国的生发既取决于"在场"的相互作用，也取决于"不在场"的相互作用，以及这些相互作用的"历史性积累"。一言以蔽之，高等教育强国是"在场"与"不在场"的相互作用的"整体生成物"，是"生与成"不断非线性反馈放大的"整体生成物"。

高等教育强国存在一个孕生过程，没有高等教育的发展过程，没有高等教育的历史性积累，不可能有高等教育强国的诞生、存在和发展。犹如一切生命体或生态系统，高等教育强国也存在一个不易觉察的孕生过程，即在高等教育强国生成之前，先有高等教育强国的生命在无声地成长了。换言之，高等教育强国是高等教育历史性积累的果实，是高等教育"过程单元"而非"构成要素"的结晶，是高等教育经由从简单到复杂、从一元到多元、从低层次到高层次演化的产物，是一种特殊的"高等教育多样性的统一"。看不到或忽视了高等教育强国的生成性，建设高等教育强国容易追求立竿见影，从而陷入急功近利的泥潭。查阅历史，我们不难发现，每一个世界高等教育中心的形成都经由了特殊的历史积淀，每一次世界高等教育中心的转移都根基于不可或缺的先决条件，每一个高等教育强国的崛起都继承了宝贵的高等教育遗产。作为当今世界最典型的高等教育强国，美国继承了英国和德国宝贵的高等教育遗产，即从某种意义上说，美国高等教育是嫁接在英国、德国的高等教育之树上结出的硕果。当然，美国不只是继承了英国、德国宝贵的高等教育遗产，还扎根美国大地创新了高等教育，生发了具有美国特色的高等教育强国。这启示我们：建设高等教育强国不可缺少历史眼界和国际视野，必须学会汲取世界各国在历史长河中积累的成功经验，同时还需扎根本国大地办高等教育，言必称

---

① 鲁品越：《从构成论到生成论：系统思想的历史转变》，《中国人民大学学报》2015 年第 5 期，第 122—130 页。

发达国家的高等教育或高等教育发达国家皆未必理性。

高等教育强国的生成是一种构成要素、过程单元以及它们之间相互关联的整体生成。作为发达的高等教育系统，高等教育强国具有强劲的高等教育综合实力或整体竞争力，具有系统性或压倒性的高等教育比较优势，属于典型的世界高等教育领跑者。从世界范围的范例看，高等教育强国集中表征为一个由理念、思想、制度、规模、结构、质量、效益、公平、国际化和治理现代化等多个变量共同决定的"复合函数"，而且这些变量对应的各个方面以及这些变量共同决定的结果均达到了应有的高水准和高位格。据此推论，高等教育强国的建设、生成和发展，当以"生成整体论"为指导，以"木桶原理"为行动警示，着力增强高等教育的综合实力或竞争力，同时聚焦于解决高等教育发展中的那些永恒问题以及这些永恒问题中的不平衡、不充分问题，尤其是不能在高等教育的理念、结构、质量、公平、国际化、治理现代化等方面留存"短板"，否则，高等教育强国将永远只是一种虚拟的"乌托邦"。[①] 站在历史的长河中看，"动态优化高等教育结构是建设高等教育强国的根本条件，全面提高高等教育质量是建设高等教育强国的内在要求，深度实现高等教育公平是建设高等教育强国的重要承诺，统筹推进高等教育国际化是建设高等教育强国的战略抉择，系统加强高等教育治理现代化是建设高等教育强国的基本保障。"[②] 一言以蔽之，高等教育强国是整体生成的整体，即为高等教育系统所生，为政治、经济、文化、科技等社会系统的对应关联所生，为高等教育系统与各社会系统的耦合互动所生。

三　高等教育强国的生成元

生成元是生成系统或系统生成的原因，是生成整体论的逻辑元点。生成整体论认为，生成元具有以下规定性：生成元是整体，不是部分；生成

[①] 李枭鹰：《高等教育强国建设需要什么样的高等教育结构》，《高等教育研究》2019年第5期，第21—23页。

[②] 张德祥：《高等教育强国建设路在何方》，《高等教育研究》2019年第5期，第19—21页。

元以"信息"为主导,而非以"质量"为本质,即生成元是生成整体的信息源,而非构成整体的本原;生成元是生成过程的"最初",而非构成实体的"最小";生成元携带或蕴藏着系统整体的生成信息或全部可能,代表系统生长的初始模式或基本法则;生成元可生可灭,不是既成不变或一成不变的;生成元是系统生长或再生长的起点,或网络中关系联接的结点,而不是空间运动的质点。[①] 简言之,生成元是系统创始或诞生的开端,是新的整体结构或整形结构诞生的胚胎,蕴含着系统创生的全部信息或全部可能,即只要具备一定的条件,生成元就能发育生长成复杂系统、复杂网络和生命系统。生成元以不同的样态或方式存在于系统科学的各分支理论,诸如"耗散结构中可以放大为巨涨落的涨落、突变论中突变点上的整体控制型、协同学中的序参量、超循环中拟种的突变体、混沌中的吸引子、分形中的分形元"[②],皆具有生成元的规定性。

高等教育强国是由某种"生成元"孕生的"整体涌现"。那么,高等教育强国的生成元是什么?这关系到高等教育强国到底由什么孕生而成,关系到高等教育强国实现路径的探寻。依凭经验考察、历史总结和理性推理可知,大学是高等教育强国诞生的胚胎或开端,蕴含着高等教育强国生成的全部信息或全部可能,因而是高等教育强国的生成元。没有不同类型或层次的大学的诞生、存在和发展,没有不同类型或层次的一流大学的支撑,就不可能有高等教育强国。2008年启动的国家社会科学基金教育学重大招标课题"遵循科学发展建设高等教育强国之研究"的最终成果认为,高等教育强国的内涵大致可以概括为三个基本方面:一是高质量的人才培养;二是世界级的科学研究;三是卓越的全球影响力。高等教育强国的本质集中于三点,即先进的高等教育理念、发达的高等教育系统和良好的外部适应能力。[③] 显然,无论是高等教育强国的内涵,还是高等教育强国的本质,无不需要大学非比寻常的"作为"来显现、表达和展示。洞

[①] 李曙华:《当代科学的规范转换:从还原论到生成整体论》,《哲学研究》2006年第11期,第89—94页。

[②] 刘敏:《生成的超越:系统整体论形态嬗变研究》,《自然辩证法研究》2012年第8期,第102—107页。

[③] 胡建华:《"遵循科学发展建设高等教育强国"之研究》,《中国高教研究》2017年第5期,第15—24页。

见了这一点，就不难明白和理解：推进世界一流大学建设，实乃抓住了高等教育强国建设的核心和关键。当然，建设高等教育强国不能只有一流大学，不同类型或层次的大学平原、大学高原和大学高峰并存并育是高等教育强国的应有生态。

大学是高等教育强国的生成元，经得起理性的雄辩和实践的考量。不难发现，高等教育的理念、结构、质量、公平、国际化和治理现代化等问题的解决，无一不是以大学为载体来达成，又无一不是通过大学的作为来实现。譬如说，高等教育的布局结构、科类结构、形式结构、层次结构等宏观结构的优化问题，根本上还是一个大学结构优化问题。宏观的高等教育结构优化实质上是大学之间的结构优化，微观的高等教育结构优化则是大学内部各层次的结构优化。可以说，没有各种类型或层次之大学的支撑，高等教育的理念、结构、质量、公平、国际化和治理现代化等问题的解决就是妄想。

如同一切生命体，大学也是生成性的整体涌现，也是在系统关联中整体生成的整体。大学不是突然的"天外来客"，也不是某一次行动的结果。历史的证据是："欧洲社会相对的政治稳定，教会影响的扩大，商业贸易的发展，城市的兴起，行会的产生，社会对教育的需求，以及基督教世界与伊斯兰世界的文化交流，都为欧洲中世纪大学的产生及其人才培养奠定了坚实的基础。"[①] 世界一流大学也是生成的整体或整体生成的整体。正如邬大光教授所言："好大学是立体的，是从里到外的，是从文化到制度的，是从教师到学生的，是从管理到服务的，是从盖房子到种树种花的，是从专业到课程的，是从开学典礼到毕业典礼的，是从黑板到PPT的，是从咖啡厅到书店的，是从体育设施到植物园的，是从运动队到交响乐团的，是从校长到敲钟人的，是从厕所手纸到信封的，是从信封到无障碍道路的，是从通识课程到创新创业课程的，是从校训到队呼的，是从选址到盖房子的，可以说无所不包，无所不在。"[②] 那么，世界一流大学的生成元又是什么？大学以学科建制为基本特征，学科可谓大学的细胞，蕴含着大学创生的全部信息或全部可能。可以说，大学与学科是一个"命

[①] 单中惠主编：《外国大学教育问题史》，山东教育出版社2006年版，第5页。
[②] 邬大光：《什么是"好"大学》，《北京大学教育评论》2018年第4期，第169—182页。

运共同体",统筹推进"双一流"建设抓住了世界一流大学与一流学科之间的"本质关系"。

生成元是生成过程的"最初",而非构成实体的"最小"。但是,这种"最初"是相对的,因生成对象的不同而存在不同层次的生成元。譬如,高等教育强国的生成元是大学,大学的生成元是学科,学科的生成元是课程,课程的生成元是知识。照此而论,知识理当是高等教育强国生成过程的"最初",将知识看成高等教育强国的生成元似乎更符合逻辑,但事实并非如此,因为纯粹的知识并不蕴含创生高等教育强国的"全部信息"或"全部可能"。因此说,不宜无限延伸生成过程的"最初",极限式的"最初"追求,容易将"生成元"异化为构成实体的"最小",最终陷入构成论的沼泽地。从方法论说,这是一种"无限追溯",是一种"恶性追溯"。

四 高等教育强国的生成机制

作为一种在系统关联中"整体生成的整体",高等教育强国到底是如何生成的,这是一个高等教育强国的生成机制问题。《辞海》关于机制的释义为:一是用机器制造的。如:机制纸;二是指有机体的构造、功能和相互关系。如:生理机制;三是指一个工作系统的组织或部分之间相互作用的过程和方式。如:竞争机制;市场机制。[①] 鉴于高等教育的生命性、生态性和系统性,这里的"机制"主要解释为"高等教育的整体或部分之间相互作用的过程和方式"。用生成整体论的眼光看,高等教育强国的生发既需要用"在场"的相互作用来解释,也需要用已经"不在场"的相互作用来解释,还需要用不断反馈的"历史过程"来解释。据此可推,广义迭代、自我复制、超循环运转和历史性积累,是高等教育强国最主要的生成机制,也是高等教育强国的整体生成规律。

(一)广义迭代

高等教育宛如其他一切事物,既在关系中"自成系统",也在关系中

[①]《辞海》(普及本上中下),上海辞书出版社2010年版,第1725页。

与其他事物"互成系统",还在关系中"生成演化"。即高等教育是一个复杂的关系集合体,是一个具有典型的关系属性的关系系统。这集中表现为:高等教育是一种关系的存在,同时又身处复杂的关系网络之中;高等教育在关系中孕育,同时又不断孕育新的关系;高等教育在关系中诞生、存续和发展,又在关系中反作用于一切作用于它的事物。[①] 从这个意义上说,高等教育的发展实质上是高等教育关系的演化发展和广义迭代,而且每一次高等教育关系演化发展的结果作为下一次高等教育关系演化发展的初始值。高等教育是发展变化的,高等教育关系也是发展变化的。不同类型或不同层次的高等教育关系,随着时空的转换而流动着、变化着和发展着,恰似一条川流不息的河流,彰显出"一切流变,无物常驻"的特质。因此,认识高等教育必须立足于高等教育的数量关系、质量关系和序量关系,立足于高等教育的结构关系和功能关系,立足于高等教育的内外部关系以及内外部关系之间的关系,同时必须看到高等教育关系的生成性、变动性和复杂性,否则,就难以叩开高等教育世界的大门,更无法洞悉高等教育世界的奥秘。

高等教育强国在网络态的高等教育关系中孕生,在不断变化的高等教育关系中存在,在历时性与共时性的高等教育关系中发展,同时在孕生、存在和发展的过程中不断形成新的高等教育关系,实现高等教育强国自身的进化和跃迁。从根本上看,高等教育强国的孕育、诞生和发展是一种广义迭代的进化过程,上一次发展为下一次发展创造条件,即上一次迭代是下一次迭代的初始值。高等教育的广义迭代集中表现为高等教育从简单到复杂、从一元到多元、从低级到高级、从一种多样性的统一到另一种多样性的统一的跃迁。从这个意义上说,我们不能把高等教育强国的生成理解成若干构成要素的"简单合成",必须把它理解为高等教育关系的"广义迭代"。高等教育的理念、结构、质量、公平、国际化和治理现代化等在广义迭代中发生量变、序变和质变,即每一次高等教育迭代的结果作为下一次高等教育迭代的初始值。这正是高等教育强国生成性的真谛,也是高等教育强国建设的思维原则。

---

① 李枭鹰:《高等教育关系论》,中国社会科学出版社 2018 年版,第 21—22 页。

(二) 自我复制

生命体是遗传基因反复"自我复制"的产物。前一刻自我复制的结果为形成下一刻的自我复制奠基,生命体在这种自我复制的周而复始中孕生。作为一种生成性的整体涌现,高等教育强国孕生于高等教育强国生成元的"反复自我复制"和"非线性反馈放大"。鉴于大学是高等教育强国的生成元,高等教育强国必须拥有一批世界一流大学,而世界一流大学是大学遗传基因反复自我复制的整体涌现。

如果说大学是"遗传与环境的产物"[①],那么世界一流大学更是遗传与环境的产物。遗传不是简单的模仿,不是外部移植,不是接枝嫁接,而是遗传信息的传递和遗传基因的自我复制。当今世界的一流大学罕见有哪一所是"简单移植"或完全复制其他大学的产物,几乎都是"自我孕生"或"自我复制"的产物。这种自我孕生或自我复制,揭示了遗传的本质和真谛。大学的个性源自大学遗传基因的自我复制,尤其是大学自身的基础、特色、优势和品牌的自我复制。每一所大学的遗传基因不同,所处的环境各异,遗传基因的自我复制、历史性传递和性状表现方式则千差万别,由此而孕生千姿百态的大学。每一所大学有自身独有的遗传基因,只要大学的遗传编码或遗传信息稍有改变,抑或是植入某些其他大学的遗传基因,大学的正常存在就会发生较大的偏差或偏离,就可能不再是原来的大学。这正是世界一流大学为什么都是个性化的根本原因。我们找不出完全相同的两所世界一流大学,哈佛是哈佛,麻省是麻省,哈佛与麻省相互成不了对方,也不能成为对方。

无论是世界一流大学建设,还是高等教育强国建设,抑或是高等教育理论研究,必须走自我复制或自我创生之路,不可拾人牙慧、东施效颦、照猫画虎,跟在别人的后面爬行永远抵达不了世界一流大学或高等教育强国或高等教育理论的彼岸。就高等教育理论研究而言,在全球化背景下套用西方的某种高等教育理论与方法来阐释中国的高等教育现象,或者通过把中国高等教育文本作为西方高等教育理论的注脚来实现某种西化或欧美

---

① [英]阿什比:《科技发达时代的大学教育》,滕大春、滕大生译,人民教育出版社1983年版,第114页。

化,这比直接主张全盘西化或欧美化更能动摇中国高等教育理论的根基,因为它使中国高等教育理论的发展脱离了自己的理论根性。中国高等教育理论的列车不能误入西方高等教育理论铺设的轨道,因而有必要对中国的高等教育研究进行元研究或再研究,跟踪、监控和规正高等教育学的发展方向,促进高等教育学自觉自主发展。学习和借鉴孕生于西方或欧美土地的高等教育经验或理论固然重要,但言必称西方或欧美则未必理性,毕竟"南橘北枳"是普遍现象。每一个国家的高等教育都是遗传与环境的产物,我们需要做的是立足于自身的环境,将优良的高等教育基因反复自我复制和不断非线性反馈放大。

(三) 超循环运转

事物在循环中实现可持续发展和生命的绵延。"事物在直进中没有无限性,在循环中却有"[1],"整个自然界被证明是永恒的流动和循环中运动着"[2],人的认识"无限地近似于一串圆圈、近似于螺旋的曲线"[3],"生命远不是在自然秩序之外,而是所发生的自组织过程的最高表现"[4]。循环让运动和变化从无穷界限的压抑中解放出来,并在相互转化、周而复始之中保持蓬勃的、旺盛的生命力。循环相互关联而成超循环。超循环可以解释独立大物质系统的存在和演化,尤其适合于解释复杂性系统或生态系统的存在和演化。

高等教育强国本质的表征为"结构优化与功能耦合有机统一的高等教育系统,其中结构优化是高等教育强国的内部规定性,功能耦合是高等教育强国的外部规定性"[5]。高等教育强国的形成与发展离不开高等教育自身的可持续发展,同时"离不开社会整体现代化的支撑,需要与政治、经济、文化、科技等社会子系统在功能耦合中互生共长和统合发展,需要

---

[1] [德] 黑格尔:《小逻辑》,商务印书馆1980年版,第207—208页。
[2] 《马克思恩格斯选集》(第二卷),人民出版社1976年版,第461页。
[3] 列宁:《哲学笔记》,人民出版社1974年版,第411页。
[4] [比] 伊·普里戈金、[法] 伊·斯唐热:《从混沌到有序:人与自然的新对话》,曾庆宏、沈小峰译,上海译文出版社1987年版,第222页。
[5] 李枭鹰:《系统科学视野中的高等教育强国》,《复旦教育论坛》2008年第6期,第23—27页。

通过超循环运转来实现"①。一方面，高等教育强国具有适应性很强的高等教育系统，即无论是高等教育组成要素或高等教育的数量、质量，还是高等教育的布局结构、形式结构、层次结构和科类结构，抑或是作为"生成元"而存在的各类型或层次的大学，都能与高等教育强国的生发形成正向匹配关系。另一方面，高等教育能够主动地、全面地满足或适应国家和社会的发展需要，为国家和社会提供必要的人才动力和智力支持；能够与政治、经济、文化、科技等社会子系统形成功能耦合关系，同时促进政治、经济、文化、科技等社会子系统形成功能耦合关系。

高等教育强国以高等教育各子系统形成的互生共长的"内超循环结构"为微观空间结构，以高等教育系统与社会各子系统以及社会各子系统相互之间形成的功能耦合的"外超循环结构"为宏观空间结构，以"内外超循环结构"关联而成的"大超循环结构"为整体空间结构，经由超循环运转而生发。由"内外超循环"双向良性互动关联而成的"大超循环"，揭示了高等教育各子系统以及高等教育系统与社会各子系统以及社会各子系统之间的相互依存、共生互长的发展机制。高等教育超循环系统中的不同部分之间是密切关联的，即每部分都是通过整体而生成和发展的，同时本身又都是生成和发展整体的，整个系统具有"以万生一"和"以一生万"的特质和品性。高等教育超循环结构类似于 DNA 的双螺旋结构，显示出高等教育系统整体生发的机理和图式，揭示了建设高等教育强国必须遵循的基本规律。作为一种生发机制，超循环具有普遍的认识论意义，同时具有特殊的实践论价值。如果人类社会的所有成员之间、社会的各部门和各领域之间、各民族和国家之间以及人类社会与自然环境之间，都能形成这种各部分既自我复制、自我生产和自我支持，又互相激励、互相支撑和互相促进的超循环关系，整个世界关联成某种超循环的网络，构建人类命运共同体则为期不远。

（四）历史性积累

生成性意味着过程性，过程性意味着历史性，历史性意味着积累性。

---

① 黎琳、李枭鹰：《高等教育强国的基本特征与生发机制》，《现代大学教育》2009 年第 5 期，第 97—101 页。

高等教育强国的生成过程既存在涓涓细流式的高等教育量变,也存在平台飞跃式的高等教育质变,还存在基因突变式的高等教育序变。这种量变、序变和质变不仅由当下高等教育的相互作用及其规律所决定,也由高等教育所经历的"不在场"的相互作用或历史过程所决定。高等教育强国不是"一次性行动"的结果,没有哪一个高等教育强国是瞬间生成的产物,没有哪一个高等教育强国不是一次又一次"滚雪球"的结晶。

历史积累性与整体生成性具有同质性、同构性和同一性。历史积累性是一切复杂系统或生成系统的基本特性,像生物的孕育、国家的诞生、大学的生发、曲折的海岸线、复杂的市场结构、股票的价格轨迹等,无一不是在无数次非线性反馈过程中经由历史性积累而生成。对于这类生成系统或复杂系统,我们不能仅仅用系统或系统之间"当下或在场的相互作用"来解释,还必须用系统的生成方式、组织方式、生成过程以及历史积累来解释。总而言之,高等教育强国是"无数次"广义迭代的产物,是遗传基因"反复"自我复制的产物,是各种相互作用"不断"非线性反馈的产物,是若干耦合关联的基本过程单元"超循环"的产物。

第十一章

大学办学的系统关联规律

大学是一种复杂的关系系统。每一所大学办学时都必须立足于各种关系的协调，处理好要素与要素、类型与类型、层次与层次、子系统与子系统、子系统与系统、系统与环境等之间的关系，即大学办学必须遵循"系统关联规律"。

大学办学的系统关联规律，脱胎于高等教育内外部关系规律，延拓了高等教育内外部关系规律，丰富了高等教育内外部关系规律。按照"从具体到抽象，再从抽象到具体，又从具体到抽象"的认识论大循环，大学办学的系统关联规律还是高等教育内外部关系规律走向具体的产物。从根本上看，大学办学关联着人、社会和知识，与人、社会和知识存在一种无法割舍的螺旋相依关系，因而必须协调好大学与人、社会和知识的关系，必须遵循人的规律、社会规律、知识规律以及大学、人、社会、知识的系统关联规律。大连理工大学原党委书记张德祥教授认为，大学校长要有三个视野：一个是人的视野，另一个是社会的视野，再一个是知识的视野。可以说，这是一种对大学办学必须遵循系统关联规律的最直接、最通俗、最简明的表达。

一 大学与人螺旋相依

大学从人而来，向人而去，与人同转。人是大学的元点，也是大学的回归点。大学是人的大学，也是为人的大学。人创造大学的根本目的，是为了人自己，即大学以培养人自身所需要的高级专门人才为根本目的。

大学的诞生、存在与发展也最仰仗人才。人才是大学诞生、存在和发展的根本，没有人才汇聚的大学不足以称之为"大学"。大学是有大学问的地方，而学问总是附丽于人才的，没有人才又何来大学问！"所谓大学之大，非有大楼之谓也，乃有大师之谓也"。这就是梅贻琦校长的"大师论"。"大师论"抓住了大学发展的关键性要素，阐明了人才对于一所大学的特殊意义。当然，我们必须认识到，梅贻琦校长重视大师，但并非意味着独尊大师，也并非意味着不要"大楼"。当今的中国大学，不但有"大楼"，而且还有"大地"，至于有没有"大师"则不好说。

大学与人是螺旋相依的，最初的大学就是"教师和学生的行会"，纯粹是"人才汇聚的行会"，罕见甚或几乎没有当今大学显性的"物质属性"，表现出来的主要是隐性的"精神属性"。中世纪早期的大学，要么是学生型大学，要么是教师型大学，无论是哪种类型的大学，皆表明没有教师或学生就无以成大学，没有教师和学生的大学是难以想象的。马克思主义认为，人是生产力中最活跃的因素，这适用于一切社会组织，更适用于大学之类的学术性组织。美国加州理工学院校长巴尔的摩曾这样说："创建世界一流大学的成功经验可以用两句话来概括：一是把世界最一流的人请来；二是给他们充分的支持和条件。"① 大学尤其是世界一流大学乃大师云集之地。如果一所大学的教授是世界上最著名的，那么这所大学起码是一所颇为优秀的大学，至少不是一所差的大学。人不是影响大学建设与发展的唯一因素，但一定是影响大学建设与发展的决定性因素。大楼、实验室和图书馆对大学固然重要，但决定大学人才培养质量和科学研究水平高低的关键在人。一流的师资不仅是大学实力的象征，也是大学地位和声望的象征。加州大学伯克利分校华裔校长田长霖认为，加州理工学院为什么会变成这么著名的大学？它的腾飞就是靠两个教授，一个是密立根，物理诺贝尔奖获得者，他使这个学校的实验物理迈进了世界一流；另一个是钱学森的老师冯·卡门，他把美国的航空技术带起来了。有了这两个人，加州理工学院就世界知名了。事实上，世界一流大学几乎都是大师云集、群英荟萃。可以说，人才是大学的立足之本、生存之本、发展之本和竞争之本；没有人才的汇聚，没有教师和学生的"在场"，就没有大学

---

① 教育部中外大学校长论坛领导小组：《大学校长视野中的大学教育》，中国人民大学出版社2004年版，第122页。

的一切。

　　长期以来，每每论及大学的人才，人们容易或自然地想到大学的教师，经常将学生或遗忘了，或忽视了，或过滤掉了。这是对大学人才的一种误解。教师是大学的人才，学生同样是大学的人才，而且是大学不可缺少的人才。我们必须转变思想观念，完整地理解大学的人才，尤其要充分认识到学生不只是大学的发展对象或教育对象，学生也参与大学的发展，而且是大学发展的重要力量，事实上，国外不少大学直接把硕士或博士生看成是学校的科研力量。古今中外，每一所大学书写的故事乃至传奇，都或多或少凝聚着学生的智慧和汗水，而且某些学生还在其中写下了浓墨重彩的一笔。诚然，学生主要还是大学的发展对象，学生的主要任务和核心使命是发展和完善自己，大学所做的一切归根结底也都是为了学生的发展。可以说，学生的发展是大学的第一发展，教师的发展和学校的发展都是为了学生的发展，学生发展好了，教师和学校的价值就体现出来了。大学的发展离不开人才，需要杰出教师的支撑，也需要优秀学生的支持。一流的大学要汇聚两种"一流人才"，即不仅要招揽一流的教师，也要招收一流的学生，卓越的大学往往能够做到"鱼和熊掌"兼得。孟子说："得天下英才而教育之，三乐也。"对大学而言，又何尝不是如此！当今世界，越来越多的大学，除了汇聚杰出的教师，对优秀学生的渴求也超越了以往，这是大学的一种觉醒和成熟。

　　大学是汇聚人才的地方，更是培养人才的地方，发展人才的地方。大学是人的大学，大学因人而设，也为人而设。"没有人"就没有大学，"有了人而不为了人"，大学就会迷失方向。因此，办大学要心中有人，要眼中有人，要按人的规律办大学。大学是汇聚人才的场所，是培养人才的场所，若不按人的规律办大学，那到底按什么规律办学？按人的规律办大学，首先是要按人的发展规律办大学。大学的改革与发展要主动适应人的身体发展、心理发展和灵魂发展的需要，促进身、心、灵的和谐发展，即育身、育心和育灵不可偏废。当今大学，不少教师或学生身体强健，心理也健康，但他们似乎并不快乐，这说明在人的身心之外，还有一种东西在影响着人，这种东西被一些哲学家称之为"心灵"。其次，大学办学要主动适应人的个性发展、人的自由全面发展和人的辩证发展的需要。毋庸讳言，我们的大学在这三个方面存在不同程度的问题，最为显见的是人的片面发展、单向度发展现象严重。最后，大学的德智体美劳要协调发展，大学不能只有智育，也不能只有其他教育。大学首先是让人成人，然后是成才和成事，成才和成事最终也是为了成人，而成人就是要成为"完整的人"。当然，大学不只有学生，还有教师，而且教师的发展与学生的发展同等重要。不妨试想，如果没有教师的发展，又何来学生的发展；如果教师的发展不是为了学生的发展，那它的意义和价值又如何体现。

二　大学与社会互塑共长

大学是社会的部分，更是社会中的"整体"。大学在社会中具有独一无二的作用，具有不可替代性，当今社会已经离不开大学。在这个意义上，我们说"大学与社会是螺旋相依的"，此间还有"互塑共长"的意蕴。

从现实来看，大学镶嵌在社会中，被社会包围着；社会滋养着大学，为大学提供生存和发展所需要的环境和条件，但大学不是社会的手段，也不是社会的奴婢；社会哺育大学，大学反哺社会。正是因为如此，阿什比认为"大学是遗传和环境的产物"，这里的"环境"主要是指"社会"。

大学在历史中形成和发展，在这个过程中时刻伴随着与社会的互动，即便是被誉为"象牙塔"的大学，也从来没有真正绝缘于社会。可以说，每一部大学史都内含它自身与社会互动的历史。既然如此，大学必须协调自己与社会之间的关系，处理好"自成系统"与"互成系统"的关系，处理好"自主"与"依赖"的关系。有学者认为，大学与社会要保持一种"若即若离"的状态，"若即若离"亦即"不即不离"或"亦即亦离"。从根本上看，这是大学与社会的本然状态。然而，在各种不同的时空背景下，大学也曾失去过自我，几乎沦为社会的工具，即为了"迎合社会的偏好和欲望"而没有了自我，大学不再像大学，大学也不再引领社会。

美国学者伯顿·克拉克提出了一个大学、政府和社会的三角关系模型，并将不少国家放在这个关系模型中进行了考察，揭示了在不同的国家因高等教育管理体制不同，大学、政府和社会也存在不同关系的客观规律，而大学、政府和社会的关系也可以反映一个国家的高等教育管理体制。大学具有时空特征，任何大学都是一定时空背景之下的大学，这就意味着不同时空背景下的大学与社会存在不同的关系，或近或远、或深或浅，大学对社会、社会对大学的态度也很不一样。当今世界，各国大学所处的地位、扮演的角色大为不同，这反映了大学的时空性，也反映了在不同国家大学与社会的关系不同。

大学与城市的关系是一种典型的大学与社会的关系，前者是后者的缩影或直接表现。大学与城市是人类文明进步的产物，是社会现代化最为重要的力量和标志。城市早生于大学，两者在岁月的推移中奇迹般地相互走向和走进了对方，彼此不离不弃、互动发展，当中充满了人与人之间那种"联姻"的浪漫和神奇。这不禁引起无数人的好奇和遐想——到底是什么力量驱动大学与城市走到了一起，又是什么力量维系和增强着大学与城市之间密不可分的联系？历史与现实昭示：大学与城市作为一个特殊的"共同体"而存在，实为两者互动发展的根本动因，也是解读两者互动发展的认识论逻辑。

（一）大学与城市是一个关系共同体

互动发展不是无根之木或无源之水，没有任何关联的不同主体是不可能形成互动发展关系的。当然，这也并不意味着存在关系就一定会存在互动发展，因为还得看彼此之间存在什么性质的关系和什么程度的关系。在现实中，我们经常用"共同体"来描绘不同个体之间的密切关系。

关系共同体是最普遍和最基本的共同体，是一切共同体样态的前提，即一切共同体首先必须是关系共同体。广义地说，整个宇宙世界是一个关系共同体，而且是最大的"母关系共同体"，当中又存在或圈套难以数计的"子关系共同体"。宇宙世界的不同主体或事物之间存在这样或那样的关系，这种关系的存在将整个宇宙世界联成了一个有机整体，其中包括人类社会的各种共同体。人类社会的共同体无处不在、无时不在，人们围绕不同的对象、需要、利益、目标、愿景等形成不同的共同体，如政治共同体、经济共同体、文化共同体、科技共同体、军事共同体、教育共同体、卫生共同体、交通共同体、安全共同体、生命共同体等。

大学与城市是人类社会的一个特殊共同体，而大学或城市本身又是作为"共同体中的共同体"而存在,即大学或城市本身又是一个共同体。作为人类社会的两大不同主体,大学与城市在社会发展进程中因存在共同诉求,逐步结成了与众不同的关系共同体,即一种"你中有我,我中有你"的关系共同体,一种"互塑共长、荣辱与共"的关系共同体,一种"超越了一般联系意义"的关系共同体。

大学与城市共栖共荣。大学与城市有着特殊的地缘关系,这种关系主要表征为城市包围着大学,而大学身处城市的"内城地带"。当然,也有一些另外的情形,而且在不同的国家或地区以及不同的历史时期还有所差异。例如:一些大学没有围墙,大学与城市几乎没有边界、浑然一体,大学在城市中,城市在大学中,不存在所谓的中心或边缘;一些大学一开始就建在城市周边或远离城市的小镇上,然后小镇以大学为中心逐步拓展开来,大学的发展过程伴随着小镇的城镇化过程;一些大学一开始建在城市,后来为了躲避城市的喧嚣,搬出大城市,来到城市的郊区或周边的小镇,表征为一种"反城市倾向"。历史告诉我们,无论今天的大学身处何处,随着时间的推移,迟早会被城市包围,或大学本身变成"大学城"。这种特殊的地缘关系,让大学与城市的互动发展和协同合作具有了"近水楼台先得月"的地缘优势,同时也让大学与城市的互动发展和协同合作,容易形成"向阳花木易为春"的双赢格局。大学逃匿不了城市,城市也拒斥不了大学,大学与城市之间的"聚力"远远大于两者之间的"张力",大学与城市迟早会走到一起。

大学与城市互为辐射源。大学与城市是人类社会的两座高地,系统性地汇聚了人类社会的优质资源,具有强劲的辐射势能,因而作为一种特殊的辐射源而存在。一方面,大学因自身知识、科技、文化、人才等方面的资源优势而成为城市的辐射源,大学的能量以大学为中心向周边辐射,对所在城市及其区域产生有形或无形的影响。大学所在的城市是"近场",大学的人才、科技、文化等的输出,首先惠及的是所在的城市,然后逐步拓展到城市之外的更广大的"远场"。另一方面,城市因自身政治、经济、交通、能源、医疗、卫生等方面的资源优势而成为大学的辐射源,城市向大学输出物质、信息和能量,支撑和维系大学的生存与发展。从这个意义上说,大学与城市互为动力站和供给站,大学与城市又同为人类社会的中观"地域单元"和一个国家或区域的创新活动的孵化器,双双成为社会的辐射源,两者协同合作还会产生"共振的辐射"或"辐射的共振"。

大学与城市互为名片和磁石。大学是城市的名片和磁石,城市也是大学的名片和磁石。拥有一流大学的城市,或坐落著名城市的大学,都会提升对方的知名度和社会影响力,都会增强对方吸引社会资源的磁力。大学与城市要各自发挥自身的"磁场效应",服务于彼此,为对方加持、赋值和增值。事实的确如此,一流大学容易吸引品学兼优的学生和高水平的教师,一流城市容易受到国家关注并吸引优质投资,一流大学和一流城市合体更容易使双方成为人们朝圣的目标。中国的大学普遍依城市而设,城市常因大学而兴,城市的品位和影响力在很大程度上都受到所在城市之大学的影响,尤其是在今天国际竞争日益激烈的时代背景下,创办和建设一流大学也已经成为我国城市的未来抉择。

大学与城市是高科技与先进文化的生产者与消费者。大学与城市是当今社会的"自动化天堂",是科技化和现代化的重镇和中心。大学是社会发展的动力站,大学科技成果的转化促进社会发展。越是一流的大学科技成果转化率越高,越是现代化的城市自动化程度越高,大学与城市的这种耦合会助推科技化和现代化。大学是创新创造的"现代工厂",是高科技与先进文化的"代名词"。城市是人类社会创新创造的先锋,同时也是高科技和先进文化的主要消费者。大学与城市之间的生产与消费的矛盾运动,构成大学与城市互动发展的不竭动力。

大学与城市互为对方的重要器官,又同为社会有机体的重要器官。大学犹如城市的大脑,大学为城市提供意识与思想;城市犹如大学的心脏,城市为大学提供血液;城市又是人类社会的大脑和中枢神经系统,指挥着社会有机体的运行发展。大学是城市乃至社会的智库,大学改变着城市的思维方式和神经网络,同时通过人才培养、科学研究和社会服务推动着社会的发展。脑死亡是判断人死亡的最终标准,只要大学永葆青春,那么城市或社会的生命力就会健旺。英国牛津大学校长约翰·胡德认为,城市是全球创新网络的中心,大学是城市的中心,为城市创造和传播知识、培养人才,大学被鼓励与城市同心协力,共同致力于知识和技术转移,以及促进城市经济发展。①

（二）大学与城市是一个利益共同体

从根本上说，任何共同体都是存在某种利益的共同体，而且互利互惠是维系共同体可持续稳定发展的最根本动因。大学与城市之间的关系是多元的和网络态的，各种关系的生成、维持和废除的背后是各种利益的博弈，即各种利益的生成、维持和废除。关系是生成的和发展的，没有一成不变的关系。大学与城市之间的关系一直在变，因为两者之间的利益和需要在变，利益互动是大学与城市互动的内在驱动力。利益不仅决定着大学与城市互动的方向，而且也决定着大学与城市互动的过程，还决定着大学与城市互动的结果。

大学与城市是一个利益共同体，两者之间存在多种共同的利益诉求，各自又能以自身独有的方式满足对方的利益诉求。大学与城市之间的利益互动，不是一次性博弈或一次性买卖，而是多次博弈和循环性买卖。如果只是一次博弈，出于自身利益的权衡和考虑，大学与城市皆有可能选取直接对抗或伤害对方的方式，争取各自的最大利益，由于多次博弈的存在，合作最终会成为大学与城市实现利益最大化的共同选择。这也解释了为何中世纪大学在产生之初，大学与城市的关系主要是竞争性的，而随着大学与城市的多次博弈，大学与城市越来越体现出合作为主的特征，即合作而非冲突成为主流。站在历史的长河中看，大学与城市的利益博弈不是零和博弈，而是非零和博弈；大学与城市之间的合作是主流的，对抗是非主流的。大学与城市在长期的发展过程中也已经意识到，零和博弈只能带来大学与城市的"共同创伤"，不利于大学与城市的长远发展，大学与城市完全可以在不损害对方利益的基础上，实现利益共享、精诚合作、共同发展。

大学与城市在互动发展中双赢。当前，大学与城市在经济、文化、科技、国际化、城市规划等方面实现了全面合作。一方面，大学因城市提供的土地、人口、经费等得以生存和发展；另一方面，大学是创新文化的聚

---

① ［英］约翰·胡德、邵常盈：《大学对城市的影响》，《复旦教育论坛》2005 年第 6 期，第 15—16 页。

集地和创新人才的汇聚地,大学的创新优势和人才优势使大学在城市建设中有着至关重要的作用,城市将因大学提供的智力、人才、科技、文化创新而快速有效地发展。大学与城市通过强强联合、优势互补、取长补短、特色互补等形式,达成了彼此的利益诉求,满足了彼此的现实需要。城市对大学的影响是可感的和可见的,大学对城市的贡献也是昭然若揭的,像"信息的爆炸,通讯革命、电子全球村庄、自动化生产、电脑化管理……的存在,都是在过去一百年中发源于大学和研究所之中的"[①]。

大学与城市并非总是一团和气,两者也因利益诉求的不同而发生矛盾和冲突,但最终会在矛盾和冲突中走向合作。互动是双向的,有互动就必然会产生这样或那样的冲突,这是人类社会的常态。大学与城市也存在冲突,但冲突不等于对立。冲突也不存在解不开的"死结",冲突也不一定会必然引起"对抗"。冲突能否形成对抗,与特定的时空条件有关,避免冲突从隐性走向显性、从舒缓走向紧张的必要手段就是建立有效的"安全阀"制度,使对抗或对立的态度与情绪通过排解或替代等方式安全释放出去。大学与城市的冲突是必然的,即便大学与城市之间看似的和平,或许只是冲突极其微小的极端表现而已。在某种意义上,"冲突是社会的生命之所在,进步产生于个人、阶级或群体为寻求实现自己的美好理想而进行的斗争之中。"[②] 大学与城市的冲突调节着大学与城市之间的关系,有助于建立和维持双方的身份特征和职责边界,并在一定程度上促进大学与城市之间的矛盾运动,促使两者走向深度互动与合作。

大学与城市互动发展带来的利益,既有显性的有形利益,也有隐性的无形利益,而前者相对后者仅是"冰山一角"。各种有形的利益是可见的、可感的,如大学与企业共办工厂、大学与政府共同开发项目,在西方国家大学与教会还共同培养神职人员等。同时,大学作为城市的一种文化符号,本身就代表着城市精神和文化发展的高度、品位和境界,长远地和永恒地影响着城市的规格、档次和质量。大学智力集中、人才荟萃、设备和科研条件优越,这些为城市文化的丰富活跃、引导提高、变革更新提供

---

① 徐辉:《高等教育发展的新阶段——论大学与工业的关系》,杭州大学出版社1990年版,第1页。

② [美] L. 科赛:《社会冲突的功能》,孙立平等译,华夏出版社1989年版,第6页。

了得天独厚的条件。大学可以提升城市的硬实力和软实力,而在城市科技、文化、生态等软实力方面,尤其需要大学支持。大学对于城市发展的意义是不言而喻的,"我们不知道一个没有大学的城市会更富有还是更贫穷,因为谁也无法预知一个没有像大学这样的大机构存在的社区会是怎样的一种情况。但是,我们相信,相对来说,很少有其他方式可以像大学那样给一个城市带来如此大的经济效益。"[①] 事实上,大学带给城市的绝不仅仅只是经济效应,而且还有深远的社会效应。

(三) 大学与城市是一个责任共同体

利益共享与责任共担是一体的,这是共同体的内在逻辑。共同生活需要一种共同的秩序和担当,这对于家庭、单位、城市和社会的成员,莫不如此。大学与城市既然是利益共同体,那么也自然是责任共同体。责任不共担的共同体,一定不是长久的利益共同体。大学与城市利益共同体的建立和延续,必须以大学与城市作为责任共同体为前提。

大学与城市既是人类文明发展到一定阶段的产物,也是人类文明持续发展和进步的动力,两者在与时推移中共同承担的社会责任也在递增。现代大学已走出或超越象牙塔,步入经济社会甚或进入经济社会的中心,承担起更多的社会责任。英国学者埃里克·阿什比指出,在世界高等教育史上,美国的贡献就是"拆除了大学校园的围墙",直接让社会服务成为大学的第三大职能。时至今日,大学担当的社会责任还在增加,游离于城市之外、我行我素的大学极其稀少,不承担任何社会责任的大学也极为罕见。尤其是知识经济时代,"大学作为知识的生产者、批发商和零售商,不可避免地要向社会提供服务。"[②]

人类进化以拓展生存空间、提高生活品质、满足发展需要为动力,只要人类还有自我进化的需求,那么建设和发展大学与城市的行动就不会停驻,大学与城市的利益互动就不会终止,大学与城市构筑的责任共同体就

---

① [美]德里克·博克:《走出象牙塔:现代大学的社会责任》,徐小洲、陈军译,浙江教育出版社2001年版,第252页。

② [美]克拉克·克尔:《大学的功用》,陈学飞、陈恢钦、周京、刘新芝译,江西教育出版社1993年版,第80页。

不会解体。大学与城市共同承载着人类的美好愿景，如政治的稳固、经济的繁荣、文化的昌盛、科技的创新、教育的公平、生态的和谐等，是大学与城市互动发展的责任与使命。纵观人类社会发展史，我们不难发现，人类社会最优秀的思想、文化和科技等基本是在城市或大学的土壤中孕生的，甚至大学与城市的周期性兴衰，与国家民族的周期性兴衰，也存在某种历史的一致性或相似性。譬如：欧洲的工业革命创造了一大批新型的城市和大学，而当时的欧洲正是世界经济、文化的繁荣与富庶之地；第二次世界大战之后，美国经历了数次"城市革新运动"，大学与城市的关系得以重塑并得到快速发展，而这一时期美国作为世界霸主的地位也在不断地得到强化和促进。

大学与城市是一个责任共同体，大学与城市理应对彼此负责，同时也要对人类社会的健康、持久和长远发展担负某种应有的使命和职责。大学是社会发展的头脑，城市是社会发展的开路先锋，当政府、企业、社团等机构探索人类社会的发展道路和发展模式时，大学应担当起引领者和思考者的角色。大学作为知识创新创造的主体和高层次专门人才培养的阵地，面对不确定性日益增强的社会环境，必须重新审视自己的角色定位，权衡自身的社会责任和历史使命。当今社会，大学与创新型城市要互动发展，大学推进城市的技术创新、知识创新、制度创新、服务创新、文化创新、创新环境等，与企业、科研机构、创新服务机构和政府等创新主体，形成集聚和扩散知识、技术的网络系统，同时也从中获得一系列有助于大学自身发展的优质资源。

大学与城市是人类的伟大杰作，它们因人类的需要而诞生、存在和发展。大学的发展或城市的发展，最终是为了人的发展，这是大学与城市共同的责任和使命。大学是一种以高深知识为基本的加工材料，以高深知识的传播、保存、创新和理解为基本活动方式，以培养高级专门人才为根本目的的社会机构。大学首先是人的大学，人构成大学的主体，更是大学教育的对象，大学的发展归根结底都是为了人的发展。城市也是如此。人是城市的主人，城市的政治、经济、科技、文化等方面的发展，无非是为了让人发展得更好。一言以蔽之，大学与城市的联合、互动和发展，在根本上不是为了大学或城市自身，而是为了人的发展，两者在这一点上具有内在的一致性，这正是大学与城市互动发展的内在动因和终极目标。

（四）大学与城市是一个命运共同体

宇宙是一个有机整体，用迈克尔·富兰的话说，"一切事物和一切人都是互相关联的。每一件事物影响另一件事物。不管差别多么大，不管距离多么遥远，我们都是相互关联这个整体的一部分……事实上，在我们中间，在其他人群和我们周围的世界找不到真正的分隔——除非在我们的思想里制造这种分隔"①。广义地看，宇宙万物是一个相互联系的命运共同体，有些事物之间相距遥远，彼此之间看似无关，实乃命运与共。

作为共栖共荣的两大社会主体或人工生态系统，大学与城市之间存在一种协同进化和耦合并进的关系。大学与城市在共同体中存在、演化和发展，又在共同体中相互作用、相互影响、相互制约；各自作为一种"自组织"的生态系统在进化，也作为一种"他组织"的生态系统在进化，并且一方的进化总是部分地甚或根本性地"依赖又促进"另一方的进化。大学与城市之间存在显著的正哺、反哺和互哺。具体而言，城市的进化越完善，城市对大学的哺育能力就越强，大学的生存条件和发展平台就越好，大学从城市中汲取的生长元素、养料养分和物质能量就越多。大学的进化越充分，大学对城市的反哺能力就越强，就越能为城市整体功能的释放提供支撑。大学与城市相互影响的渠道是多元的，城市主要以资源与政策为核心影响大学发展的速度或规模，大学主要以人才和智力为核心影响城市发展的步伐和方向。

大学与城市作为荣辱与共的命运共同体而存在。最初的大学尽管不是城市"有意设计"或"刻意安排"的产物，诞生后的大学却与城市存在着这样或那样的关系，发生着这样或那样的相互作用。大学的诞生、存在、发展、壮大和繁荣，总是关联着特定的一座或几座城市。大学诞生之后，城市的命运也在被不断改写，大学通过向城市提供源源不断的人才和技术，增强了城市的软实力，内在地推动了城市的发展步伐，改变了城市的发展轨道，提升了城市的发展效能。尤其是现代社会，"城市里的高级阶层、特权阶层、显贵阶层很多都有了大学教育的背景，大学教育成为专

---

① ［加拿大］迈克尔·富兰：《变革的力量——透视教育改革》，中央教育科学研究所、加拿大多伦多国际学院译，教育科学出版社2005年版，第118页。

业精英的标志。这些精英从事灵魂拯救、法律实践、政府管理、医疗和教育，他们通常是城市各部门的行政、宗教官员，如主教、市长、法官，以及律师、公证人、医生等"①。大学与城市在互动中不断满足各自的种种需要，充分彰显了两者之间存在时空共在性、文化共生性和资源共享性的独特优势。城市办大学、新大学运动、大学城建设、地方与城市共建大学、城市与大学共建科技园区等客观事实的存在，理性而雄辩地表明大学与城市协同发展具有特殊的意义和价值。

城市是大学生发和进化的土壤，诞生后的大学发展强势，很快超出了城市最初的预估和设想，若干大学不仅分享了城市，甚至占有和生成了新的城市。中世纪大学昭示："起初，大学的教师社群是与其他行业的社团共享牛津城，但后来大学竟然逐渐独占了这座英格兰的重要城市。"② 大学与城市从疏远到亲近，最后越来越难以分割，大学与城市的命运紧密地联系到了一起。大学与城市的关系在与时俱进中改变着对方，即大学改变着城市，城市也改变着大学，而且这种改变不是一种被动的适应性改变，亦即就算大学身处城市，但大学也不是附庸于城市的，更不是城市的"寄生虫"，驻扎于城市的大学不是"寄人篱下"或"矮人一等"。当然，大学也不是凌驾于城市之上的，即便历史上曾经有过大学主宰城市或控制城市的先例，比如牛津大学之于牛津城。作为大学的生存与发展的环境，城市也不是专门服务于大学的，更不是作为大学独家的环境而存在，城市还是政府、企业、军队等社会组织的重要环境。不管怎么说，大学与城市犹如河流之两岸，是一种"对生性"的存在，此岸和彼岸不能有短板，否则，洪水来临其后果不堪设想。

城市诞生在前，大学诞生在后，而且晚生了数千年，但这并没有影响两者之间的"联姻"，而且由于命运相连、兴衰与共，大学与城市之间的关系随着岁月的推移而愈加密切甚至不可分割。今天，我们应该理性地认识到：大学或城市不是"孤生"的，而是"整生"的，两者在系统关联

---

① 张育林：《欧洲中世纪大学与城市关系研究》，中国社会科学院，博士学位论文，2006年，第43页。

② [英]海斯汀·拉斯达尔：《中世纪的欧洲大学：博雅教育的兴起》（第3卷），邓磊译，重庆大学出版社2011年版，第48页。

中互动发展。大学永远在路上，城市永远在路上，大学与城市的互动发展永远在路上。大学与城市互动发展的印痕是非线性的和螺旋式递进的，在正哺、反哺和互哺的循环中呈现出整体生发的态势。

大学与城市的互动发展具有典型的"国别特征"，即在不同国家的大学与城市具有不同的关系或不同的互动发展模式。譬如说，美国大学与城市的互动发展具有"自生自发性"，而中国大学与城市的互动发展则带有鲜明的"政府主导性"。当今中国，城市发展迅猛，大学发展快速，可谓"城市越来越大，大学越来越集中"。无论是在美国还是在中国，大学与城市的互动发展已达到前所未有的高度，现代大学和现代城市之间呈现出一种"谁也难以独处"的共生关系。城市是大学的基本生存环境，没有城市的土地、人口和经费，大学难以获得存在的资本和生长的营养。大学是镶嵌在城市中的璀璨明珠，没有大学的引领、谋划和助力，城市难以彰显其独特的文化品位和青春活力。

三 大学与知识相互倚辅

大学与知识相互倚辅，因此与学科、专业和课程相互倚辅，在根本上与课程相互倚辅，因为学科和专业在本质上是课程的组合。从这个意义上说，课程是大学的阿基米德支点，用唐德海教授的话说，"课程不死，大学不灭"。进一步说，课程是大学最基本的要素，属于高等教育领域的一个微观世界。课程全方位地反映着大学的各种思想和理念，直接关系到人才的培养或学生的发展。与学科或专业相比，课程才是真正触及人生的和人才培养的，科学的课程设计为人才培养乃至学生的未来人生提供蓝图。可以说，课程质量决定人才培养质量，大学文凭的意义和价值由学生研修的课程及其质量决定，学科或专业或许只是课程的外壳而已，因为学科或专业在本质上是课程的组合。大学主要为学生提供知识，或者直接地说是"课程"，一所大学所能提供的课程数量越多、种类越多、质量越高，它就越能满足学生发展的需要，越能应对万千变化的各类社会需求，同时课程的数量、种类、质量、序量的综合水平，决定着一所大学开设新的学科或专业的能力。课程演变，延续着并反映着大学的演变；课程水平及其影响力提高，昭示着该大学的兴旺发达与蒸蒸日上；课程丰满，意味着大学健康，生命力强健。

不管怎么说，大学是以高深知识为主要加工材料的，即通过高深知识的保存、传播、应用、生产和创新，履行人才培养、科学研究和直接为社会服务的职能，实现大学的存在价值。学科、专业和课程是大学最直接、最重要的知识性平台，也是高深知识最为主要的加工平台。学科、专业和课程的建设与发展，必须遵循知识规律，尊重知识生产、发展和创新的规律，遵循知识交叉、渗透和融合的规律，遵循知识量变、序变和质变的规律。

学科、专业和课程兼具知识形态和组织形态双重属性。组织形态的学科、专业和课程建设，各有自己的指向和侧重点：学科建设主要是指硕士点和博士点建设，其焦点是凝聚学科方向、汇聚人才队伍和构筑学科基地；专业建设主要是针对本科专科教育而言的，其焦点是创新人才培养模式、配置教学资源、优化课程结构和建设教学团队；课程建设的焦点是课程的生成、课程的组织实施和课程教学的评价，即教学内容、教学方法和教学效果问题。

（一）大学以学科建制为基本特征

学科是"知识门类的划分"或"分门别类的知识"，不同的学科是不同类别的知识。无论是经典学科还是现代学科，在本质上都属于知识的范畴。可以说，知识是学科的本质，知识性是学科的本质属性和固有属性。只要是学科，或可以称之为学科，那它必然属于知识，而且是分门别类的、内在关联的知识。美国学者伯顿·克拉克认为，任何一门学科在其未成"学"（科）之前，总是支离破碎、不成系统的，总是感性认识或部分理性知识的杂合，一旦成"学"（科），它就是一个由不同的但却相互延伸并连接在一起的、具有内在逻辑关系的各个知识单元和理论模块组成的知识系统。

张应强教授认为，学科存在经典学科和现代学科之分，这二者具有不同的特征，遵循不同的生发逻辑。其中，经典学科以知识的分化为基础、主要遵从学科知识逻辑，现代学科以知识的交叉和综合为基础、主要遵从社会需要逻辑。按照经典学科的衡量标准，一门学科能否得以成立，有着非常严格的条件，诸如独特的研究对象、完整的理论体系、公认的专门术语、独特的研究方法、代表性著作和人物、专业性的学术刊物、专门的学术共同体等。与经典学科相比，现代学科具有以下"典型特点"[①]：一是现代学科以社会需要为学科演化和发展的动力，学科划分的标准主要由研究问题的性质和实践目的所决定。研究方法在学科划分中的决定性作用在下降。是否有独特的研究对象、独特的研究方法论和严谨的理论体系，不是现代学科独立或成熟与否的充要条件和标志。二是现代学科以重大的社会问题和综合性主题为研究对象。综合性问题研究取得学科地位，冠名为"学科"。如边缘学科以各门科学的交叉地带为研究对象，横断学科以各个不同领域中的某一共同特性或方面为研究对象，综合学科把各种不同的学科联合起来，组成一个有机统一的新学科。三是现代学科以应用性学科为主，广泛应用多学科理论和方法来研究问题和解决问题，并衍生出丰富的应用技术知识体系，学科内部很难形成严密和统一的理论体系。四是现代学科以多学科、跨学科研究和交叉研究作为主要研究方法，没有专属于学科自身的独特的研究方法。

大学以学科建制为基本特征，这是中世纪大学的宝贵遗产。当今大学，无论是科学研究还是人才培养，主要是按学科分类进行的，也几乎是以学科形式进行组织和管理的。当然，这不是绝对的，也存在交叉学科、跨学科和超学科的情况，但主要还是按学科进行的。学科性是大学的基本特征，也是大学教师或研究者的重要属性。不难发现，教师或研究者通常是归属于某个或少数几个学科的，大学教师或研究者所从事的都是某个或某些学科的教学和研究，即学科是大学教师和研究者的"家园"，他们首先属于某个或某些学科，然后才属于某所大学；他们在大学之间流动，但所属学科基本不变，只是从这所大学的这个学科到那所大学的这个学科而已。大学是以学科为基础建立起来的，所谓的综合性大学、多科性大学和单科性大学体现的正是大学的学科性。从世界范围看，无论在哪个国家，"高等教育的工作都按学科（discipline）和院校（institution）组成两个基本的纵横交叉的模式。各学科穿过地方院校的界限，各院校又反过来收拾各学科的亚群体在地方集合起来。学科和专业研究领域的准院校性质是高

[①] 张应强：《超越"学科论"和"研究领域论"之争——对我国高等教育学学科建设方向的思考》，《北京大学教育评论》2011年第4期，第49—61页。

等教育系统的特性的一个显著的和有特色的部分"①,即高等教育是一个由学科和院校组成的复杂系统。

当今大学的学科具有知识性和组织性两大基本属性,前者是学科的固有或根本属性,后者是学科的生成属性。与此对应,大学也存在知识和组织两种形态的学科。换句话说,"大学中的学科既是以知识系统为基础的学科,又是以具体的院系建制为依托的学科。作为前者,它是一个按知识门类划分而不分国家、地域的知识体系;作为后者,它是一个学术实体,有自己的组织建制、力量配备、运行机制等,表现为不同大学的不同学科具有不同的发展水平、发展方向和特色"②。

学科是大学发展的重要支柱,只有学科得到了很好的发展,大学的学术事业才能繁荣和延续,高深知识才能积淀并得以传播和扩展。大学是学科支撑起来的,没有学科的支撑,大学就连基本的架构都无法形成。大学与学科内在关联,一方面大学具有"学科性",另一方面学科具有"准大学性"。大学与学科天然亲近,大学在诞生之初便以学科建制为基本特征。中世纪大学主要设文学、法学、医学和神学四科,按学科培养人才和进行管理。大学的这种学科制度一直延续到今天,而且愈发彰显其人才培养、科学研究和为社会服务的承载功能。当今大学,主要是以学科为架构的松散组织,大学中的学部或学院或系所几乎都是围绕某些学科而设立,哪怕是跨学科的研究中心或多学科的书院也是以某些特定的学科为基础的。可以说,学科是大学的细胞,是大学发展的柱石;学科建设是大学建设的龙头,是大学发展的重中之重。那种无视学科的大学建设,是没有抓住根本的大学建设,是舍本逐末的大学建设。

学科也是大学的缩影。单科性大学基本上就是某个或某一门类学科的大学。大学依生于学科,一流大学依生于一流学科。事实表明,世界一流大学几乎都拥有一定数量的一流学科,一流学科是世界一流大学的"中流砥柱"。有关资料显示,在美国大学评估中,加州理工学院有时会排在第一,超过哈佛大学和麻省理工学院,主要原因之一是加州理工学院的实

---

① [美]伯顿·R.克拉克:《高等教育系统——学术组织的跨国研究》,王承绪、徐辉、殷企平、蒋恒译,王承绪校,杭州大学出版社1994年版,第6页。

② 周进:《大学学科发展的基本矛盾及特殊矛盾》,《科技导报》2002年第5期,第20页。

验物理和航空技术成为世界顶尖的学科。目前，我国正加紧建设高等教育强国，统筹推进世界一流大学和一流学科建设，全面考察当今世界一流大学的学科特征，深入剖析和透视世界一流大学学科建设的基本理路，不仅有利于解读世界一流大学的形成与发展机理，也可以为我国创建世界一流大学提供可资借鉴的启迪。

（二）大学以专业为人才培养单位

专业是"高等教育培养学生的各个专门领域"[①]。与学科一样，专业也是分类的结果，是知识分类和社会岗位分类双重作用的产物。在大学里，专业作为一种教学单位或人才培养单位而存在，作为学生和教师的活动舞台而存在。不同的大学开设有不同种类和数量不等的专业，侧重于培养不同类型的专门人才。可以说，专业是大学的构成细胞，专业的办学水平是大学办学水平或人才培养水平的缩影或标志。中国大学的本科或专科教育，一般按照专业进行管理，即大学生的招生和毕业归属于大学的专业，每一个专业具有相对独立性和实体组织性。正是专业具有实体组织性，大学的专业建设与改革是综合性的，涉及师资、教学、课程、教材、图书资料、实验室等多方面的建设与发展。

专业与学科、课程，既紧密关联，又相互区别。从知识的视角看，课程是专门化、结构化、逻辑化、系统化的知识，学科是分门别类的知识，专业是以课程为单元的知识组合。这是学科、专业和课程的内在联系。当然，这三者又具有各自的特殊性，这种特殊性在三者的对话或比较中显现。也就是说，如果我们不讲清这三者的相互关系，那么就难以真正地定义、描绘和刻画这三者。

1. 专业以学科为源头

第一，知识形态的学科是专业的基石。学科与专业是一种"源"与"流"的关系，即先有体系化的知识，后有分门别类的学科，然后再有以作为人才培养单位的专业。学科是人们对知识进行人为划分的结果。一开始，知识不分门类，它以整体形式的哲学而呈现和存在，即最初的哲学是一种包罗万象的知识存在。正是如此，才会有像亚里士多德这样的百科全

[①] 顾明远主编：《教育大辞典》（增订合编本下），上海教育出版社1998年版，第2127页。

书式人物。在知识或学科日益分化与综合的今天，百科全书式的人物很难再有。第二，学科是专业诞生的基础，是专业设置的重要依据。没有以知识为内核和本质的学科，专业就是无源之水，自然就不可能有真正意义上的专业。第三，专业的诞生、生存与发展，与社会岗位需要密切相关，专业在某种意义上是因社会需要而诞生，是在社会需要刺激下的人类主体选择的结果。也就是说，专业指向的是社会岗位，比如社会需要法律人才生了法律专业，有了管理方面的人才需求才有了管理专业。因此，专业的建设和发展要主动适应社会的发展需要。第四，学科与专业不存在包含与被包含的关系，不存在谁大谁小的问题。有的人认为，学科比专业大，一个学科包含多个专业，这种观点不准确。《学位授予和人才培养学科目录（2011年）》设13大学科门类、110个一级学科，没有设二级学科。《普通高等学校本科专业目录（2012年）》设12大学科门类（不设军事学学科门类，其代码11预留）、92个专业类和506种专业。稍加对比就不难发现，一方面，专业类与一级学科的数量不对等，即专业类的数量少于一级学科的数量；另一方面，专业类与一级学科多半是同名的。这表明学科与专业内在地交织在一起，勉强比较大小没必要。事实上，为了统筹管理和一体化建设，学科分类和专业分类正在逐步走向统一或一致。如果说学科是专业之源，那么相应的学科就应该早生于相应的专业，这就意味着学科在数量上可以多于专业，同时也意味着同一学科可以孕育多个专业，即一个学科为多个专业提供知识支撑。事实证明也的确如此。

2. **专业以课程为内核**

专业是课程的组合，是课程的结构化，是结构化的课程。离开了课程，专业就不足以成专业。不同的课程组合，构成不同的专业内涵。比如，同样是应用心理学专业，在不同的大学可能具有不同的内涵，原因在于彼此的课程设置不同。事实上，即使是课程设置完全一样，但由于授课教师不同，其专业内涵同样不同，因为授课教师在教学过程中改变了所教课程的知识结构。因此，课程建设是专业建设的核心和焦点。从这个意义上说，课程建设比专业建设更基本，这也是专业教育或普通教育出了问题而常常求助于课程改革的原因。比如，为了防止片面发展，我们通常选择调整课程结构和优化课程内容。从根本上说，课程改革不是学科或专业建设演绎的产物，也不是社会岗位发展需要的产物，而是人的发展需要的产物。

一个专业就是一个课程集合，就是一个课程群，就是一个课程组合。专业以课程为基本单位，没有课程的专业只是一个"空壳"。专业的人才培养依仗课程教学，课程教学质量直接影响人才培养质量。没有高质量的课程组合，就没有高质量的人才培养。这就好比样样菜肴的质量都不高，就无法摆出好的宴席。当今中国社会，学生及其家长填写高考志愿时，多半关注学校和专业，极少关注专业的课程设置及其质量。事实上，对人才培养而言，课程才是最根本的和最重要的，专业如同人的名字只是一个符号而已。从这个意义上说，一所大学开设多少专业并不重要，关键是能够开出多少高质量的课程，而综合性大学应以所开设的课程的多样性和综合性程度或水平为主要判定依据。

专业作为大学的人才培养单位，也是大学的细胞和缩影。假如一所大学只有一个专业，那这个专业就相当于一所大学。专业建设的逻辑与大学建设的逻辑相似，大学建设涉及的内容，专业建设几乎都涉及。本专科院校以专业建制为基本特征，各项建设以专业建设为龙头，即以专业建设引领学校其他方面的建设。

（三）大学以课程为教学的知识单元

教育是以知识为加工材料的，没有知识便没有教育。课程作为"对值得传授的知识形态的界定"[1]，是专门化、结构化、逻辑化、系统化的知识。从教育过程的构成要素看，课程是最重要、最核心的教育中介或教育影响，因而"课程研究就是教育研究的中心，以至如果没有对课程所涉及的问题进行详尽的考察，就不能充分讨论教育的理论和实践问题"[2]。

大学课程作为专门化、结构化、逻辑化、系统化的高深知识，是制约大学教育质量的首要因素，是学科和专业的内涵和根本所在。大学课程一方面将各学科、专业的教学内容和进程变成便于教学的有机体系，另一方面为"培养什么人""怎么培养这样的人""为谁培养这样的人"提供了

---

[1] [美]伯顿·R. 克拉克：《高等教育系统——学术组织的跨国研究》，王承绪、徐辉、殷企平、蒋恒译，王承绪校，杭州大学出版社1994年版，第12页。

[2] 励雪琴：《教育学是什么》，北京大学出版社2006年版，第302页。

基本的蓝图和框架。因此，课程建设是落实大学教学工作的"基本前提"，是学科或专业建设的"主要抓手"，是大学建设的"根本之根本"。大学依生于大学课程，没有大学课程就没有大学；大学课程附丽于大学，没有大学就无所谓大学课程。从某种意义上说，一部大学发展史甚或高等教育史就是一部大学课程变革史，黄福涛教授主编的《外国高等教育史》（上海教育出版社 2003 年版）就是以大学课程的变迁为主线的。

讨论大学课程有一个最基本的理论问题必须说清，那就是大学课程到底是什么。不说清这个问题，那么"称不上大学课程"的课程挤进教学计划或人才培养方案就在所难免，"挂羊头卖狗肉"之类的教学行为就难以杜绝。

1. 大学课程是有结构和有秩序的高深知识的集合体

大学课程是有结构的高深知识，也是有秩序的高深知识。对于具体学科或专业的人才培养方案，无论是其中的单门课程，还是当中的群体课程，组成它们的高深知识之间存在密切的关联性。高深知识是大学课程的"培养基"，大学课程与高深知识具有一定的同质性和同构性，表征为大学课程依凭高深知识来刻画、描绘和定义。可以说，高深性是高深知识的根本特征，也是大学课程的主要特征，即内在的深奥性是区分大学课程与中小学课程的标志，而没有高深性的课程就失却了大学课程应有的条件、品质和风格。比如说，数学作为一门工具性、基础性的学科，是初中等教育和高等教育共同关注的知识领域。但是，它们之间存在巨大的差异，初等数学研究的是数与代数、图形与几何、概率与统计等相关内容，这些研究对象的性质是均匀的、有限过程的常量，以及规则的、平直的几何，研究方法体现出简单性、片面性、孤立性、静止性等特征；而高等数学研究的对象是非均匀的、无限变化过程的变量，以及不规则、弯曲的几何，研究方法体现出复杂性、整体性、发展性、运动性等特征。在处理复杂问题时，高等数学的思维方法包含了极限思想、微分思想、数形结合思想等，这不是初等数学的建模思想、统计思想和方程函数思想等所能解决的。当然，高等教育也可以是用全新的范式探究和解读一些基本的原理，这些原理可能同属于初中等教育的知识范畴。比如，大学物理与高中物理是有区别的，它们的主要区别可能不只是在内容的深度和广度上，还体现在研究的思想和方法上。以微积分为研究工具的大学物理，对物理概念的描述更准确，对物理问题的剖析更深入。矢量的表示、坐标系的变换以及微积分的应用，不仅为物理概念和物理问题的解答提供了简明而精确的科学语言形式，也使得物理学的研究从定性分析向定量分析发展；极限与微元思想和方法的应用，使物理实验和处理方法更为科学，对物理现象和规律的揭示更精确。可以说，高等数学的应用使抽象的物理概念和物理模型得以科学而精确地表达，从而使物理学更具高度的概念化和理论化。无论是"速度""场"等抽象概念的描述，还是牛顿定律、麦克斯韦方程、薛定谔方程的建立，皆因高等数学的应用而变得高深。由此足见，知识材料的深浅、难易以及探究范式的差异，是大学课程区别于中小学课程的独特地方。

大学课程的高深性与大学教师的专业性和学术性分不开，离开了探究高深知识和深奥学问的教师，大学课程的品位或风格就无从谈起。大学教师是活态的大学课程，每一门大学课程的品位和风格，往往与某位或某些教师的品位和风格休戚相关。同一门课程在不同的大学，常常具有不同的风格，授课教师不同使然。鉴于大学课程的高深性，大学教师的研究必须走在教学的前面，有好的研究成果才有好的教学效果，完全靠购买教材来教学无法将学生带到知识的前沿，更遑论培养拔尖创新人才了。教材总是滞后的，就算是不断修订，教材也跟不上时代发展的需要和人才培养创新的需要。解决问题的最佳方法在于，教师及时将最新的研究成果纳入教学内容，及时将科研成果转化为教学成果。

2. 大学课程是经典的高深知识的集合体

庄子说："吾生也有涯，而知也无涯。以有涯随无涯，殆已！"就大学教育而言，每个人的大学生涯是有限的，而高深知识则是无限的，学子永远是以有涯求无涯。高深知识犹如汪洋大海，它远远超过大学四年乃至整个人生之课程的容量。既然如此，进入大学课程的高深知识必须是相关领域的那些经典知识，这些知识对学生的发展是意义非凡的，对社会发展是至关重要的。学生掌握了这些经典的高深知识，不仅可以促进自我的自由全面发展，而且有助于人类的解放与自由。经典既是课程的境界和品位，也是课程生发的坚实基石和永恒素材。一门课程或是发源于某些经典，或是发源于阅读经典的经验，或是整理经典的努力，成熟的大学课程一般拥有自身的经典，诸如经典的理论、学说、代表性人物及其思想等。

任何一门大学课程的经典不是一蹴而就的，而是高深知识长期积淀、凝练和升华的结晶。课程经典的孕生过程也是大学课程走向成熟的过程，课程经典与大学课程是相互形塑的，甚或是相互对生的。从某种意义上说，大学课程的形成过程是一个由经典发端、经由一代又一代专家系统性演绎和整理总结的过程，是一个经过一代又一代人的调整与阐释并开发出一整套技能和训练经验的过程，是一个一代又一代人根据学术发展与社会需要的变化不断发现其应用意义与挖掘新的知识点或生长点的过程。当今大学的许多课程缺乏一种应有的历史感和经典性，我们几乎看不到其形成过程，好像是"忽如一夜春风来，千树万树梨花开"，井喷式课程在大学随处可见，最为常见的是"一篇博士论文就足以构成一门大学课程的全部内容"。许多课程与其说是"大学课程"，毋宁说是迎合社会偏好和欲望而由某个知识点衍生出来的"教学单元"，或者说是为了解决某些人的教学工作量的"因人设课"。大学或许难以完全杜绝这类教学单元性课程的诞生和存在，也难以完全避免因人设课的现象，但可以立足于学科、专业、课程的发展历史，设法将这些数量庞大的"教学单元"或"博士论文精华"整合为精炼的"大学课程"。这是大学义不容辞的责任，也是大学的生存之道、发展之道和竞争之道。

3. 大学课程是专门化、结构化、逻辑化和系统化的高深知识

身处知识金字塔顶端的大学课程，绝非高深知识的杂乱堆砌，也不是高深知识的简单叠加和朴素综合，它有着自身的内在规定性和本质特征。非专门化的高深知识，没资格进入大学课程；未经结构化的高深知识，没必要进入大学课程；未经逻辑化的高深知识，没条件进入大学课程；未经系统化的高深知识，没理由进入大学课程。这些在根本上是一个高深知识进入大学课程的合法性问题。毋庸讳言，如今大量的"称不上大学课程"的课程，挤进了大学教学计划，在大学讲堂粉墨登场，抢占了真正的大学课程的时间和空间。这种课程或粗浅，或陈旧，或滞后，或浮华，或狭隘，或封闭……丧失了大学课程应有的高深性、学术性、专业性、人文性、辽阔性和开放性，与高层次专门人才的培养目标和培养规格不对称，这种不对称致使大学的专业"不再专业"，使得大学的课程"名不副实"。

英国社会学家赫伯特·斯宾塞，早在19世纪就提出了一个值得我们反复深思的命题，即"什么知识最有价值"。这对大学课程的生发具有深

远的警醒和启迪意义。大学应该将最有价值的高深知识纳入大学课程，而不是将那些"称不上大学课程"的课程以昂贵的价格"出售给学生"，诚如此，才不至于辜负那些经由"千军万马过独木桥"而争相涌进高等学府的莘莘学子。不同知识具有不同的价值，不同类型的大学课程肩负不同的责任和使命，兑现不同的承诺。比如说，大学的学科基础课比较强调知识取向、通识取向和人本取向，而专业基础课和专业课相对强调社会取向；专业基础课是让学生掌握经典而系统的学理知识以及培养学生的学科意识和专业意识，而专业课则重在培养学生的专业素养和专业技能。不管它们的责任、使命和承诺存在什么样的差异，以专门化、结构化、逻辑化和系统化的高深知识为核心元素，是大学课程的共性和通性。

四　大学与人、社会、知识互动发展

人、社会、知识作为三股力量，历时性和共时性地作用于大学的发展，而且这种作用是联动的和双向的，还是全体的、具体的和过程的。大学与人、社会和知识之间存在本质的关系和必然的关系，而这些本质的关系和必然的关系就是大学的运行发展必须遵循的规律。大学的运行发展要同时受到人的规律、社会规律和知识规律的统摄、支配和规约，这意味着大学办学必须系统协调好大学与人、社会和知识之间的关系。

社会是人的社会，人是社会的人；知识是人的知识，是社会的知识；人是有知识的人，社会是有知识的社会；大学是人和社会的大学，也是为了人和社会的大学；知识、人、社会和大学，既相互定义，又相互作用，还相互反作用。形象地说，没有人和知识，大学就如无根之草、无本之木和无源之水。离开了社会，大学就如离开了土壤、水分、阳光和温度的种子，永远不会发芽，更遑论长成参天大树了。人与社会以知识为中介实现互动发展，大学以知识为中介释放其个体价值和社会价值。

大学是人的产物，人又借助大学的力量来发展自己；人在大学中，大学又由人来主导；大学是人的大学，大学又为人而存在。这是大学与人的螺旋相依。大学在社会中，社会哺育大学；社会孕生大学，又依生于大学。这是大学与社会的互塑共长。知识尤其高深知识是大学发展的条件，又是大学发展的结果；大学有大学问，大学问的传承与发展又离不开大学。这是大学与知识的相互倚辅。人、社会和知识构成三角互动关系，大学处在三角形的中心，分别与人、社会和知识互动发展，这四者又在系统关联中互动发展，我们称之为"系统关联规律"。这种规律是客观存在的，不以人的意志为转移。对此，我们既可以从经验上去证明，也可以从逻辑上去证明。

以大学为中心，以人、社会、知识为三角顶点，形成互动发展模型。在这个互动发展模型中，大学与人、社会、知识之间连线的长短代表彼此之间关系的远近，两者之间的连线越短表示彼此之间的关系越密切，反之则表示越疏远。在不同的国家，大学与人、社会、知识之间的关系是不一样的，即在有的国家，大学与人的距离近一些；在有的国家，大学与社会的距离近一些；在有的国家，大学与知识的距离近一些。事实上，在同一个国家，不同大学与人、社会、知识之间的关系存在类似的情况，而且就算是同一所大学，在不同时期，也存在类似的情况。这就是大学的时空性，也是高等教育时空性的主要表现。就我国的大学而言，高水平的研究型大学与知识之间的距离最近，职业技术院校与社会之间的距离最近，应用本科院校在这两个方面则处在中间状态；至于大学与人之间的距离，主要取决于每所大学的办学理念，国内很多大学充满人文关怀，高度重视教师和学生的发展境遇。

一所大学到底如何处理自己与人、社会、知识之间的关系，到底应该与谁的关系更近一些或更远一些，主要看这所大学在现实境遇下面临的主要矛盾是什么，需要解决的核心问题是什么。比如说，如果面临的主要矛盾是大学与人的疏远问题，那么应该设法缩短大学与人之间的距离；如果面临的主要矛盾是大学与社会的疏远问题，那么应该设法缩短大学与社会之间的距离；如果面临的主要矛盾是大学与知识的疏远问题，那么应该设法缩短大学与知识之间的距离。但不管怎么说，大学办学必须遵循系统关联规律，因为大学、人、社会、知识是螺旋相依的，是在螺旋相依中互动发展的，是在互动发展中整体生成的。

第十二章

大学学科发展的生态生命规律

每所大学是一个生态系统,每个学科也是一个生态系统。在同一所或不同的大学中,各学科处在相互关联的网络之中,即每个学科既在关系中"自成系统",也在关系中与其他学科"互成系统",还在关系中"生成演化"。这是由高等教育总体规律决定的。大学各学科具有生命体特征,而且各学科之间存在"依生、竞生、共生、整生"[①] 等生态生命现象,它们的运行发展对应地遵循"依生规律、竞生规律、共生规律、整生规律"等生态生命规律。其中,依生规律特指各学科间必然的相互依赖关系,竞生规律特指各学科间必然的相互竞争关系,共生规律特指各学科间必然的和谐统一关系,整生规律特指各学科间必然的整体生成关系。这些生态生命规律决定了大学学科的运行发展,必须坚持平衡与适应、开放与优化、多样与综合、交叉与渗透等生态发展观,遵循大学办学的系统关联规律,协调好各学科与人、社会和知识的关系。

一 平衡与适应

从生态学的视角看,平衡是生态系统的结构与功能,以及物质、能量和信息的输入和输出都处于相对稳定的状态。平衡存在平衡关系和平衡状态两种含义:平衡关系一般指两种相互限制的趋势、力量或性质在数量关

---

① 袁鼎生教授在《生态审美学》(大百科全书出版社2002年版)中将审美范式的运动发展分为依生之美、竞生之美、共生之美三种形式,然后又续写和出版了《整生论美学》(商务印书馆2013年版)、《天生论美学》(科学出版社2018年版)。

系上所达到的一种均衡关系，我们常用数量关系的相等概念表示平衡关系，用数量关系的不相等表示非均衡关系；平衡状态包含有平衡关系，它是以平衡关系为内容的系统稳定状态。生态系统的物质、能量和信息等要素多用平衡关系（或数量关系）来表示，而生态系统的结构与功能、输入与输出等多用平衡状态来表示。

与一般生态系统相比，学科生态系统的内外部关系更为复杂，之所以更为复杂就在于有万物之灵的人介入其中，但我们仍可以将其各种复杂的关系概括为平衡和失衡两种状态。其中，平衡是学科生态系统应保持的常态，失衡则是学科生态系统该避免的非常态。如果学科生态系统出现失衡现象，必须设法及时调控使之恢复到平衡和有序状态，否则，学科生态系统就会逐步衰竭直至僵死。因此，每一所大学都应该按照平衡与和谐的模式去规范学科发展，使学科生态系统的结构、功能以及系统的输出与输入处于平衡状态。但是，学科生态系统的平衡是一种动态平衡，即一种由不平衡趋向平衡的动态平衡。没有不平衡的存在，就无所谓平衡。纯粹的平衡或静态的平衡就是一潭死水，整体平衡而局部不平衡，亦即"整体有序而局部无序"[1]，是学科生态系统的正常态。

大学学科生态系统的结构有宏观和微观之分，宏观结构主要是指群体学科的类型、层次结构，微观结构通常指单体学科的学科方向、学科队伍、学科平台等各要素之间的关系。从学科层次看，同一所大学中的学科门类、一级学科、二级学科呈"金字塔形"比较合理，从塔顶到塔底依次为学科门类、一级学科、二级学科。如果学科门类太少，不仅影响学校整体发展水平，也难以形成学科交叉、渗透、融合，以及产生学科的整体效应和边缘效应；如果一级学科太少，会阻碍学科提高档次和品位，也难以承担综合性的大型科研项目；如果二级学科太少，一级学科就会缺乏适宜的广度和必要的支撑。这些年，国家推行按一级学科申报、建设和评估学科，一些学科表面上是一级学科学位点，但下面的二级学科支撑明显不足。这一方面不利于一级学科的建设与发展，另一方面也不利于学科特色的形成和培育。从学科类型看，同一学校中的基础学科和应用学科、人文

---

[1] 耿宁荷、李枭鹰、钱进：《整体有序而局部无序：大学治理的生态图式与内在逻辑》，《现代教育管理》2018年第1期，第43—48页。

社会学科与自然学科等应协调发展。

在任何一所大学中，学科不是孤立存在的，每一学科都联系着其他学科，即每一个学科既在关系中"自成系统"，也在关系中与其他学科"互成系统"，还在关系中"生成演化"。在这种境遇中，各学科既是自主的又是依赖的，这种依赖集中表现为各学科之间存在不同程度的依生、竞生、共生和整生关系。从经验来看，在一所大学中，假如基础学科和应用学科失衡，或人文社会学科与自然学科孤立存在，就不利于构筑良好的学科生态环境，就不利于学科之间的交叉、渗透和融合，就不利于复合型人才的培养，以及多学科研究、交叉学科研究、跨学科研究和超学科研究。从单体学科结构看，学科方向、学科队伍、学科研究、学科条件等结构应该合理。学科方向的设置既要有学科本体研究，也要有特色研究，还要有前沿问题研究，形成"本体研究＋特色研究＋前沿研究"的生态格局；学科梯队的年龄结构、学历结构、职称结构、学缘结构、性别结构等也要多样，尽可能形成群体异质结构；学科研究既要重视基础研究，也要关注科研成果的开发和利用研究；学科条件建设既要注重硬件建设，更要强化软件建设。

大学学科生态系统的功能主要体现在人才培养、科学研究和为社会服务等方面。无论是整个学校还是某一个具体学科，这三个方面都应该协调发展。首先，形成能适应社会经济发展的具有优势和特色的人才培养体系，培养出具有本学科优势或特色的不同层次人才，是学科建设与发展的首要选择。其次，科学研究是学科成熟与创新发展的支点。高水平的科学研究是学科特色、优势和品牌形成的重要途径，是促进学科交叉、融合与创新的重要动力，是学科资源转化为人才培养资源的前提条件。知识是学科的本质，没有科学研究就没有知识生产，自然就没有学科的发展和创新。最后，为社会服务是学科发展的外在动力，也是社会发展对学科发展的必然要求。通过社会服务，学科不仅可以使其研究成果得到转化和利用，还可以获得社会提供的物质、能量和信息资源，优化本学科系统的结构，增强本学科系统的功能。当然，学科建设不能跟着社会需要跑，不能迎合社会的偏好，要与社会保持一定的距离，因为知识的生产、发展和创新才是学科建设与发展的根本。每一个学科都要有服务社会的意识，但必须牢记科学研究是学科发展之本，人才培养是学科发展的终极关怀。当今中国大学正在加紧建设一流学科，但不能忘了"一流学科建设是为了培养一流人才"。一流学科到底"一流"在何处？在根本上就在"一流的人才培养"。

大学学科生态系统是一种耗散结构，即一种通过能量消耗来维持自身稳定的结构。从这个意义上说，每一个学科的输入与输出也应该平衡，这是学科与社会发展相互适应的客观要求。从生态学的视角看，没有一种生命体是可以孤立存在的，任何一种生命体都生活在一定的环境之中，必须同周围的环境进行物质、能量和信息的交换。作为一种特殊的生命体，学科要生存与发展，必须同外界环境诸如经济、政治、文化、科技等不断交流变化着的信息，并不断从中吸取物质和能量，以补充内部资源的消耗和抵消系统的增熵。与此同时，学科生态系统也要不断优化自身的结构和功能，通过主动适应外部环境需要而获得支持，提升系统的适应力和生命力。相反，如果把学科系统封闭起来，隔断其与外界环境之间的物质流、能量流与信息流，系统就会衰竭而死。当然，学科系统与外界社会系统之间的关系不是单向的，而是相互的和双向的，学科系统从外界社会系统中吸取营养的同时，也为社会系统的稳定与有序提供支撑。

平衡与适应既是一种生态规律，也是一种学科发展观，还是大学学科建设与发展的基本目标。学科生态系统平衡与适应能力的培育，根基于良好的学科要素与学科要素、学科与学科、学科系统与外部环境之间的互动发展机制。一是学校的学科结构要与社会产业及行业发展需求的结构相适应，学科的人才培养、科学研究要与国家重大科技及社会问题的解决相适应。当然，这种适应是主动的而非被动的，是积极的而非消极的。二是学校各学科要真正成为人才培养、科学研究和社会服务的实体，要积极面对社会求生存和谋发展，主动与社会科研机构、实际生产部门建立各种类型的横向联合实体，架起物质流、能量流和信息流的桥梁，求得学科发展与社会发展的动态适应和平衡。三是建立竞争与合作机制。在同一大学或同一院系中，各学科享有共同的生存与发展空间，分享共同的教育资源或学科资源，当有限的资源不能满足无限的需要时，就会出现这样或那样的竞争，其结果必定是优胜劣汰。从表象来看，这不利于各学科共同发展，但从进化生态学的观点看，竞争的长效性后果则是协同进化。从实践来看，良性竞争可以促进学校各学科的交叉、渗透和融合，推进学科之间、系科之间甚至校际之间协同合作，发挥学科多样、学科综合、学科交叉等方面的优势，提高学科的整体性、综合性和系统性竞争力。

二 开放与优化

世界上一切的孤立系统，与外界没有任何物质、能量、信息的交流时，其自发演化总是朝有序程度越来越低的方向发展，最终趋向于无序或僵死。假若系统的正熵值增加，则系统的无序程度增加。当熵值达到最大状态时，系统的有序结构或状态不复存在，系统走向崩溃。因此，系统要维持有序状态，就必须使系统获得更多的能量，清除不断产生的无序或混乱，重新建造有序。这就是耗散结构理论的要义，即通过能量的消耗维持系统的稳定和平衡。生态系统是一个远离平衡态的开放系统，具有发达的耗散结构，通过不断与外界环境进行能量、物质交换，能够克服混乱状态，使系统保持一种内部高度有序的低熵状态，维持系统的平衡与稳定。

大学学科生态系统也是一种远离平衡的耗散结构，需要不断与外界环境进行物质、能量和信息的交换，从中吸取更多的物质流、能量流和信息流，以抵消系统内部不断增加的正熵流，否则学科系统就会逐步走向无序或沙漠化。一般而言，经费的投入是学科生态系统的能量流，设备、仪器、器材和试剂的投入是物质流。能量流和物质流短缺或不足，必然限制学科发展的规模、数量和速度，同时也会影响学科梯队、人才培养和科学研究的水平以及学科基本条件的改善。信息流（诸如学术交流与合作、产教融合等）的匮乏，会影响学科建设与发展观念的更新，学科队伍学术视野的拓展，人才培养模式的改革以及科研方法的创新。因此，每一个学科都应该增加自身的开放性，拓宽能量流、物质流和信息流渠道，以增强系统的生存与发展能力。如果把学科系统孤立起来，断绝其与外界环境之间的一切联系，系统必将陷于混乱与无序状态。可以说，开放学科系统，架起学科与外部环境之间物质流、能量流和信息流的桥梁，是学科建设与发展的内在要求。当然，学科系统的物质流、能量流和信息流的流向要合理，否则也会影响学科发展和学科生态系统的平衡。学科发展是一种整体生成，是一种集学科梯队、学科方向、科学研究、基础条件和人才培养等多种要素于一体的综合性发展，虽然各要素在学科系统中具有不同的地位和作用，有的处于主要地位，有的处于次要地位，但各要素是相互联系的，它们既相互影响、相互制约，又相互支撑、相互促进。

大学在学科建设中必须合理配置资源，既要重视和集中发展那些对学科发展水平影响大的要素，又不能忽视那些对学科发展有支撑或干扰作用的要素，否则，学科系统会因某些要素没有得到适当或充分发展，而影响其整体水平的提高。比如，在某一学科中，假若只有先进的仪器设备，而没有相应的学科队伍，先进设备则无人使用，最终造成资源闲置或浪费；相反，如果有了一流的学科队伍，而无先进的仪器设备和科研条件，则会造成英雄无用武之地。因此，学科生态系统的物质、能量和信息，惟有优化配置和合理使用，才能促进学科生态系统的优化和升级。

学科系统的开放理应是全方位的，除了向外界环境开放外，还应该向学校其他学科系统开放，加强与其他学科系统之间的互动与合作。在学科生态系统中，各个学科以及各个学科门类之间，除了竞生关系，还存在依生、共生、整生关系，彼此之间还可以互相支撑、互为营养。各学科通过资源共享、信息传递和能量流动，整合对方优势，使每一个学科都能对其他学科以及该学科指向的实际领域，提供更加有力的支撑和有效的服务。

从国际上看，开放不仅是世界一流大学的品性，更是世界一流大学的办学理念。世界一流大学的开放是多层次、全方位的，不仅涉及学校、院系、研究所（中心），也涉及学科、专业、课程、教师、学生等诸多方面。具体到学科领域，这种开放表现为两个方面，即向社会大系统开放和向其他学科系统开放。作为具有生命体特征的系统，学科要持续、健康发展，必须求得外在适应与内在适应的有机统一。世界一流大学无一不是社会发展需要的产物，欧洲古典大学、英式大学、德国模式大学如此，美国模式大学更是如此。作为大学的"缩影"以及大学各种职能的承载者，学科也是社会发展需要的产物。大学中的每一个学科都不是独立的变量，它们都与社会存在千丝万缕的关系。大学首先是一个国家或社会的大学，必须为国家或社会发展服务。当今世界，一流大学都非常重视科技与产业的结合，如麻省理工学院的科学工业园、斯坦福大学的科技园区、剑桥大学的科技工业区，加州理工学院、伯克利加州大学、牛津大学、东京大学等都在校内设有专司科研与产业界合作的机构。

求得内在和外在适应是每一个学科发展的逻辑要求，而适度开放则是学科求得内在和外在相适应的必然选择。苏联学者斯末尔诺夫认为，"当学科本身越来越深入自己的对象时，就接近这样一个界限，这个界限表明，构成其他学科对象的属性和过程在客观上包含在这一对象中……不去考察似乎与这一学科完全无关的属性和现象，就不可能认识构成该领域学科本身对象的那些现象"[1]。每一个学科只有开放自己、跨越自己的学科界限进入目前尚未标界的领域，才能求得永恒发展。目前，一些世界名牌大学逐步打破学科壁垒，在综合设置学科的同时，建立了许多面向实际问题、以功能为中心的课题组、研究所、实验室和研究中心，增强了学科间的开放性。如哈佛大学以国际政治学为核心，设有 20 多个国际问题研究中心（所），该学科设置的课程多达 215 门，几乎囊括了世界各地区和全球主要问题的研究；伯克利加州大学致力于全球共同关注的一切重大问题，设有大量新兴、交叉学科，有 100 多个专业，课程达 7000 多门；东京大学的学科基本上囊括了当今高等教育和学术研究的主要领域。

总之，适度开放是大学学科进化之本。在大学已走进"经济社会中心"的今天，大学中的各学科绝不能躲在"象牙塔"内搞纯学术研究，而应该把学术研究与人类社会的发展密切联系起来，加强与现代文明社会之间的对话和互动，回应时代变迁和时代进步的挑战和需要，主动为所在国家和民族做贡献。

三　多样与综合

一个由众多生物物种组成的复杂生态系统，要比一个只由少数几种物种组成的简单生态系统，更能承受自然灾害或人为干预的打击，从而保持良好的稳定状态。气候变化、某种害虫或病毒的入侵，对于一个作物种类单一、生态格局简化的农田生态系统，可能造成严重的甚至毁灭性的打击。然而，对于一个物种丰富、结构复杂，体现了生态格局多样性的森林生态系统来说，通常是不会产生毁灭性后果的。又如，树种单一的马尾松林，在松毛虫的侵害下可能遭受巨大损害甚至被毁，而非单一树种组成的

---

[1] ［苏］斯末尔诺夫：《现代科学中跨学科发展的某些趋势》，黄德兴译，李国海校，《现代外国哲学社会科学文摘》1986 年第 8 期，第 16 页。

针、阔叶混交林的稳定性就强得多，即使遭受危害，也只是局部的，一般不会是毁灭性的。热带雨林之所以抗灾变性强、有序化程度高，被认为是维护地球生态健全最重要的一种森林生态系统，根本原因在于其物种特别丰富、结构异常复杂。这正是生态学强调的"多样性导致稳定性"。

"多样性导致稳定性"也适用于大学学科发展。在同一学科生态系统中，学科多样意味着该系统的结构复杂，网络化程度高，异质性强，能量、物质和信息输入输出的渠道众多密集，纵横交错，畅通无阻，学科与学科之间以及学科与外界环境之间能够迅速及时地进行物质、能量和信息交换，使整个学科生态系统保持平衡状态。比如，在同一学科中，多样化的学术观点和理论学派，有助于扩大学科的思维空间，拓宽人们的学术视野、活跃学术思维，促进学科发展，提升学科人才培养、科学研究和为社会服务的能力。一般而言，综合性大学、多科性院校的稳定性，要高于单科性院校。在综合性大学和多科性院校中，由于多学科的共同存在，学科之间不仅可以构成线性的"链状关系"，还可以形成非线性的"立体网状关系"。各学科通过交叉、渗透、融合和嫁接，形成新的学科生长点，催生新的学科生命力。从世界范围看，一流大学绝大多数是综合性大学，而且水平最高的单科性学院（如医学院）也大多是在综合性大学里。在美国高校，学科布局是多样化的，但总体呈现理工结合、文理渗透、基础与应用并行的综合化趋势。当然，学科并不是越多越好，把所有的大学都建成综合性大学不现实，也没有必要。

多样与综合是全方位的和系统性的，既体现在学科层面，也体现在学科要素上。除学科类型多样之外，大学的学科层次、学科方向、学科梯队结构等也应该体现多样性和综合性特点。学科层次问题前面已经论及，不再赘述。就学科方向而言，大学中的每一个学科都应该有三个以上的明确方向，至少包括学科的本体研究、特色研究和前沿研究。其中，本体是一个学科最基本的部分，它是经过长期的发展形成的，是一个学科独立和成熟的标志，放弃对学科本体的研究，学科就难以生存和发展。每一个学科还应设有特色方向以及跟踪学科发展前沿的学科方向。学科特色方向和前沿方向的选择，可以在主体部分，也可以在非主体部分。就学科队伍而言，其职称类别要多样，因为这种异质群体结构，才具有发展较强的生机和潜力。在年龄上，学科梯队人员要拉开年龄层次，否则容易造成同龄、同层次、同时升级、同时老化的情况，不利于学科梯队持续、稳定和健康发展。

多样与综合是大学学科发展必须遵循的生态规律。大学的学科建设要设法使主干学科、支撑学科、配套学科和相关学科，基础学科和应用学科，人文学科、社会学科和自然学科同存共荣，通过多学科交叉、渗透、连接、互动和融合，不断催生新的学科生长点，形成富有生机与活力的、网络化的、良性的学科生态系统。"科学是内在的统一体，它被分解为单独的部门不是由于事物的本质，而是由于人类认识能力的局限性，实际上存在着从物理到化学，通过生物学到人类学到社会科学的链条。"[1] 知识划分为各种不同的学科，但这些学科并非绝对割裂的，而是相互依存、相互联系的。大学如果孤立地发展某些学科，而忽视另外一些相关学科，即使取得暂时的发展也难以持久，更不可能形成良好的学科发展环境，最终影响科学研究和人才培养质量。

站在历史的长河中看，世界一流大学几乎都经历了一个由单科性、多科性到综合性大学的发展过程。如牛津大学、剑桥大学、耶鲁大学从以人文学科为主，发展到文、理、法、管、医、工相结合的综合性大学；麻省理工学院、加州大学伯克利分校则从以技术学院为主，发展到理、工、文、管相结合的综合性大学。在当今科学、技术、生产一体化背景下，单纯基于学科分化特性的系科划分和设置已不合时宜，学科设置综合化、跨学科协作实体化和体制化已成为高水平大学发展的趋势。大学学科设置"由点到线进而由线到面的发展，大大增强了学科的繁衍能力。数学与自然科学、人文与社会科学及技术科学在知识的渗透、学科的交叉、门类的杂交中，犹如一张正在编织的大网，走向科学整体"[2]。

大学学科为什么需要综合集群发展？一是学科综合集群发展，符合当代科技发展的需要。当今科技发展不仅需要同一门类的学科之间打破壁垒和障碍，进行交流与合作，而且需要不同门类的学科进行跨学科的交叉、渗透与融合，呈现综合化、集成化的趋势。数、理、化、生等基础学科间

---

[1] 赵文华：《高等教育系统论》，广西师范大学出版社2001年版，第22—23页。
[2] 潘云鹤、顾建民：《大学学科的发展与重构》，《高等工程教育研究》1999年第3期，第10页。

相互渗透，理科与工科、农医等不同门类间相互结合，自然科学、人文科学和社会科学之间相互交叉，在其发展过程中不断产生新的研究方向、新技术与工艺以及新的理论体系，在具备一定的环境和条件下形成新的学科生长点，从而促进学科的发展。大学的学科发展不能停留在彼此相对独立的一个个学科"单打"的水平上，而应按照学科的内在联系和发展规律，坚持以社会发展需要为导向，加强多学科间的交叉融合、构建若干个学科群。只有这样才能承担国家大型综合性项目，推出有创新的研究成果，才能培养跨学科的高水平人才，更好地发挥大学的综合实力。二是学科综合集群发展，符合学科发展的内在逻辑。大学中各学科的发展不是孤立的，每一门学科的发展都需要相关学科的支撑。因此，大学不仅要关注重点学科、优势学科和特色学科发展，还应重视一般学科和新兴学科的发展，尤其要积极发展多学科群。三是学科综合集群发展，符合"大学科"发展的要求。无论是自然界、人文社会及人类思维还是对它们进行的科学认识，都是一个统一的整体、一个相关的系统和一个交错的网络，仅从它的某一个方向来调查一个现象，研究一个问题，往往会得出片面的结果或结论。如仅从环境化学来寻找解决大气污染的良方，显然是不可能的；仅从建筑学来制定城市规划是不会有最佳方案的。当今科学技术的主要特征是高度综合，一项重大科研成果涉及众多学科。如以汽车为研究对象，必须组织微电子学、机械工程、计算机科学、材料科学、空气动力学、工程美学等多学科的力量合作攻关；以水资源保护为课题，必须组织水力学、环境化学、生物学、社会行为学等多学科的力量加以联合研究。诚然，这种"大学科"的出现不是"返璞归真"，不是回到从前无明确学科界限的学科状态或哲学包罗所有知识的时代，而是要让学科连续体中各相关学科中的基本要素向同一个目标延伸、拓展和汇聚。

学科综合集群发展是大学学科建设的价值追求，但这并不意味着一所大学的学科越多越好，因为学科太多容易使投资分散，或有限的资源撒芝麻。如果投资分散，多学科的潜在优势反而得不到发挥。事物的发展总是对立统一的，单学科难以提高水平，但综合化又委实难以做到，如何折中和平衡，则是大学学科建设要解决的课题。

四 交叉与渗透

现代生态学研究表明，在两个或多个不同性质的生态系统交接重合的地带，通常生物群落结构复杂，某些物种特别活跃，出现不同生态环境的生物种类共生的现象，种群密度也有显著的变化，生物之间的竞争激烈，生存力和繁殖力也相对较高。例如，许多鸟类在乡村、居民点、城郊、校园等自然和人工生态系统邻接处，生态系统的种类、密度和活跃程度都比在人迹稀少的荒野、草原或单种森林更多更大；在森林生态系统的林缘地带，植物种类更多，花繁草茂的程度远甚于森林内部，一些野生动物更频繁地出没于植物镶嵌度大的边缘栖境；海洋的高产区都集中在同陆地、岛屿交接的地方或河口、海湾地区。这些现象在生态学上称为"边缘效应"。

作为一种生态规律，边缘效应对大学学科发展具有重要的启迪。大学要加强学科设置综合化，注意强化各学科之间的横向联系，形成交叉边缘。在科学研究上，利用学科边缘效应，把焦点汇聚到学科之间的边缘上，占领交会带，这有利于快出成果、出好成果，催生一些新兴的交叉学科和边缘学科。在学科队伍建设上，不同学科之间互派人员进行交流与合作，不仅可以使人才和学科处于边缘交叉之中，同时可以使学科之间产生边缘效应。一个人从一个学科到另一个学科去进修学习，这对进修者以及接受学科来说，都处于边缘交叉之中。进修者把本学科和本人的知识结构、学术水平与思维方法带到接受学科，同时又把接受学科的知识结构、学术水平和思维方法带回到本学科，形成特殊的边缘效应。

总而言之，不同学科之间只有进行交叉与渗透，才能不断地创新知识和更新信息，才能产生可预见的边缘效应。同样，不同学科之间惟有保持与时俱进的边缘效应，才能充满生机与活力以适应社会和科技不断发展的需要。

第十三章

大学课程教学的知识相变规律

　　课程教学是教育理论研究的核心主题，教育理论界从来不敢怠慢课程教学研究，而且与课程教学关联的不少理论问题一直是教育理论界探究不尽和争论不休的难题。课程教学涉及的领域广阔，其中大学课程教学目的属于基础性、根本性、本位性和永恒性的问题。一般而言，课程教学目的观内生于课程本质观，即有什么样的课程本质观，就有什么样的课程教学目的观。长期以来，课程教学理论界存在知识本质观、文化本质观、活动本质观、经验本质观、系统本质观等见仁见智的课程本质观以及与之对应的课程教学目的观，大学课程教学则因这种"见仁见智的本质观或目的观"而被视为"一个复杂性概念"[1]。

　　我们赞同知识本质观即"知识是课程的本质"[2]，信奉"什么知识最有价值"是"建构课程的基础"[3]，坚信理想的知识相变是课程教学的本质追求。作为知识形态变化的过程或结果，知识相变存在量变、序变和质变三种基本范型，不同范型的知识相变又存在自身的规律。大学课程教学理当遵循知识相变规律，谋求最优的量变、序变和质变，促进学生实现从"知识旧相"到"知识新相"的新跨越。但是，这并不意味着课程教学只与知识有关系，而与人和社会没有关系，因为离开了人或社会（单个人的联合体），不仅没有任何知识可言，也谈不上任何范型的知识相变。

---

[1] 张胤：《"大学课程"：一个复杂性概念》，《江苏高教》2004年第1期，第76—79页。
[2] 李枭鹰、牛军明、武凤群：《大学课程高深性的探幽与溯源》，《大学教育科学》2017年第5期，第53—56页。
[3] 王玲、张德伟：《知识价值变革下的大学课程重构》，《江苏高教》2006年第5期，第69—71页。

一 知识量变

量变是世间普遍的现象，存在于万事万物之中。作为一种变化的度量，量变的直接判据是数量多少的变化。量变潜藏于事物的渐变或骤变之中，常言的统一、团结、联合、调和、均势、相持、僵局、静止、有常、平衡、凝聚、吸引等，既潜藏着量变，也是量变的结果。作为知识相变的一种基本范型，知识量变集中表现为知识的衰减、递增和裂变，而知识的递增和裂变是大学课程教学的选项，知识的衰减则为大学课程教学的弃项。

（一）知识递增

知识传递不遵守"守恒定律"，一般会发生这样或那样的量变，最常见的是知识的衰减或递增。知识衰减是知识的数量、密度、浓度、强度等不断递减的过程或状态。知识衰减是多原因或多因素的，教育者、受教育者和教育中介作为教育过程的基本要素，皆有可能成为引发知识衰减的变量。课程是最重要的教育中介，课程生成、课程选择、课程组织、课程实施、课程环境等都会影响课程教学的效果，引发不同方向的知识量变，或知识递增或知识衰减。

知识衰减既是量变的过程，也是量变的结果。换言之，知识衰减是一种"进行时"，也是一种"完成时"。大学课程教学的改革和创新，不要选择在知识衰减的完成时，而应选择知识衰减的进行时，以便及时制止或规避知识的衰减，这正是形成性教学评价或过程性教学评价的责任、使命、意义和价值。单从教学过程看，知识衰减存在因个体差异而引发的个体性知识衰减，以及因教学方法或教学内容等引发的群体性知识衰减，前者要着力于从受教育者身上探究原因以求解决之策，后者要着力从教育者、教育中介上找寻原因以求化解之道。知识衰变如不能被及时遏制，就会不断放大而加剧"知识落差"，这种恶性知识量变积累到一定程度便会引发恶性知识质变，而新的恶性知识质变又诱发新的恶性知识量变，如此循环反复而不断放大知识的"落差曲线"，最终导致知识衰变的"滚雪球现象"。学习知识是一种螺旋运动，因而知识发生局部性或间歇性衰减属于正常现象，只要及时补充知识便可缓解或遏制知识衰减。对于知识衰减，宜早发现、早诊断、早修正，以便及时弥补衰减的知识，有效遏制知识衰减，扭转知识衰减的局面，让知识相变步入知识递增的轨道。

知识递增是知识的数量、密度、浓度、强度等不断增加的过程或状态。知识递增不似脉冲般的激增，也非近似直线的暴涨，而是一种螺旋运动，集中表征为一种有条件的曲线式增加；知识递增不似简单的代数相加，也不似偶然的突变，集中表征为一种复合式增长。知识递增是大学课程教学的出发点和归宿点，也是学生谋求的知识新相。过去，我们比较强调"给学生一杯水，教师应有一桶水"。事实上，我们更应强调"给学生一杯水的同时，让学生产生一桶水"，即让学生在知识坐标上形成正向的指数增长曲线。这才是大学课程教学的本质追求，也是学生学会学习的关键所在。知识递增可以是原有知识的漏洞和不足得到了填充，可以是在原有的知识领地上增加了新的知识板块，也可以是知识的数量、密度、浓度、强度等得到了提升。

知识递增是大学课程教学的基本要求或阶段性目标。为了在知识衰减中"补齐短板"，在知识递增中"开疆扩土"，大学课程教学理当形成畅通的闭环控制系统，吸取失败的大学课程教学教训，总结成功的大学课程教学经验，充分认识知识递增的或然性，牢牢把握知识递增的必然性，适时调整教学系统的参数、控制无关变量，及时修正大学课程教学系统的误差，确保持续的、稳定的、健康的知识递增。

（二）知识裂变

知识裂变是知识的"井喷现象"，是原子爆炸式的知识量变，集中表征为知识的"以一生万"。知识裂变犹如拓扑结构一般，由点到线、由线到面、由面到体而构成网络态的知识链，不同知识之间既相互关联又相对独立，好似兼具合作性和稳定性的"多晶体"。知识裂变是一种普遍的知识相变现象，数学、物理等领域的公理、定理、定律的推导属于典型的知识裂变。

知识裂变是多重力量叠加的结果，可以源自知识间的相互撞击，可以源自新旧知识的相互交锋，也可以源自知识间的触发性、扩散性、关联性的链式反应。知识裂变不是"无中生有"，而是"有中生有"。知识裂变归根结底是主体内发的知识运动,任何人的知识裂变在根本上仰仗于自身的知识储备,否则,再强的外力推动也"难为无米之炊"。教师闻道在先,可以为学生点亮一盏照亮求学之路的明灯,但路还得由学生自己去走。智慧的教师善于释放"知识中子",探寻"知识铀核",创造条件"诱发学生知识的'核裂变'"[1]。知识裂变可以多级发生,即从一级裂变走向多级裂变,这种裂变一级接一级连续发生,犹如多米诺骨牌效应一般。多级的链式知识裂变或立体式知识裂变,是大学课程教学的理想,是师生共谋知识新相的王道。

二 知识序变

知识序变是知识的结构化、序列化、逻辑化和系统化,这在根本上根基于"大学课程是专门化、逻辑化、系统化的高深知识"[2]。知识序变是知识量变和知识质变的中间态,亦即从知识量变走向知识质变的过渡态。没有知识序变作为中介,知识无法实现从量变到质变的飞跃。

(一)知识结构化

知识结构化是指一定范围内的知识从松散不相关到稳定关联的整体化过程。知识结构化类似于氢原子和氧原子的结合,二者通过分享一对电子形成共价键而连接成水分子,即不同的"知识原子"通过互相作用而成为"知识分子"或"知识共同体"。

没有结构化的知识是孤立的知识,被遗忘的速度更快,被提取的频率更低。正因为如此,大学课程教学要按照学科知识的基本结构,生成教学内容、组织教学内容、教授教学内容和评价教学内容。学校要设法保证大学课程设置符合学科的逻辑结构,合理安排教学的内容及其进程,让教学与学生的认知结构和身心发展对接,帮助学生建立不同知识原子之间的"共价键"。教师要设法及时引导学生注意教材内容与其他

---

[1] 张艳霞:《诱发学生知识的"核裂变"》,《教育科学研究》2004年第1期,第63页。
[2] 李枭鹰:《大学课程是专门化、逻辑化、系统化的高深知识》,《高等教育研究》2015年第12期,第25—27页。

学科知识的融合，加强课外练习以拓展学生知识的"配对范围"，帮助学生走出课堂教学的知识辖域，提高学生知识结构化的范围或概率。知识结构化并非知识框架化，也不是将原有的知识集合圈定在一个范畴内，而是寻求知识的相互关联。杂乱无章的知识不利于知识的交流碰撞，结构化的知识可以帮助整体掌握知识，形成关联性理解，并在整体中把握局部、切中要害。

（二）知识序列化

知识序列化是将成排的知识元素赋予前后的顺序。如果说知识结构化是让散落的"知识星辰"形成结构，那么知识序列化则是赋予知识以相对顺序而让知识"从无序走向有序"。知识序列化是大学课程教学的基本要求，也是形成知识相变的便捷通道。

知识序列化是全新的知识相变，也是大学课程教学的理性诉求。大学课程教学要综合考虑学生的身心发展规律，遵循学习规律、教学规律以及知识的内在联系和生发逻辑，明了哪些是先学课程或后学课程、哪些知识点在先或在后。换言之，大学课程教学一方面要根基于知识序列，另一方面又要致力于形成知识序列。知识序列化与程序语言的冒泡排序不同，因为学生的知识不会自动比较大小而形成顺序排列，需要在足够的知识储备基础上进行思维处理，需要在实践中运用知识并对知识进行逻辑关联或因果关联。一般而言，知识储备达到一定规模后，需要序列化管理，否则，容易在知识海洋中造成航道不明。与"形核理论"相似，知识序列化需要找到"知识核心"，即要求学生知道哪些知识是主要知识，哪些知识是辅助性知识，哪些知识是工具性知识，哪些知识是方向性知识。当"知识核心"入座后，与之关联的知识容易随之归位，继而形成秩序井然的知识世界。一般而言，学生的脑海一旦形成自身的知识序列，既意味着学生对知识的认识深化了和升华了，也意味着学生在以后的学习将更加快速而有效地将新知识纳入自己的知识序列。

（三）知识逻辑化

知识逻辑化是知识依据内在逻辑形成有秩序、有规则、有结构的知识集合体。知识逻辑化是知识进化和思维旋升的范型，集中表征为知识思维化。如果说知识序列化是将知识由无序转变为有序,那么知识逻辑化则是将有序的知识思维化。知识逻辑化是经过深层思维加工,通过知识的"抽点—连线—成网—扩展—概型—嵌入"① 等步骤,将知识结构与思维形式双向融合和嵌入。知识从结构化或序列化到逻辑化是一种进阶式或跃迁式知识相变,伴生知识新相。以程序编写为例,结构化或序列化是将无序的代码符号赋值并组合成为有效的程序语句,而逻辑化则是将程序语句意义化而形成函数,后者是一种一旦形成便在以后的程序设计中可以随时调用的结构体,是可以简化许多新问题解决方式的思维方式。

作为一种高级的知识新相,作为一种高层次的知识相变,知识逻辑化是知识体系或范畴体系向理论体系转化的必由之路。知识逻辑化将学生的整个知识储存规律化,并在无形中或不知不觉中优化学生的思维方式、提升学生的思维水平。以发散思维为例,当一个人形成发散的思维逻辑后,在分析考虑问题时就会因此得到更加多元、全面、个性的答案,并且很容易从中筛选出最优解。与一个人形成逻辑思维的规律相同,当知识逻辑化后,学生也会更容易由浅入深、由简至繁、由一元到多元、由低级到高级,顺藤摸瓜地挖掘更加高深的知识。同时,知识逻辑化还会带来一系列的"附加收益",即锻炼逻辑能力和思维能力,提升学习能力和发展能力,增强创造能力和创新能力。知识逻辑化是知识结构化与知识序列化的复合体,即知识在结构化或序列化中实现逻辑化。知识逻辑化是结构化或序列化之知识相变的结果,同时又是系统化之知识相变的基础。

(四) 知识系统化

知识系统化是指不同的知识按照性质、功能、关系等集合成分工有序的知识系统。这类似于各自运行的子函数模块有序地组合在一起,形成一个可以运行或计算的程序。知识系统化具有代谢性、协同性、发展性,而知识间的协同合作可以赋予整个知识系统以代谢能力,即经由"取其精华而去其糟粕",对知识进行适当的辨别、选择和运用。

---

① 杨炳儒、马楠、谢永红:《知识逻辑结构与思维形式注记教学法研究与探索》,《中国大学教学》2011 年第 4 期,第 59—61 页。

知识系统化让整个知识的学习更加机动可调,而"系统化的知识是影响学习者问题解决的主要因素"[①]。知识是以文字或代码所代表和承载的一种信息,具有灵动的生命性,绝非如光似电般的纯物质。知识系统如同生态系统,一旦有生命力的知识开始系统化,就代表知识之间形成了独特的结构,能够彼此配合协同运作,能够相互查缺补漏,形成更加稳定的生长机制。生态系统具有"优胜劣汰"的生长法则,知识的系统化也因此具有去伪存真、取其精华而去其糟粕的选择功能,知识之间互通互融,在集成过程中知识会相互验证从而自然淘汰被证伪的部分。同时,知识系统化具有"整体生成功能",如同花鸟山川齐聚方显宜人景色一般,知识彼此架构为系统,才彰学问整体之美。概言之,知识系统化是提升知识整体功能的王道,是释放知识潜能的法门。

三　知识质变

质变是事物基于量变、序变的性质突破,是事物内部矛盾双方的主次地位发生根本性的改变。知识量变是初级的或浅层次的知识相变,知识序变是一种过渡性知识相变,知识质变是相对更高级的或更深层次的知识相变,知识从量变经由序变到质变是平台飞跃式的知识相变。知识质变是知识量变和知识序变积累的结果,是根基于知识积累的螺旋式知识升华。从知识量变、知识序变到知识质变意味着知识新相的诞生,意味着知识层级的新跨越,意味着知识品位的进阶。知识质变具有多端口性、多渠道性和多范式性,知识交叉、知识渗透、知识融通、知识内化等可谓知识质变的基本范型。不同的知识质变范型有其自身的特殊性和内在规律,把握这些特殊性和内在规律是创新大学课程教学的基石,也是实现知识相变之层次性跨越的依据。概言之,知识质变是知识相变的整体性涌现,是知识的整体性相变。不同于知识量变或知识序变,知识质变具有综合性、整体性、关联性、互动性和内在性。

[①] 汪海林:《认知心理学视角下"曲线运动"知识系统化的教学实践》,《物理教学探讨》2015年第2期,第15—18页。

（一）知识交叉

知识交叉是指不同知识间的碰撞、交会和互动。知识交叉根基于不同知识的积累，而且知识积累越是多样而异质，越易实现知识的交叉，越易孕生新的交叉知识。科学学研究发现，科学创新往往发生在不同学科的交叉点上。从某种意义上说，科学创新的本质是知识的创新，而学科交叉的本质是不同门类知识的交叉。

孤立的知识是低效的甚或是无用的知识，相互关联的系统性知识有助于解决复杂问题。例如，在楼宇电路设计中首先要运用电气学设计整体电网，为保证电路故障时的安全，要运用控制学中的反馈控制实现故障联动，而为了合理的设计电力检测和报警装置放置点，则需要综合建筑学的相关知识。知识交叉是实现知识关联的通途，是解决复杂问题或跨学科领域问题不可或缺的钥匙。

第一，知识交叉达到一定水平，可以顺向形成知识联动和知识网络。知识网络一旦形成，知识交叉点可以"牵一发而动全身"，可以让整个知识系统的所有知识机动待命，可以将更大范围的知识牵引到利用圈内，可以在最短时间内调用相关交叉学科的知识以解决复杂问题。正如不同生态系统交界处的物种更为丰富多样、水天相接之景色更引人遐想一般，知识的交叉地带更有包容性和智慧性，因为知识交叉意味着异质与同质的微妙平衡，意味着矛盾与统一的复杂耦合，意味着求同与存异的辩证调和。

第二，知识交叉可以逆向完善整个知识系统的联动机制，可以提升整个知识网络的自我控制和自我反馈能力，可以弥补不同知识之间的缝隙或裂缝。知识原本是一个整体，按照门类划分之后，不同知识之间有了壁垒，同时也产生了裂缝。这些知识的裂缝地带容易遭到相关学科的忽视，只有交叉学科才将其视为自己的知识领地。学科交叉可以弥补学科之间的裂缝，知识交叉可以填补知识之间的漏洞，形成一种完全不同的知识新相。大学课程教学理当注重发展学生的知识关联能力，而不是让学生的知识如同一麻袋土豆，一旦松口就散落满地。这种知识关联能力孕生于知识交叉的长期训练，孕生于知识交叉的自我复制，孕生于知识交叉的历史性积累。

（二）知识渗透

渗透原本是指液体从一方浸透到另一方的过程，抑或是从高浓度一方扩散到低浓度一方的过程。这种渗透现象普遍存在于大学课程教学或知识学习之中，集中表现为师生之间的知识浸透、学生之间的知识渗透和不同知识之间的渗透。不过，知识渗透有别于液体渗透，后者主要是一种物理现象，前者则伴随着化学现象，即不同主体或不同知识之间的相互渗透产生了一种新知识或知识新相。

教师闻道在先，师生之间一般存在一定的知识势能差或知识浓度差，以及一定的"知识半透膜"。师生之间这种知识势能差、知识浓度差以及知识半透膜的存在，一方面为师生之间的知识渗透提供了必要和可能，另一方面决定了师生之间的知识渗透是有条件的和有选择的，即并非所有的知识皆可以穿越知识半透膜。大学课程教学的目的不是消除这种"知识半透膜"，而是如何在有限的时空条件下利用好这种"知识半透膜"实现知识传送的最大化。这当中存在一个"最佳知识浓度差"的问题，因为大学课程教学效果与知识浓度差密切关联，适度的知识浓度差有助于知识渗透，知识浓度差超出"有效区间"则不益于知识渗透。事实表明，大学课程教学的知识太难或太易，皆难形成有效的知识渗透。这犹如在物理实验或化学实验中过低的浓度差无法形成明显的渗透压一样，也如同在给植物施肥时过高的浓度差会造成植物失水甚或烧苗一般。渗透必然诱发扩散，属于粒子层面的"攻城略地"，大学课程教学必须恰如其分地掌握知识渗透的分寸，必须谙熟知识渗透的奥妙。经验告诉我们，一个瓶子装满了沙子，还可以注水使其渗透到沙子之间，水满后还可将颜料溶于水中渗透至整个瓶体，这也是适用于知识渗透的通理。不同于物理世界的浓度渗透，师生之间的知识渗透不是绝对单向度的，两者之间或多或少存在知识的相互渗透。这种相互渗透意味着大学课程教学谋求教学相长，谋求师生的互塑共长，促进知识渗透产生 $1+1>2$ 的效果，具备了前提和存在了可能。

（三）知识融通

知识融通是知识的融会和贯通。两种或多种知识的融会和贯通，会产生新的知识形态或知识新相,这种再生产的复合性知识有助于解释或解决一些新问题。实践反复表明,"在着手解决一个复杂社会所面临的主要问题时,我们绝不能把这些问题分解成一些便于分析性处理的小的部分,因为那样做是无济于事的。相反,我们必须认清这些问题的复杂性和相互联系,认清人与自然的复杂性和相互联系,只有这样,才能真正解决问题。"[1] 爱因斯坦擅长于将数学与物理融通来解释问题,约翰·纳什(John Nash)喜欢将生活中的现象与科学原理融合。站在历史的长河中看,社会科学研究创新依仗于多学科知识或多学科语言,"选择一种语言经常都预先决定了研究的结果……一旦所有的社会科学家都有效地掌握了几门主要的学术语言,社会科学研究就能够开展得更好。语言知识能够帮助学者们开阔思路,接受其他的组织知识的方法。普遍主义与特殊主义这两个背反形态之间存在着无穷无尽的张力,要达成对这些张力的有效的、富于成果的理解,也许还要走相当长的一段路程。然而,只有当多语性不仅在学术上而且也在组织上得到合法化时,它才能真正地繁荣起来。"[2]

知识融通不是知识的强制合成,而是不同知识之间的自主生化反应。当知识达到融会贯通的水平,意味着学习主体跨越了知识板块或学科之间的沟壑,正在形成自身的知识体系或知识之树。融通的知识可以帮助认知主体实现知识上下、里外、前后的因果关联或溯源。知识融通也并非知识的拆卸与重组,而是一种知识熔炼后的重铸与生成,集中表现为将不同的知识化合成新知识以及知识的再生产。从这个意义上说,知识融通具有特殊的知识繁殖性,这种知识繁殖类似于细胞的分裂和结合,即细胞不断分裂又相互结合而构成有机体,知识的分裂和结合则产生新知识。作为质变范型的知识相变,知识融通潜藏思维关联的功能。牛顿看到苹果坠落而联想到引力,凯库勒梦到蛇咬尾巴而联想到苯环结构,这些看似偶然的发现背后实则是知识的融通和关联,因为只有具备知识融通和关联的能力,才能在平凡的事物或现象中读出非凡的意义。融通的知识是与主体浑然一体

---

[1] [美]华勒斯坦等:《开放社会科学》,刘锋译,生活·读书·新知三联书店1997年版,第86页。

[2] [美]华勒斯坦等:《开放社会科学》,刘锋译,生活·读书·新知三联书店1997年版,第95页。

的知识,有助于主体"完备地解决现实和理论问题"①,同时容易转化为主体的能力和素养,让主体受用或受益一辈子。

(四) 知识内化

知识内化是"外部新知识经过主体(学生)通过一系列智力活动重新组合转变成其内部的知识。知识内化是通过认知结构、同化与顺应、元认知等心理机制相互作用而发生的,它对教育目的的实现有重要的作用"②。没有内化的知识是没有与认知主体产生化合反应的知识,因而容易忘记或丢掉,终将不属于知识主体。教师的知识或书本知识一旦转化为学生的知识,就成为一种"与原有知识同又不同的知识",后者是经过学生"反刍"的知识,是一种全新的知识形态。学生作为参与者、主导者,通过反复与知识对弈,最终推动知识发生相变而内化为自身的思维结构。那些没有经过内化的知识,只是改变了储存的时空,知识还是原来的知识,没有发生任何的知识相变,更没有形成有价值的知识新相。因此,学习知识最忌讳囫囵吞枣或狼吞虎咽,大学课程教学最忌讳满堂灌、一言堂和独角戏。

知识内化是一个知识新陈代谢的过程。知识的"同化"伴随着知识的"异化",集中表征为"取其精华去其糟粕"的知识矛盾运动。大学课程教学不只是传授知识,还需将知识内化为主体的能力和素养,促进主体成人、成才和成事。学习主体掌握知识固然重要,而将知识转化为学习力、思考力、为人力和处事力更为重要,对主体的影响更为深刻和久远。这正是我们反复强调的大学课程教学理念,即"授人以鱼,不如授人以渔",前者是学会知识,后者是学会学习,而学会学习要远胜于学会知识。

四 量变、序变和质变的循环转换

通过知识传授产生知识相变和形成知识新相,这是大学课程教学最直

---

① 王利明、常鹏翱:《从学科分立到知识融合——我国法学学科 30 年之回顾与展望》,《法学》2008 年第 12 期,第 58—67 页。
② 周天梅:《知识内化的心理机制》,《江西社会科学》2004 年第 7 期,第 176—178 页。

接的目的。知识的量变、序变和质变，既是知识相变的条件，也是知识相变的结果，还是知识相变的范型。换句话说，没有知识的量变、序变和质变，就无所谓知识相变；一切的知识相变又表现为知识的量变或序变或质变；量变、序变和质变存在自身的原理与机制。

知识量变、知识序变是知识质变的基础，知识质变是知识量变和知识序变的二重奏，也是知识量变和知识序变的升华。知识从量变走向序变，再从序变走向质变，又从质变走向量变……这是知识相变的大循环。从发生学的视角看，从量变到序变再到质变，如同爬坡、跳高和攀登，一级比一级难，即知识相变达到量变阶梯后，若要攀登到序变阶梯需要更多地思考和储备，而登上质变阶梯的条件更加苛刻。

知识的量变、序变和质变，可以同时发生或交叉进行，三者并行而不悖。同时，知识的量变也不绝对地引发知识的序变或质变，前者只是后者的条件和基础，并不必然引发后者。从知识量变到知识序变再到知识质变，实现知识相变的不断跃迁，形成理想的知识新相，是大学课程教学的责任、使命和承诺。

第十四章

大学学术发展的超循环运转规律

超循环既是一种生态规律，也是一种生态机制，还是一种生态范式。生态规律、生态机制和生态范式具有内在的相通性，因而彼此之间存在相互解释性。超循环具有普适性，对高等教育各领域同样具有独一无二的统摄、规约和支配作用。学术发展遵循超循环运转规律，当然也遵循整体生成规律、系统关联规律、生态生命规律和知识相变规律，而且超循环运转规律渗透在整体生成规律、系统关联规律、生态生命规律、知识相变规律之中，整体生成规律、系统关联规律、生态生命规律、知识相变规律也内含超循环运转规律。

一　为学在环回对话中发展

教有教法，学有学法。若不得法，教或学要么意而不行，要么行而无果，要么行而无效。一直以来，现实中存在两种极端的为学方式或倾向：一是"老死不相往来"的独学，执着于一个人独自"闭门苦读"和"玄思冥想"；二是"熙来攘往如登春台"的共学，热衷于表面的"学术赶集"和"切磋论难"。毫无疑问，纯粹的独学或单纯的共学皆违背为学之道，为学实乃在独学与共学的耦合发展中升华。这种耦合发展是一种共和共运的超循环运转，是一种环回对话的超循环运转，是一种辩证综合的超循环运转。而这种超循环运转既是一种生态化的为学规律，也是一种生态化的为学机制，还是一种生态化的为学范式。

（一）独学之理

独学是一个人独自学习、封闭学习和单边学习。一直以来，独学的地位比较有趣，一方面备受抨击或诟病，另一方面又被某些为学者所认同和钟爱。认同和钟爱者认为，为学者理应"两耳不闻窗外事，一心只读圣贤书"，独学才是进学的法宝。抨击和诟病者坚信，"独学而无友，则孤陋而寡闻"，共学才是进学的法门。

独学真如认同和钟爱者认为的那样是"灵丹妙药"，或一如抨击和诟病者认为的那样"一无是处"吗？我们认为，独学有其自身内在的道理，存在其自身特有的价值。独学是不可或缺的学习方式，是学习"横向铺开、纵向推进、立体裂变"的必由之路。宁静方可致远，专注才能成学。儒家崇尚十年寒窗，佛家讲究冥思参禅，道家提倡静坐悟道。这些无一不是以"独学"为根基，又无一不是"独学"的表现。我们始终坚信，"凡是现实的就是合理的，凡是合理的就是现实的"（黑格尔）。

无独学则无以成学。蒙田认为，别人的知识可能使你学到某些东西，但是只有运用自己的智慧，才能成为智者；构造得宜的大脑远胜充满知识的大脑。荷马的《伊利亚特》、维吉尔的《埃内依德》、李维的《罗马史》等这些历史上伟大的著作或作品，主要是独学的智慧和汗水。美国、法国、西班牙、荷兰等最新的医学研究发现，勤于以冥思为内核的独学，既可以改变人的基因表现，也可以消除疲劳、预防和治疗多种疾病，还可以促进左右脑平衡、激发大脑活力、增强大脑创造力。

独学有其道，亦有其法。不得其道的独学，违背其法的独学，只能造就"书呆子"或"两脚书架"。我们需要熟读经典、认真反思、敢于质疑、客观批判的独学，反对囫囵吞枣、闭门造车、人云亦云、教条主义的独学，杜绝与世隔绝和排斥切磋的独学。面对经典，我们不能望而却步、虎头蛇尾、囫囵吞枣、浅尝辄止、断章取义、迷恋记诵章句。不善独学者，既不能走进文本，也不能走出文本，更不能超越文本。不善独学者，既不能师其辞，也不能师其意，更不能创其新。不善独学者，既不能反思性或解构性地阅读，也不能探究性或建构性地阅读，更不能批判性或重构性地阅读。

为学有法，却无定法。不存在"放之四海而皆准"的学法，也不存在"一无是处"的学法。孔子说的"学思结合",韩愈力举的"钩玄提要",苏轼提倡的"一意求之",朱熹强调的"熟读精思",陶行知倡导的"知行合一",杜威主张的"做中学",马克思主义强调的"理论联系实际",具有一定的普适性,但也不是万能的。学法因人而异,因学科而异,因专业而异,因课程而异,因时空而异,具有特殊性、个别性和情境性。别人的学法再好,也不一定适合自己,只可借鉴而不可照搬。为学者在学习中学会学习,在学习中掌握学习方法、创新学习方法,复制或模仿他人的学习方法,无异于"东施效颦",也难免"水土不服"。

学会学法赛过掌握知识。这是学会学习的真谛。学会知识很重要,学会方法更重要,因为后者是一种"元学习",影响更加深远,用老子的话说,"授人以鱼,不如授之以渔,授人以鱼只救一时之急,授人以渔则可解一生之需。"学法正确与否,直接关乎学习效果。读书人大多有这样的经历和体会:阅读一部名著或经典,总想记诵当中的一些精彩章句,或一些自己认可的思想和观点,或某些有启迪的段落,然而,不久又将这些还给了作者。为什么会这样?可能是因为我们未对所读之书进行重新建构,缺乏反思、质疑和批判,只是一味地在欣赏和接受,没有很好地咀嚼、消化和吸收,最终只是读了"原书",没有形成属于自己的"新书"。托尔斯泰认为,知识只有当它靠积极的思维得来,而不是凭记忆得来的时候,才是真正的知识。袁鼎生教授认为,读书不是简单地记忆、移植和复制,读者必须积极思维起来,将书"读薄和读厚""读简和读繁"和"读开和读远";建构性、批判性和探究性地学习一本书,会帮助读者在脑海里形成一本与原书"同又不同"或"似又不似"的书,即一本有新的发现的书,一部有新的补充的书,一部有新的修正的书,一部有新的完善的书,一部有新的升华的书。有的人读书颇为特别,一旦碰到一部自己特别喜欢的经典,就设法将这部经典全部录入电脑,然后按照自己的逻辑,用自己的语言,将这部经典从头至尾改一遍,于是形成了一部与原书"同又不同"或"似又不似"的书。读书须得其法,遵道而行,否则,事倍功半甚或适得其反。袁牧有言:"读书如吃饭,善吃者长精神,不善吃者生疾瘤。"

学法的掌握和运用存在一定的次序,一般是阶梯式递进的,最先是吸纳性学习,接着是批判性学习,然后是创造性学习。对大学生而言,这三种类型的学习往往是复合式并存的，但也存在一个以谁为主导的问题，存在一个学习策略的选择问题。一般而言，本科生适合以吸纳性学习为主耦合批判性学习和创造性学习，硕士生适合以批判性学习为主耦合吸纳性学习和创造性学习，博士生适合以创造性学习为主耦合吸纳性学习和批判性学习。

反思、质疑和批判是独学应有的品质和精神。普遍怀疑是笛卡尔的一贯主张，也是一种哲学方法，其间渗透着宝贵的科学精神，同时也暗含着精辟的学法。读书要持一种普遍怀疑的态度，经过怀疑之后的肯定或否定，才是真正的肯定或否定，否则，就无异于盲从。在伽利略之前，科学界一直坚信物体下落的速度和重量成比例，伽利略却不迷信于权威和书本，在比萨斜塔通过自由落体实验，证明了一切物体如果不受空气的阻力，在同一地点自由落体运动中的加速度都相同。这就是著名的"自由落体定律"。德国气象学家、地球物理学家阿尔弗雷德·魏格纳，在一次生病时，无意看到了世界地图上南美洲一块突出部分，正好和非洲的几内亚湾能够对应，之后又发现了南美洲每一处凹凸部分，在非洲那里都有一块对应的，于是提出了"大陆漂移学说"。牛顿力学体系自17世纪建立到20世纪初的三百年间，科学界一直被一种确定性或确定性规律所支配，多数科学家相信宇宙世界的复杂现象由复杂的内部规则驱使，宇宙就像一个巨大而复杂的机械装置遵守着某种数学规则，一旦找到了某种数学方程式就能够预测宇宙的行为走向。20世纪60年代，美国气象学家爱德华·洛伦兹为了寻找预测天气变化的数学模型，在无意间发现初始条件十分微小的变化，也能对其未来状态造成极其巨大的差别，创造性地提出了混沌理论，引领科学研究走向新的发展阶段。在他看来，一只南美洲亚马逊河流域热带雨林中的蝴蝶，偶尔扇动几下翅膀，可以在两周以后引起美国得克萨斯州的一场龙卷风。这就是影响广泛的"蝴蝶效应"。宇宙世界在肯定、否定、否定之否定中螺旋式向上发展，为学也是在肯定、否定、否定之否定中圈进旋升，其间离不开有教养的反思、质疑和批判。

（二）共学之道

共学是一种合作式学习、互动式学习，表征为不同主体之间的共同学习、开放学习和多边学习。共学具有特殊的意义，会产生与独学大为不同的效应。从常识或经验来看,每个人的生活经历和人生体验不同,知识储备的深度和广度不同,认知方式以及思维习惯不同,因而对同一问题的认知见仁见智。不同的个体在一起交流、讨论、切磋、研究,会产生一种意想不到的"联动效应"或"链式反应",如同"一片云推动另一片云"或"一棵树摇动另一棵树"。萧伯纳说得好,"如果你有一个苹果,我有一个苹果,彼此交换,我们每个人仍然只有一个苹果;如果你有一种思想,我有一种思想,彼此交换,我们每个人就有了两种思想,甚至多于两种思想。"这正是共学的特殊意义所在。为学离不开独学,但不能纯粹地局限于独学,不食人间烟火或将自己封闭在自己的心灵小屋,不是独学的本相,也不是独学的归宿。叔本华认为,"读书愈多,整天沉浸读书的人,虽然可借以休养精神,但他的思维能力必将渐次丧失"。知识在交流对话中活化,在切磋碰撞中实现再生产。为学根基于独学,再造于共学。独学与共学既相互促进,又相互制约。

中国素来有"读万卷书,行万里路"的说法,意思是要取得"真经",求得"真知",不仅要破书万卷,还要博闻多见。事实上,"读万卷书,行万里路"恐怕还不够,还需"交万个人",有人称之为"三万策略",我们称之为"三万为学法"。荀子在《劝学篇》中如是说:"假舆马者,非利足也,而致千里。假舟楫者,非能水也,而绝江河。君子生非异也,善假于物也。"为学之道要"善假于人",要"借力而学"。

为学既需要独自积累,也需要相互碰撞,还需要切磋论难。交流、切磋、论难是用一种思想去交换另一种思想,是用一种观点去推动另一种观点,这会产生"1+1≥2"的效果。为学者之间的知识、思想、观点、方法和思维等汇集、交流、碰撞、反馈、过滤、筛选、归纳、演绎、继承和创新,可以完善彼此的常识,查补彼此的缺漏,拓展彼此的视野,激活彼此的思维,改进彼此的方法,提升彼此的高度,开启彼此的智慧,升华彼此的境界。

高品质的共学根基于高品位的独学。缺乏个人知识和能力积累的共学,是低水平、低质量的共学。共学不是"学术赶集",不是"凑热闹",不是"只听不说",不是"只说不听",不是"漫天闲谈",不是"无的放矢"。邬大光教授在一次学术讲座中强调,常识不足容易犯低级错误,视野不宽只能看到局部而看不到整体,方法不对容易多走弯路，高度不够只能看到现象而看不到本质。真正的共学要着力于解决为学者存在的常识、视野、方法、高度等方面的问题，要让参与者有所感、有所思、有所悟、有所获和有所得。共学没有固定的模式和套路，可以是精心策划的学术论坛、学术会议、学术沙龙、学术讲座等，也可以是随意自由的读书交流、思想互动、经验分享等，为学者可以因时制宜和因地制宜地选择。

学术沙龙是国内高校普遍采取的共学形式，不少高校积累了丰硕的成功经验。厦门大学教育研究院是国内高等教育研究的重镇，四十多年来为国家和社会培养输送了一大批优秀的高等教育研究者，这既得益于厦门大学高等教育学学科的人才培养模式创新（潘懋元先生主持的"高等教育学学科建设人才培养与教学改革研究"，2001年获国家优秀教学成果奖一等奖），也得益于稳定而持续的学术沙龙（潘懋元先生主持的"学术沙龙：情理交融中的人才培养实践"，2009年获国家优秀教学成果奖二等奖）。潘懋元先生的周末学术沙龙坚持了数十年，对每一届硕士和博士生的成长与发展都产生了深刻而长远的影响。学术沙龙主题多、内容广，既有形而上的高等教育原理问题，也有形而中的高等教育制度与政策问题，还有形而下的高等教育实践问题；学术沙龙形式多样而灵活，气氛轻松而活跃，鼓励自由发言和论辩，倡导质疑和批判；学术沙龙的效果显著，硕博士生和老师们受益匪浅，参加者高等教育的常识、视野、方法和高度等均能获得不同程度的改观。

（三）独学与共学的耦合运转

共学与独学是两种不同的学习方式，但二者不是水火不容或对立冲突的，彼此之间不存在解不开的"死结"，因而无须也不应该从中作"非此即彼"的选择。

不经独学，无以共学。不经共学，独学难以升华。独学和共学之间存在正哺、反哺和互哺，两者相互成就、相互再造，共成进学的两翼。为学需要发挥独学与共学的"组合效应"和"耦合作用"，极端的、非此即彼的取舍不是为学之道。苏联巴甫洛夫劝诫我们："你们在想要攀登到科学顶峰之前，务必把科学的初步知识研究透彻。还没有充分领会前面的东西时，就决不要动手搞往后的事情。"无论是"领会前面的东西"，还是

"搞往后的事情"，局限于纯粹的独学或共学，皆有可能事倍功半。我们需要一种辩证的综合，将独学与共学耦合起来，将独学或共学凌驾于对方之上的行为，或者用一方去否定另一方，都是对独学或共学的曲解和误读。

独学或共学皆有其长，亦皆有其短。古人云："独学而无友，孤陋而寡闻。"事实上，独学未必寡闻，寡闻未必少识；共学未必多见，多见未必多识；共学与独学没有绝对的优劣或高下之分，没有绝对的主次或先后之别。有价值的、有意义的共学，根基于扎实的、深刻的独学。独学与共学要取长补短、耦合并进和相得益彰，共学要在独学的基础上巩固知识、形成思想和生发智慧，独学要在共学的前提下延展知识、发展思想和升华智慧。共学中要有独学的精神，独学中要有共学的智慧。纯粹的共学既缺乏深厚的知识积累，又缺乏深刻的自我思辨，充其量只是在咀嚼别人的思想，品尝不到原汁原味的知识或思想。纯粹的独学既难以有效地吸收他人的合理见解，又难以及时地发现自身的思维局限，容易陷入鄙陋与狭隘的泥淖。

独学最忌讳盲目苦学，最忌讳以功利之心"追逐营养快餐式的学术回报"；共学最忌讳往来熙攘的学术赶集，最忌讳以哗众取宠之心"扮演蜻蜓点水式的学术过客"。真正的学术研究存在一个"守护寂寞""寻觅知音"和"交流切磋"的过程，完成这一过程需要的决然不是蝇营狗苟的功利之心或白驹一瞬的学术热情，而是发自内心的学术旨趣和学术向往以及不畏险阻的勤耕不辍。为学者首先要学会"守护寂寞"，接着要设法"寻觅知音"，然后要寻机"交流切磋"，这是"独学"与"共学"的辩证法。守护寂寞是有前提的，它根基于你内心深处对知识的渴望和热爱。爱因斯坦曾不止一次地强调，"推动我进行科学工作的是一种想了解自然奥秘的抑制不住的渴望，而不是别的感觉。"布鲁诺在走上刑场的那一刻依然矢志不渝地坚信，"科学是我心中的温暖和愉快，你使我无所畏惧，视死如归。入狱者难得重见天日，你却能把锁链和铁窗粉碎。"达尔文在回顾自己的科学研究生涯时指出，"我之所以能在科学上成功，最重要的一点就是对科学的热爱，坚持长期探索。"

在独学与共学的反复交替中实现螺旋式发展，是为学者成长的内在规律，也是为学者成长的基本逻辑。总而言之，独学和共学是为学的一体两面，二者互塑共长是为学之道，为学在二者的耦合互动中和环回对话中升华。

二　学术在周期性反刍中跃迁

万事万物皆有其道，循道而行则事半功倍。学有学之道，术有术之道，学术有学术之道，学术家各有各的学术之道。从深处看，从远处看，学术之道藏在自然生态大道中，因为人类从自然生态而来。读自然之书，读生态之书，从自然生态大道中析出各种人类社会大道，是贤者和智者的共性。这确实值得我们学习和效仿。涂又光先生曾从牛吃草悟出"知识反刍"，并将其命名为"反刍律"。同时，他认为反刍律与经验律相对，前者是"中国文明几千年来得以延续的成功方法"，后者"在以美国为代表的西方国家结出了硕果"[1]。显然，反刍律不仅适用于学习知识，也适用于学术发展。用于后者，我们称之为"学术反刍"。

（一）学术反刍是一种学术的再咀嚼、再消化和再吸收

反刍俗称倒嚼，是牛羊等食草动物将胃中半消化的食物呕回口腔再次咀嚼或细嚼，以便消化和吸收。反刍是长期的自然选择的结果，已经成为草食动物正常的生理消化过程。有过放牧经历的人都知道，草食动物一般采食比较匆忙，"采食饲料时未经充分咀嚼，即吞入瘤胃，再移入网胃；而后呕回口腔，重新细嚼，并混以唾液，咽入瓣胃或皱胃"[2]，达到充分采食以及易于消化和吸收的目的。从生发过程来看，反刍形象地呈现了超循环，内在地蕴含着知识、学问、学术之道。正因为如此，社会各界有了这样或那样的反刍论。

对于草食动物而言，反刍的必要性不言而喻，不需要用证据来证明。对于人类而言，生理学意义上的反刍是难以想象的，但精神意义上的反刍则是重要的和必要的。事实上，我们也一直在用行动证明精神性反刍的重要性、必要性和有效性。在学习中，我们总是存在着这样或那样的反刍行

---

[1] 涂又光：《教育哲学课堂实录》，雷洪德整理，华中科技大学出版社2020年版，第148页。
[2] 《辞海》（普及本上中下），上海辞书出版社2010年版，第968页。

为,而且是有意识地遵循反刍律。譬如,学习知识通常是先记下或背下某些知识,日后再慢慢理解、消化和吸收这些知识,小孩学习《三字经》《弟子规》《千字文》以及唐诗宋词等就是如此。又如,学习语言一般先记住某些词汇、语法和章句,日后再理解、消化和吸收这些词汇、语法和章句。再如,教师在课堂教学之后,经常反思所教的内容、方法、过程、效果以及教学的风格、艺术和智慧。这是一种"教学反刍",亦是"反思性教学"的真实写照。

精神或思维形态的反刍是人类不可或缺的理性行为。广域地看,知识需要反刍,学习需要反刍,教学需要反刍,学术需要反刍,而"温故而知新"可谓知识反刍、学习反刍、教学反刍和学术反刍的写照;岁月需要沉淀,意义需要重构,价值需要再现,生命需要磨砺,生活需要回味,人生需要反思,而"一日三省吾身"可谓岁月反刍、意义反刍、价值反刍、生命反刍、生活反刍和人生反刍的写照。毫不夸张地说,反刍暗藏知识之道、为教之道、为学之道、学问之道、学术之道以及生命之道、生活之道和人生之道,具有独树一帜的认识论和方法论意义。

学术反刍与食物反刍具有再咀嚼、再消化和再吸收的相似性或相通性,二者之间也存在内涵与外延上的差异。作为一种生理消化过程,草食动物的食物反刍只能反刍移入胃中的半消化食物,只是为了消化食物而别无他求。作为一种精神消化过程,人类的学术反刍可以反刍储存在大脑中的未消化、半消化和消化了的概念、范畴、术语、思想、观点、主张、学说、理论、方法等等,为的是追求学术的至真、至善和至美。草食动物的食物反刍只能是个体行为,具有独一无二性和不可替代性,谁也代替不了谁进行食物反刍。学术反刍可以是个体行为,也可以是群体行为,前者具有独学性,后者具有共学性,二者齐头并进、耦合互动,共成学术递进之道。个体的学术反刍与群体的学术反刍具有耦合性和倚辅性,即没有个体的学术反刍,无以成群体的学术反刍;没有群体的学术反刍,个体的学术反刍的视野、高度和境界会受制约。这实际上是独学与共学的关系。

学术反刍具有开放性、宽广性和广域性。学术反刍可以是重温、反思、拓展和升华自己的著述,可以是复读或诠释他人的经典,可以是演说自己或他人的学术成果,可以是对学术会议的总结或评价,可以是对学术史的穿引和梳理,可以是对以往研究的再研究和再创造,可以是对以往研究的反思、质疑和批判。这些是相互区别的学术反刍模式，也是相互关联的学术进阶之梯，还是相互成就的学术升华之道。我们很多学者可能有这样的感悟和体会：当我们把自己的系列论文汇集、整理、拓展、升华为系统性的学术著作之后，经常会发现自己最初的认识是点状的、片面的、肤浅的和狭隘的，存在继续"横向铺开、纵向推进、立体裂变"的必要。作为学者，经常回头看一看，是完全必要的。伟大的物理学家牛顿曾自谦地说："我之所以看得更远，是因为我站在巨人的肩膀上。"事实上，我们还可以这样说：我们之所以看得更远，是因为我们反复站在自己的肩膀上。如果说前者是一种共学的视角，那么后者就是一种独学的视角。

学人站在自己的肩膀上，即使是面对同一学术问题，抑或是走进曾经去过的学术领地，常常会看到与以往不一样的"学术风景"，因为我们的认知、视野、体验和感悟与以往大为不同了。学人每一次回头看自己研究过的东西，经常会在各种事实、现象中看到某种新的东西，通过研究和分析这些事实、现象的某些新的方面和新的属性及特点，升华以往的概念体系、范畴体系、话语体系、知识体系、学术体系和理论体系，再生出更高层次和品位的学术，这是一种学术的自我修正、自我完善、自我超越和自我再造。

反刍他人的学术，是谓"以学术孕育学术"，是谓"以学术滋养学术"。这是一种生态性学术反刍，也是一种集成性学术反刍，是一种万取一收性学术反刍。袁鼎生教授最初提出的"审美场"元范畴，就是统合了 20 世纪 90 年代几种主要的美学整体范畴，即审美关系（周来祥）、审美活动（蒋培坤）、审美现象（黄海澄）、审美价值（王世德）而形成的，内涵不同于首创审美场的柏朗特之界定，升华为生态审美场以及美生场，而美生场的内涵更来于一切审美文明的意义，这一连串的关联呈现了学术反刍的生态性、集成性和万取一收性，也展现了袁鼎生教授在学术反刍中的自我修正、自我完善、自我超越和自我再造。广域地看，各学科领域的很多重大理论是万取一收或集大成的产物，像亚里士多德哲学、黑格尔哲学、爱因斯坦的相对论、复杂性科学等皆是如此。

（二）学术反刍是一种学术的温故知新或故地重游

温故知新意指温习旧知识而获得新知识。知识是如此，学术亦是如此。学术也可以"温故知新",也可以"返本开新"。学术反刍可以产生"温故知新效应",可以倒嚼旧学术而生发新学术,可以梳理旧学术而再生新学术。经由广域而持续的学术反刍,我们会产生这样或那样的学术效应或学术反应:或自羞于学术常识不足,或自惭于学术视野不宽,或自愧于学术境界不高,或自疚于学术规范不达,或自豪于新问题的发现,或自信于新范畴的创造,或自傲于新理论的创建,或兴奋于独特见地的提出,或得意于顿悟或灵感的涌现。这些既是一种学术经历,也是一种学术收获,还是一种学术自省。通过周期性的学术反刍,系统性地反思、质疑和批判自己或别人的学术,诸如站位高不高,看得远不远,分析透彻不透彻,阐述深刻不深刻,思考辩证不辩证,思想深邃不深邃,逻辑严密不严密,语言精练不精练,论点鲜明不鲜明,论据可靠不可靠,论证有力不有力。这些都是学术进阶之道,都是学术走向理性和成熟必须经历的锤炼。

学术要有勇往直前的冲劲与毅力,但绝非一味地低着头往前直冲,而要时不时地停下来或放慢脚步,回头看一看、想一想、品一品。回望走过的学术之路,看看是否正确,是否轻便,是否宽阔,是否通达,是否深远,是否可持续。反思耕耘过的学术领地,好好权衡和比较一下,看是否还有继续开采的必要,是否还存在尚未开采出来的"金矿"。任何人的学术都不是线性递增的,而是螺旋式上升或迂回前进的,这好似流经九曲十八弯的黄河,既存在奔流不息的直流,也存在缓缓而行的回流。直流或许可以让我们的学术一日千里,回流则可以让我们的学术沉甸而稳健,学人需要艺术地、智慧地、理性地平衡两者之间的关系,找到两者之间的"黄金分割点",而不是从中做"非此即彼"或"非黑即白"的选择,永远处在两个没有回旋余地的极端上。

学术需要故地重游,需要接着做,需要适时逗留,需要反复耕耘。学术在"故地重游"中自我修正、自我完善、自我超越和自我再造。这是学问家给予我们的宝贵经验与财富。学术的故地重游会因年龄或阅历的变化,带给学人以不同的学术体验和学术感悟。对此,清人张潮在《幽梦影》中如是说:"少年读书如隙中窥月,中年读书如庭中望月,老年读书如台上玩月,皆以阅历之浅深为所得之浅深耳。"学术经常甚或总是在"接着做"或"重新说"中,自我修正、自我完善、自我超越和自我再造。"故地重游"与"接着做"或"重新说"是学术升华和跃迁的良方,两者内在关联、前后相继和相互成就。在学术上，如果没有"故地重游"的闲情雅致，就没有"接着做"或"重新说"的创新创造。反之亦然。通过"故地重游"，发现新的元范畴、新的元理论、新的元范式，找到新的生长点，形成新的"接着做"，如此周而复始，学术会不断"横向铺开、纵向推进、立体裂变"。通过"故地重游"，还可以抛弃一些旧范畴，或赋予旧范畴以新意义，或发现旧范畴的新用法。譬如，"无序"这个概念，"第一个出现的（热力学方面的）无序给我们带来了死亡。第二个出现的（微观物理学方面的）无序给我们带来了生命。第三个出现的（创世方面的）无序给我们带来了创造。第四个（理论上的）无序则把死亡、生命、创造、组织统统联系在一起"①。

学术也在"适时逗留"中自我修正、自我完善、自我超越和自我再造。学术人生不是百米冲刺，而是马拉松长跑，需要恒心、耐心和信心，需要保持平和的心态，需要懂得且善于一张一弛，需要适时放慢脚步，甚或停下来"将这美丽的景色看个够"。学术是久久为功的事业，百米冲刺式的学术只能造就学术的"昙花一现"，没有回望或反思的学术只能塑造走马观花的"学术过客"，即我们不记得曾经去过哪些学术景点，这些学术景点到底有哪些学术景观，这些学术景观到底如何，是否与众不同，是否独树一帜，是否值得反复观赏。总而言之，搞学术如同旅行，需要时不时地故地重游，需要时不时地停下来，需要时不时地回顾和反思，而不是埋头往前走，永不停息地从一个景点到另一个景点，偏好于追逐新景点、新景象、新感观。走马观花看世界，所得只能是未消化或半消化或夹生的学术，只能是"知其然，不知其所以然"的学术。我们经常有这样的体会：在某个领域耕耘一段时间后，会突然发现自己早期发表的某些观点、思想和主张是不够正确的或不够完整的或不够辩证的，是经不起理性雄辩或实践检验的。当然，如果我们只是一个"学术游侠"或"学术浪子"，"打一枪就换一个地方"，写一篇文章或发一篇文章就换一个主题，是不会有这种经由学术反刍而引发的感悟的。朱光潜先生在《谈美》中如是说："许多人在这车如流水马如龙的世界过活，恰如在阿尔卑斯山谷中乘

---

① ［法］埃德加·莫兰：《方法：天然之天性》，吴泓渺、冯学俊译，北京大学出版社2002年版，第20页。

汽车兜风，匆匆忙忙地急驰而过，无暇一回首流连风景，于是这丰富华丽的世界便成为一个了无生趣的囚牢。这是一件多么可惋惜的事啊！"他呼吁人们，"慢慢走，欣赏啊！"因为"欣赏之中都寓有创造，创造之中也都寓有欣赏"。对于学术，我们又何尝不该"慢慢走，欣赏啊！"因为反刍之中都寓有创造，创造之中也都寓有反刍。

（三）学术反刍是一种学术的超循环运动

学术是运动的，本身也是运动的产物。没有学术运动，又何来学术！学术运动是一种概念、术语、范畴、方法、理论等的联合运动，学术创新经常表现为新概念、新术语、新范畴、新方法、新理论等的形成和提出，以及新的元范畴、新的元方法和新的元理论等的发现和创造。学术在反复的、持续的、周期性的反刍中，会涌现出新概念、新术语、新范畴、新范式和新理论，以及元范畴、元范式和元理论，学人也在此过程中不断得到延拓、发展和升华。通过研究某些有代表性的大学问家会发现：持续而有规律的学术反刍，可以形成关联性的学术成果，催生专门化、系列化、逻辑化、结构化和系统化的学术成果，孕生新的学术生长点和学术生成元，发现新的学术制高点，拓展新的学术空间或学术领地，催生学术的再创新和再创造，孕育独具个性的理论或学说。真学术是内生的，是一种基于自身的生长。海纳百川，万取一收，必须基于学人已有的学术基础。

学术在超循环中序发，在周期性反刍中递进。超循环既是一种世界大道，也是一种生态机制，还是一种学术生态方法论。反刍具有超循环的学术生态意蕴和学术方法论意义。教育家陶行知用别具一格的表达方式陈述了知与行的超循环性，强调"行动生困难，困难生疑问，疑问生假设，假设生试验，试验生结论，结论又生行动"。显然，这是一种"从行动出发又回到行动"的超循环，是一种强调"行动是老子，知识是儿子，创造是孙子"[1]的超循环，是一种倡导"教学做合一"的超循环。

学术不是一次性咀嚼、消化和吸收的过程，而是反复咀嚼、消化和吸收的超循环过程。这个过程充满了学术反刍，不管我们看到与否、认识与

---

[1] 华中师范学院教育科学研究所：《陶行知文集：第4卷诗歌》，湖南教育出版社1985年版，第4页。

否、承认与否，它都是客观存在的，而且是普遍存在的。如果我们愿意对一些学术大师进行一番系统考察的话，不难发现他们一直是在学术反刍中跳远、跳高和爬坡，进而完成学术的自我修正、自我完善、自我超越和自我再造。

（四）学术反刍与教学反刍在系统中互动发展

学术与教学是内在关联的，二者在系统中互动发展。对于教师而言，学术与教学是不分家的，也是不可分家的，还是难以分家的。只想搞好教学而无视学术，抑或只想搞好学术而罔顾教学，都是不切实际的妄想，最终两者都搞不好。

学术优势必须转化为人才培养优势，否则，所谓的学术优势就无异于一种装饰品或摆设，抑或是邬大光教授所批判的"炫富的资本"。教学仰仗学术，也反哺学术。学术与教学，相互倚辅，彼此互哺。教学与学术永远在一种共域中，永远是一个命运共同体，而"教学学术"这个概念巧妙地呈现、诠释和揭示了学术与教学之间的共同体关系：好的教学根基于对教学自身的深入研究，生发于对知识的系统探讨；学术追求"知其然且知其所以然"，为教学提供知识或清除障碍；教学遭遇疑惑而形成"百思不得其解"的真难题，为学术提供新问题或新素材；学术是教学的资源库或材料源，教学是学术的实验室或加工厂，即到底是真学术还是伪学术、好学术还是坏学术，将它们置于教学的"八卦炉"中炼一炼，便知其"含金量"；到底是好教学还是差教学，到底是"金课"还是"水课"，将它们置于学术的"炼丹炉"中烧一烧，便见其"根底"。实践告诉我们，学术必须走在教学的前面，因为道之未闻、业之未精、惑之不解，知其然而不知其所以然，不知晓事物的根本原理或原因，又何以"传道、授业、解惑"，又何以教出"金课"或"好课"。正因为如此，亚里士多德强调只有通晓事物之原理（亦即知其然而知其所以然）或原因（亦即事物之依据）的人才能当教师。歌唱得好可以是歌手，但未必可以当音乐教师。舞跳得好可以是舞者，但未必可以当舞蹈教师。画画得好可以当画师，但未必可以当美术教师。为什么这么说？因为当教师还要通晓事物的原理或原因。

学术与教学永远在相互作用、相互反作用、相互反馈的对话中，二者是螺旋相依的。阅历和经验丰富的教师，总是善于将学术与教学融为一体，在两者之间形成良好的正哺、反哺和互哺，智慧地做到"你中有我，我中有你"。他们潜心于学术研究并将最新的学术成果及时地纳入到教学内容之中，同时将教学中碰到的问题当成学术攻坚的课题，实现学术服务教学、教学推动学术的双向互动和耦合并进。这是一种学术与教学相互哺育的机制，也是一种学术与教学互动发展的机制，还是一种学术与教学相互反刍的机制。有同侪教一门课程总能写出一部不错的著作，原来他一直将备课（或写讲义）当成写作，将写作当成备课，坚持在每次教学之后，回过头来修正、补充、完善自己的讲义，数轮授课之后，将所有的讲义按照一定的逻辑集结起来，然后再进行概念化、原理化、逻辑化、结构化和系统化的处理，一部完整的著作就形成了。一言以蔽之，学术存在反刍，教学存在反刍，学术与教学相互反刍；学术与教学在系统关联中相互共生、相互寄生和相互利用，二者在环回对话中实现彼此的升华和进阶。

学术在反刍中生发。这是一条健康法则，也是一条学术生态规律。认识到了就要行动，我们不能做"思想的巨人，行动的侏儒"。有人说，决定一个人的成就或人生高度的，向来不是纯粹的思想和完美的计划，而是认识到了就马上行动的执行力，否则，一切皆为玄想的乌托邦或空想的理想国。确实如此，"世界上的事情都是干出来的，不干，半点马克思主义都没有！"（邓小平）

后　　记

高等教育是一片浩瀚无垠的海洋，高等教育规律是这片海洋中星罗棋布的岛屿。从整体上看，我们只是认识到了高等教育规律的几个小岛，对高等教育规律的认识还远远不够，此可谓"高等教育规律不足"（真理不足）。这些年，我一直关注高等教育规律这个话题，发表过一些不成熟的论著，这些论著还无法支撑高等教育规律这座大厦，此可谓"不足高等教育规律"（不足真理）。面对这种"双重不足"，我们没有捷径可走，唯有为之付出永不满足的努力和汗水。

这部《高等教育规律论》的诞生深受很多人的精神、思想和智慧的影响和启发，特别是潘懋元先生"敢为天下先"的学术精神，埃德加·莫兰教授的复杂性思维范式，张楚廷教授的反思、质疑和批判态度，张德祥教授的"社会—知识—人"三元理论框架，袁鼎生教授的超循环生态方法论，邬大光教授的"高等教育学再出发"的学术使命。

这部《高等教育规律论》还凝聚了很多人的心血、劳动和汗水，特别是唐德海教授、陈武元教授、姜凤春教授、周孟奎教授的关心和扶植，苏永建、解德渤两位博士的鞭策和鼓励，袁开源、牛军明、耿宁荷、齐小鹍、牛宏伟、郭新伟、赵子博、李姝娴等的学术贡献，以及中国社会科学出版社的大力支持、大连理工大学"管理工程"学科建设经费的出版资助。在此，我深表感谢和敬意！

李枭鹰
2024 年 3 月 10 日
于大连理工大学厚民楼